LOCUS

LOCUS

from

vision

from 147
不存在的金融革命：
他們說這是鄉民的勝利，華爾街卻坐著數錢數到手軟
作者：史賓塞．雅各（Spencer Jakab）
譯者：許瑞宋
責任編輯：張晁銘
封面設計：張巖
排版：陳政佑
出版者：大塊文化出版股份有限公司
105022 松山區南京東路四段 25 號 11 樓
www.locuspublishing.com
讀者服務專線：0800-006689
TEL：(02)87123898　FAX：(02)87123897
郵撥帳號：18955675　戶名：大塊文化出版股份有限公司
法律顧問：董安丹律師、顧慕堯律師

總經銷：大和書報圖書股份有限公司
地址：新北市新莊區五工五路 2 號
TEL：(02) 89902588　FAX：(02) 22901658
初版一刷：2023 年 5 月

定價：新台幣 520 元
Printed in Taiwan

不存在的金融革命

他們說這是鄉民的勝利，華爾街卻坐著數錢數到手軟

The Revolution that Wasn't

GameStop, Reddit,
and the Fleecing of Small Investors

史賓塞・雅各 著　　許瑞宋 譯

獻給我的三隻猿 Jonah、Elliott、Danny

目錄

引言

一起墮落後，並未成就一場革命

我永遠不會忘記我發現我的兒子是墮落者的那一天。

由於公司的編輯室因 COVID-19 疫情而關閉，二〇二一年一月二十五日上午我在家裡工作。在為《華爾街日報》編輯隔天的一篇專欄時，我中途停了下來，想說看看我的兒子們最近在網路上做些什麼。瀏覽網路不到十分鐘之後，我開始寫一封電子郵件。不是寫給孩子們的媽媽或校長，也不是寫給兒童心理學家，而是寫給你手上這本書的出版商。

我的大兒子是大學四年級生，最小的兒子是高中一年級生，他們是 Reddit 子版「華爾街賭場」（r/wallstreetbets，簡稱ＷＳＢ）的成員。該版的參與者互稱對方為墮落者（degenerates）、猿人（apes），或甚至更難聽的稱呼。當時我注意到這個百無禁忌的股市論壇已有約一年的時間，它是社群網站 Reddit 上比較古老保守的投資子版 r/investing 的不恭敬替代品。在 COVID-19 大流行之前的數個月裡，股市欣欣向榮，幾乎每個星期都上演隨機的個股行情：某檔股票忽然爆量跳漲，因為 WSB 版的成員開始大量買入。在我看來，WSB 是一九九〇年代末臭名昭著的雅虎股票留言板的威力加強版。但不久之後，我就發現我嚴重低估了現代社群媒體和基於智慧型手機的最新免佣金交易應用程式的力量。

隨著 COVID-19 疫情大爆發，世人意識到事態嚴重，經濟隨即停滯而股市暴跌，此時比較年長的投資人又一次未能奉行他們奉為圭臬的理念，無法在別人恐慌時買進。但那些墮落者就不同了——或許是因為他們不知道更好的做法。業餘投資人積極買進，投資績效很快就大大優於巴菲特之類的傳奇投資人。但他們也做了一些蠢事，例如買進破產公司的股票，或搶進一些沒有價值的空殼公司股票——因為它們的名字聽起來像伊隆・馬斯克（Elon Musk）在推特上提到的公司。華爾街交易員和基金經理覺得這太搞笑了。不過，從我那天早上看到和聽到的情況看來，華爾街很快就會笑不出來了。

我的大兒子問我是否在寫一些關於 GameStop 的東西，這促使我深入研究 WSB 這個 Reddit 子版。兒子之所以問我那個問題，是因為他的一名朋友，一個我在他們都念幼稚園時就認識的聰明男孩，因為在ＷＳＢ上看到關於 GameStop 這家電玩零售商的討論後買進該股，短短幾天就賺了將近一倍的錢。我說他應該認識到自己很幸運並賣掉持股，但兒子說他朋友絕對不會這麼做。這激起了我的好奇心，促使我開始瀏覽ＷＳＢ。

因為有三個兒子，我對 GameStop 太熟悉了。我曾無數次開車送他們去 GameStop 的商店，讓他們在那裡購買遊戲片，玩一段時間之後可能又到那裡換購其他遊戲。根據我多年來編輯關於該連鎖集團的專欄文章的經驗，以及從我的兒子們後來不再想去 GameStop 商店、改為在網路上購買數位版遊戲的情況來看，我知道該公司的生意處於垂死狀態，有點像 Netflix 真正開始起飛後的百視達影視（Blockbuster Video）。因為情況極其明顯，華爾街彷彿所有對沖基金經理都已押注 GameStop 股價最終將跌向零。

但華爾街專業人士突然發現，他們面對一群對現金流或下一代的 Xbox 何時推出沒興趣的人。如果一隻股票上漲一個星期，或一天，或甚至只是幾個小時，只要墮落者來得及賣出，他們就會很高興。在之前一年左右的時間裡，他們注意到，有些股票上漲只是因為他們和他們在 Reddit 上遇到的許多陌生人買了這些股票。這就是人多力量大。

現在他們正在玩一個危險的新遊戲——設法毀掉對沖基金老闆們的生活。截至我發現我兒子是墮落者的那一天，ＷＳＢ有超過兩百萬名成員，而隨著他們震撼金融建制，

WSB成員人數在短短幾個星期內暴增了三倍。

一些WSB成員認識到，投資基金因為從事「放空」這種操作，可能面臨無限的損失。放空股票使這些基金得以在股價下跌時獲利，這與多數投資人所做的相反。因為許多基金非常積極地放空GameStop，如果該股的價格因為某些原因急漲，這些基金將面臨逃生艙口非常狹窄的險境。由於羅賓漢（Robinhood）之類的券商容許沒什麼經驗的交易者借錢買進股票，並使用作用如同力量倍增器的衍生工具，WSB上的業餘投資人有辦法重創那些放空GameStop的基金。

他們也有這麼做的動機。在美國，許多人對財富不平等和規則不公平有很深的怨氣——美國社會彷彿有兩套規則，一套適用於有錢和有關係的人，另一套適用於一般人。許多WSB成員的成長經歷包括為償還學生貸款而拼搏，以及看著父母在金融危機期間掙扎不已。他們起初只是為了找點樂子和賺點錢，後來有了這個特殊動機：報復那些創造這個被操控體制的人。

他們多數屬於黏著手機長大的世代，直觀和有趣的應用程式使他們可以異常輕鬆地參與股市交易。在COVID-19大流行期間，他們被困在家裡，百無聊賴，結果發現股票投機買賣以及在網路上與陌生人交流交易心得，甚至比運動博弈更刺激，而且在股市走多頭時，遠比運動博弈有利可圖。在多頭市場中，幾乎每一隻股票都上漲，投資人的挑戰不是選出一隻能賺錢的股票，而是找到賺大錢的交易方式。有些可以影響許多人的影響者(influencers)非常樂意提出建議，他們熱愛迷因，而且有錢——是那種好的有錢人。

這個新類別的投資人不相信傳統的華爾街建議，但他們多數非常樂意從那些影響者和 Reddit 夥伴那裡獲得啟示。現在，一些似乎很懂艱澀金融知識（例如怎麼放空和利用衍生工具）的 WSB 成員在談論一個一舉兩得的投資機會——除了可以賺大錢，還可以使那些不好的有錢人變成窮人。唯一的問題是，你必須有「鑽石手」（diamond hands）——無論股價漲到多高，都可以堅持不放手。這正是我兒子的朋友堅持不賣手上股票的原因。

暗地裡囤積一檔股票，壟斷其供給，藉此榨乾放空者，在一九二一年是常見的事，但在二〇二一年就不是了。這早已變成是非法的。但是，如果囤積不是少數有錢人暗中的操作，而是數百萬名彼此不認識的小散戶完全公開的作為，那又如何？即使監理機關大喊違規，他們到底能怎麼做呢？

這一波浪潮在凝聚力量時，監理機關沒有注意到。大型基金的經理人也沒有。他們光是盯著彭博終端機就已經夠忙了，到 Reddit 上瀏覽迷因對他們來說太浪費時間了。

如果他們到 Reddit 上瀏覽，會看到新晉投機客扛著籌碼，寫下「你一生中將經歷的最大軋空」(the biggest short squeeze of your life) 和「打垮機構投資人的新手指南」(Bankrupting Institutional Investors for Dummies) 之類的貼文。有些基金經理人甚至會在這些貼文中看到自己的名字，因為 W S B 上的墮落者瀏覽了證券方面的公開申報資料。GameStop 股價不斷上漲時，專業人士起初沒有意識到事態嚴重，反而認為眼前有許多弱雞，於是加碼放空。一如海明威寫過的破產方式，這股導致華爾街某些最大玩家面臨破產威脅的力量緩緩襲來，然後驟然發威。

然後事情變得更奇怪了。隨著擴大的虧損和激增的交易量不但危及那些大舉放空的基金，還可能導致金融流通管道失靈，遊戲被中斷了。人人都在談論 GameStop 之際，羅賓漢之類的券商突然限制散戶買進該股的能力，而金融肥貓就沒有受到這種限制。這個遊戲被操控了！

但它其實一直都是這樣。

我曾在一家大銀行擔任股票研究部門的主任，後來離開了高級金融業，轉為從事這方面的寫作。在之前總共二十八年的職業生涯中，我從未見過市場上發生引起這種規模的公眾熱議和爭論的事。每個人都從中看到了自己想看見的東西，多數人同情小人物。

我也是，但不是因為金融業者不容許散戶大軍隨心所欲地買進 GameStop 的股票，而是因為這個事件**並未成就一場革命**。

華爾街被迫短暫採取守勢，主要是出於技術性原因，不是因為有陰謀。除了少數基金損失慘重，金融業其實樂見 GameStop 事件。大衛戰勝巨人歌利亞的故事對金融業來說是很悅耳的。熱愛迷因的散戶大軍智取華爾街大戶？有人貼出證券對帳單的螢幕截圖，顯示獲利高達五〇〇〇％，帳戶餘額數百萬美元？在喧囂的多頭市場中，一對光鮮亮麗的年輕男女總共只有五個月的交易經驗，就已經在 TikTok 上發表教學影片，講述他們如何因為只買進上漲的股票，已經再也不必工作了？

對於有人贏走數百萬美元並為此歡呼雀躍，華爾街金融業者非常不是滋味，就像拉斯維加斯賭場遇到賭客贏大錢那樣？才不是。業者樂於藉此宣傳。這正是為什麼有人玩老虎機中大獎時，會出現引人注意的燈光和音樂，以及為什麼贏得威力球（Powerball）彩券大獎的人，會被要求拿著一張巨型支票讓記者拍照。長期以來，散戶券商一直在賣這種廣告：「你高中時期最蠢的同學」在投入金融市場買賣之後，如今經常在他的超級遊艇上與模特兒開派對。但 GameStop 事件？這是那種有錢也買不到的廣告。

現實生活中發生瘋狂的事情時，我常覺得那就像某部電影。我想並非只有我這樣，因為很多人說，WSB成員打敗貪婪的金融業者，就像《你整我，我整你》（*Trading Places*）的情節：落魄的比利．雷．瓦倫丁智取腐敗的杜克兄弟，在期貨市場使他們輸到破產。「賣啊，莫蒂默！賣啊！」

我很喜歡那部電影，但我首先想到的是比較嚴肅的《天搖地擺震山河》（*Zulu Dawn*）。該片由伯特．蘭卡斯特（Burt Lancaster）主演，講述伊散德爾瓦納戰役（Battle of Isandlwana）。在這部電影中，一支掌握當時最新軍事技術、極度自信的英國殖民軍隊，被一群他們視為原始人、手持長矛的非洲戰士擊敗和屠殺。在GameStop事件的那個星期裡，看到以下這種標題，就會覺得股票市場像是上演了一場伊散德爾瓦納戰役：「GameStop狂熱揭示了華爾街的權力轉移——專業人士岌岌可危」、「笨錢追捧GameStop，並以華爾街的方法打敗了華爾街」。

但事件塵埃落定，我改變了想法。現在我覺得它比較像《星際大戰二部曲：複製人全面進攻》（*Attack of the Clones*）。戰鬥非常刺激，甚至可說是英勇的；人人都為安納金歡呼打氣，希望他能打敗貪婪的貿易聯邦，但你隨即想起這是一部前傳，故事的結局是大家已知的。一股更大的力量在背後蠢蠢欲動，樂於看到戰鬥。華爾街樂見市場波動，而且如果數百萬名沒什麼經驗的新投資人帶著他們的儲蓄湧入市場，造成波動，華爾街更是欣喜不已。誰在乎他們是否殺了杜庫伯爵？

圍繞著 GameStop 和其他迷因股的戰鬥最終變得太刺激了。券商不得不拔掉插頭，以避免燒毀系統的電路；這引出各種尷尬的問題，但沒人提出真正重要的問題。美國人被激怒了，各政治派別的政客也是。在券商當中，羅賓漢的沮喪客戶特別多，他們憤怒不已，重提該券商過去的一句行銷口號：「讓人們交易。」（Let the people trade.）

直到我們的故事開始前不久，華爾街一直在擔心相反的問題。在 COVID-19 大流行之前，美國金融業正享受著有史以來最長的多頭市場和不錯的利潤，但它的客戶越來越聰明。技術應用、競爭和財務教育正危及華爾街的賺錢機器。連年輕的儲蓄者也開始懂得利用費用低廉的指數基金，買進後適時調整資產配置，或借助機器人理財顧問做這些事；這導致華爾街失去以百億美元計的收入，那是投資人過去因為買賣個股和投資於共同基金，貢獻給金融業者的。一名焦慮的分析師寫了一份報告，指那些不追求打敗大盤、費用低廉的指數基金「比馬克思主義還糟糕」[1]。

事實上，散戶認為他們可以與所謂的「聰明資金」（smart money）競爭時，金融業才享有最好的時光。墮落者是華爾街想要的那種顧客。沒人預料到他們會在派對變得太狂野時，幾乎拆掉辦派對的地方，但羅賓漢等券商和那些受創的對沖基金下次會有更好的準備。投資大戶吵著要投資於這些業者。

那天早上我看到即將發生什麼時，認為這是我想寫的東西。在隨後幾天的雲霄飛車旅程中，我看到政界、新聞媒體和一般民眾的反應時，我知道我必須寫。這是瘋狂和迷人的一系列事件，是集合金融創新、自大、經濟不確定性、暴民心態、世代紛爭和致命瘟疫的一場完美風暴。短短幾個星期內，就至少有四部關於「Reddit 革命」的電影在醞釀拍攝。我知道它們會比較像《你整我，我整你》或《天搖地擺震山河》，或許還將帶有一點《動物屋》(*Animal House*) 的味道。

但我要講的是一個不同的故事。它同樣瘋狂，但沒那麼黑白分明，充滿與流行敘事背道而馳、令人尷尬的事實。沒錯，情況失控了，小散戶或許真的震撼了金融建制，但他們真的掀起了一場革命嗎？遠遠沒有。散戶交易者在華爾街食物鏈中有其傳統位置，而在事件塵埃落定、盈虧確定之後，這一點並沒有改變。不過，在一段很短的時間裡，散戶交易者成了金融體系中的頂級掠食者，一些「聰明資金」則淪為獵物。我將分兩部分交替講述這個故事，一部分是關於一個聰明年輕人的唐吉訶德式冒險，他確實智取了華爾街，最終激勵其他人來試自己的運氣；另一部分是探索導致和助長這場「革命」的各種機制。在這些章節中，我將詳細說明華爾街如何將數百萬名新投資人帶進它的遊戲場，誘使他們相信自己在華爾街的遊戲中占有優勢，最後利用他們大賺一筆。

但我也會分享一些好消息。小人物真的有辦法抵抗體制的壓迫，而你看完這本書時，會知道自己可以怎麼做。

首先，我想介紹這個故事的關鍵人物，包括華爾街鉅子，當中一些人幾乎淪為貧民；矽谷的才俊，他們太聰明了，不會懷疑他們所造就的群體的智慧；以及一個不情願的革命者，他具有鋼鐵般的意志，激勵了一大群散戶投資人參與這個遊戲。

1. Burton G. Malkiel, "Are Index Funds Worse Than Marxism?" *The Wall Street Journal*, April 24, 2016.

01 小貓先生去華府

「我不是一隻貓。」

凱斯・吉爾

來自波士頓郊區的三十四歲財務健康專家出席國會聽證會時，一開始這麼說；直到不久之前，他是中產階級的一員。他這句俏皮話借用自一周前瘋傳的一段虛擬法庭程序影片，為嚴肅的國會聽證會注入了一絲輕鬆氣息。由於 COVID-19 瘟疫仍肆虐，二〇二一年二月十八日下午的這場國會聽證會以線上方式進行。在那段瘋傳的法庭程序影片中，那個笨拙的律師因為套用了視訊會議濾鏡，以小貓的模樣出現在法官眼前。出席國會聽證會的凱斯・派特・吉爾（Keith Patrick Gill）則不一樣，他懂得如何停用濾鏡。[1]

吉爾最近在股票市場賺了點錢，一度賺了超過五千萬美元，而他應該感謝現代社群媒體和交易應用程式，它們大大降低了新手投資人進入市場的門檻，至少間接幫助了吉爾。但即使在他最有錢的時候，吉爾仍是當天被傳喚作證的五個人中最窮的一個，而且是窮得多。

吉爾在一系列的 YouTube 影片中用了「咆哮小貓」（Roaring Kitty）這名字，在 Reddit 華爾街賭場論壇上的網名則是 DeepFuckingValue（幹爆價值）。在那天的線上聽證會上作證的人當中，他是唯一只拿自己的錢冒險而變得富有的一個。他的錢全都是靠集中押注在 GameStop 這家公司的股票上賺到的，而金融界最聰明的一些人都確信這家公司的股價必將下跌。正如大家都知道，市場要有成交，必須要有人買有人賣。

吉爾首度在帳面上發了財之後，堅持無論如何都不會賣掉他的大部分持股，他因此一夜之間成了一場網路社會運動的英雄。數百萬人每天下午登入華爾街賭場論壇，只為了看他是否已經賣出，而該論壇的會員每次都矢言：

「如果他還在，我也不會走！」

在這個過程中，這些革命者不可能全都發財，甚至不可能全都獲利（許多人顯然沒有認清這一點），但他們可以聯合起來，將他們餘額不多的證券帳戶變成強大的武器，在華爾街從獵物變成獵人。對一些人來說，教訓壓迫者只是賺錢之外的甜頭。對另一些人來說，這已經突然成為他們的主要目標，而他們矢言即使因此損失金錢也要堅持下去。他們對自己如此成功感到驚訝：在瘋狂的一個星期裡，數百萬人加入了他們的行列。但是，就在金融肥貓極其恐慌之際，隨著遊戲規則被改變，他們又一次得救。這就是「正面我們贏，反面你們輸」，一如金融危機期間的情況。至少流行敘事是這麼說的，而這也是吉爾那天早上必須穿上西裝打領帶的原因。

弗拉基米爾・特內夫

被傳喚作證的其他人當天穿著更好的西裝，在豪華的辦公室裡作證，而不是在租屋的地下室裡（牆上還掛著一張小貓的海報）。他們累積的財富遠多於吉爾，主要是靠利用這個時代的創投資本熱潮，或是從「幫助」美國人投資和增加儲蓄這種歷史比較悠久的生意中獲利。

那天在眾議院金融服務委員會的聽證會上，被問最多問題的是與吉爾同齡的弗拉基米爾・特內夫（Vladimir Tenev）。他身材苗條，臉色蒼白，留著齊肩的棕色頭髮，與影星亞當・崔佛（Adam Driver）異常相似，還有好幾分大衛・卡西迪（David Cassidy）的影子。特內夫是在保加利亞的共產政權垮臺後不久從該國移民到美國的，當時他還是個孩子。他小時候一心希望發財，免得家人被送回去保加利亞。他努力學習，大學在史丹佛主修數學。三年前，特內夫利用矽谷和華爾街的融資機器，創辦了一家以傳說中劫富濟貧的羅賓漢命名的公司，因此成了億萬富翁。但現在他是操控股市交易的主要嫌疑人，被指在華爾街肥貓因為被軋空而瀕臨崩潰之際，出手替他們解圍。

特內夫在開始作證之前，先讀出他的聲明，內容直接取自其公司羅賓漢的行銷素材，聲稱「金融系統應該為所有人服務」，而非僅服務非常有錢的人。

委員會主席瑪克辛・華特斯（Maxine Waters）沒心情聽這些，她在特內夫開始讀出聲明時打斷他，敦促他：「利用你有限的時間，直接講述一月二十八日發生的事，以及你做了些什麼。」三周前那天發生的事，使兩大黨派的主要政客以至深夜脫口秀主持人都憤慨不已，華爾街賭場論壇因此成為一個轟動話題。

雖然該委員會的成員接受了金融業以百萬美元計的政治捐款，但他們那天顯然是同情小人物的。只是有一個問題：沒有人違反了任何規則。此外，一如我們稍後將指出，對沖基金和散戶券商並沒有合謀去阻止一場革命。

有個評論者嘲笑這場聽證會毫無必要，就像「一個在尋找問題的解決方案」（a solution in search of a problem）[2]，但這想法忽略了一個大問題。這本來是個大好機會使大眾看清一個規模巨大、利潤極厚的行業如何從新手投資人的儲蓄中賺錢，但大家錯過了這個機會。數十年來，美國人一直被迫穿行於金融業者的行銷訊息迷宮之中；這些公司聲稱要幫助大眾利用儲蓄投資，提出種種圓滑的行銷話語，往往導致大眾作出費用高昂的糟糕選擇。複利並不是人們憑直覺就能掌握的概念，但已故的指數基金先驅約翰・伯格（John Clifton "Jack" Bogle）之類的人已經使數千萬名儲蓄者確信，看似無關緊要的費用會使他們損失非常可觀的儲蓄。

但現在，許多像羅賓漢這樣的股票交易服務是「免費的」。直接送到你的智慧型手機上的即時資訊，以及社群媒體上的投資建議（最近似乎很有效），也是這樣。另一方面，投資於指數基金就像看著青草生長那麼令人興奮。專業人士花不少錢購買的許多投資分析和新聞資訊，長期以來使他們在市場上占有優勢，但現在小散戶也可以取得，他們因此能與菁英投資人競爭，甚至打敗他們。至少這是某些人的說法。但是，如果金融正在「民主化」，為什麼華爾街的利潤卻空前豐厚呢？

如果聽證會是在其他時候召開，例如在網路股泡沫破滅之後，人們可能會對以下問題更有興趣：股市產生的報酬有多少歸他們所有？在聽證會上作證的一些人如何變得如此富有？但是在二〇二一年二月，有投資帳戶的多數美國人沒有心情去查看他們的對帳單上的細則。當時股市境況非常好，而受交易限制影響的人相信自己可以取得遠優於市場長期報酬率的績效。他們是華爾街的理想客戶。

在存錢養老和為子女繳學費方面，美國人幾乎必須完全靠自己。有些人雖然走了關鍵的一步，為這些目標預留了足夠的資金，但往往在不知不覺中被扒了錢包。迷因股軋空事件是個極好的時機，有心人可趁機提出一些尖銳的問題，例如：我們的儲蓄有多少最終落入了華爾街的口袋？我們可以做些什麼來改變這個行業的誘因？

委員會成員的一些發言和提問確實觸及要點，例如來自伊利諾州的眾議員西恩・卡斯頓（Sean Casten）在對特內夫講話時，就指出了一種令人不安的情況：

「你的商業模式一方面追求金融民主化，這是一個崇高的使命，另一方面卻要餵魚給鯊魚，兩者難免會有衝突。」

另一名成員問特內夫，他是否應該預料到交易狂潮的到來。特內夫說，這場迷因股軋空是「黑天鵝」事件，發生的機率為三百五十萬分之一。也許這個前數學博士生的數字是準確的，但黑天鵝事件——暢銷書作家和風險分析師納西姆・尼可拉斯・塔雷伯（Nassim Nicholas Taleb）普及的一個名詞——是人們根本沒有預料到的事，而非只是一種罕見的情況。對於過去一年投資新手們越來越瘋狂的冒險行為，特內夫並非只是一個被動的觀察者。他的公司及其模仿者使投資新手得以越來越瘋狂地冒險，辦法是讓他們能夠自由、輕鬆地利用借來的錢和衍生品從事金融交易，甚至使這種交易變得有趣——可能太有趣了一點。客戶大量交易時，羅賓漢的整個商業模式表現出色，而客戶不顧後果的行為甚至可以使羅賓漢表現更好。羅賓漢的核心客戶是年輕男性，這些客戶許多無須慫恿就已經相當魯莽。[3] 他們也從彼此身上得到交易線索——現在主要是透過社群媒體。羅賓漢的介面和價格點助長了這種傾向。特內夫那天之所以必須作證，是因為他的公司在這方面表現太出色了，以致必須暫停某些交易。

我們對散戶表現所知的一切告訴我們，這種操作方式幾乎必然導致低報酬和高風險。那麼，羅賓漢的客戶表現如何？特內夫答道，他們總共賺了三百五十億美元。但是，他們投入了多少錢？得到了怎樣的報酬？績效是否至少不遜於投資在指數基金上？特內夫巧妙地迴避了這個問題，僅表示他的客戶比起把錢花掉的情況擁有更多錢。

賈柏瑞・普洛金

卡斯頓那個比喻中的鯊魚，有一條是這場聽證會的證人，他就是梅爾文資本管理公司（Melvin Capital Management）創始人暨投資長賈柏瑞・普洛金（Gabriel Plotkin）。多年來，他吞食的小魚幾乎比任何人都多，但迷因股軋空中的革命者幾乎徹底擊垮了他，使他的對沖基金損失了數十億美元。

雖然普洛金是這場軋空的最大受害者，但他並不指望聽證會上有人同情他，而事實上也沒有人同情他。這某程度上是因為儘管事隔多年，二〇〇八年那場全球金融危機使普洛金這種對沖基金經理變成了典型的反派角色。而他的賺錢手段之一是押注某些個股的價格將會下跌，這使大眾更加厭惡他。

一如吉爾，普洛金在三十四歲時捲入了一場證券詐欺調查。他也不曾做錯任何事，但這場驚嚇差點斷送了他充滿希望的職業生涯。當時普洛金是SAC公司的明星投資組合經理人，這家進取的對沖基金業者以其創始人史蒂文・科恩（Steven A. Cohen）姓名的首字母命名，而科恩是華爾街最令人畏懼的交易者。普洛金的名字出現在SAC內部流傳的電子郵件抄送名單中，而郵件內容涉及股票內線消息。沒有證據顯示普洛金據此有所行動，甚至沒有證據顯示他曾閱讀這些郵件。SAC 最終被迫支付十八億美元的刑事和民事罰款，數名員工面臨內線交易指控。[4]

老闆的逆境變成了普洛金的機會，他在二〇一四年自行創業，以他已故祖父——一個勤勞的便利店老闆——的名字命名他的新對沖基金。[5] 在科恩和另一些人投入資金的情況下，普洛金創業第一年結束時管理著五億美元，並隨即開始大舉獲利。普洛金在書面證詞中告訴眾議院金融服務委員會，他創業之後最早建立的部位之一是放空 GameStop 的股票，也就是借入 GameStop 股票並賣出，希望其價格將下跌，以便他以比較便宜的價格買回該股。

為什麼是 GameStop？一如多數投資人，普洛金致力尋找他認為會升值的成功企業。但是，他和許多其他對沖基金經理不會只是避開那些不符合成功標準的公司，而是會在他們研究的行業中，挑選一些看來很可能會失敗的公司，押注其股價將下跌。如果所有散戶某年的股票投資績效都很差，普洛金的表現可能會相對好一些，因為他放空的虛弱個股表現勢必更差，因此產生的獲利將能改善他的投資績效。這種操作方式非常管用，直到它失效為止：在迷因股軋空前夕，普洛金的基金管理著約一百三十億美元的資產。他個人在之前一年的薪酬高達八．四六億美元。[6]

普洛金在許多方面與他的導師科恩不同：科恩收集印象派畫作和現代藝術作品，據稱曾花一千兩百萬美元購買達米恩・赫斯特（Damien Hirst）名為《生者對死者無動於衷》（*The Physical Impossibility of Death in the Mind of Someone Living*）的作品——一條以甲醛溶液保存的鯊魚標本。梅爾文資本的第一間辦公室只有一個裝飾品，估計只需要十二美元就能買到，那是美式足球傳奇人物文斯・隆巴迪（Vince Lombardi）的這句鑲框名言：「勝利是習慣」（WINNING IS HABIT）。不過，在其他方面，普洛金很像科恩。普洛金體格健壯，面容黝黑英俊，頭髮濃密，外表與禿頭胖子科恩不同，但兩人都有非常適合在華爾街發展的頭腦。作為一名運動迷，普洛金可以立即說出各種統計資料，而他在金融方面也展現了這種能力，能夠輕鬆說出許多不同日子的股價。[7] 最近，普洛金和科恩都投資在「宇宙主人」的終極戰利品資產上，成為了職業球隊的老闆。科恩二〇二〇年成為職棒球隊紐約大都會的大股東。普洛金與丹尼爾・桑德海姆（Daniel Sundheim）二〇一九年從籃球傳奇人物麥可・喬丹（Michael Jordan）手中買下了夏洛特黃蜂籃球隊的一大筆股權；桑德海姆是普洛金的同業，在迷因股軋空中也蒙受重大損失。

對沖基金經理的收入之所以能高於那些為一般民眾管理共同基金的（相對）貧窮同業數百倍或甚至數千倍之多，是因為他們理應占有優勢。雖然他們的平均績效在全球金融危機爆發以來的這些年裡未必能證明這一點，但他們無疑可以做一些那些在富達（Fidelity）或先鋒（Vanguard）工作的人無法利用你的401(k)退休儲蓄去做的事。這種自由意味著他們的績效可以與市場整體表現不同——這就是對沖基金的「對沖」之意。這一點本身就是向退休基金和捐贈基金的受託人推銷的一個賣點，這些人將數千億美元交給梅爾文資本之類的經理人投資。

但他們把錢交給普洛金投資時，肯定沒有想到會遇到隨後發生的事。在華爾街賭場的成員興奮不已的那幾天裡，隨著GameStop和隨後其他被大舉放空的公司股價飆升，梅爾文資本損失的資金多到危險的地步。梅爾文迅速獲得科恩和城堡公司（Citadel LLC，由肯·格里芬〔Ken Griffin〕經營的巨型金融企業）注資二七·五億美元，而普洛金後來堅稱這不是一次「紓困」(bailout)。

肯·格里芬

另一輪問題是針對格里芬的，他在一月二十五日早上的一場電話會議中決定大舉注資普洛金的基金。格里芬是城堡這家對沖基金巨頭的創始人，也是城堡證券（Citadel

Securities）的最大股東，該公司是迷因股軋空期間處理最多散戶交易的券商。一些眾議員的問題變得尖銳時，格里芬圓圓的藍眼睛直視著鏡頭，在他給出沮喪的冷靜答覆時，似乎從不眨眼。一名財經作者開玩笑說，格里芬的凝視「可以在三秒鐘內燒掉人們臉上的肉」[8]，而這眼神背後是個極其好勝、幾乎像機器人那麼高效的投資經理人，他的公司曾被比作是古拉格勞改營，雖然它提供的薪酬非常好。[9]

前高盛老闆勞德．貝蘭克梵（Lloyd Blankfein）談到這名金融鉅子時說：「即使在性格強烈、脫俗不凡的人當中，格里芬也很可能位列最突出的前百分之十。」[10]

在被傳喚作證的人當中，五十二歲的格里芬是最年長的一個，也是財富遠遠超過所有其他人的一個——他的資產淨值估計達一百六十億美元，在富比世的世界富豪榜上與普洛金的舊老闆科恩並列。[11] 一如同為對沖基金經理的科恩，格里芬也是熱心的藝術品收藏家。

兩人都經歷了極其難堪、代價高昂和廣受矚目的離婚。在比較美好的日子裡，二〇〇三年格里芬的婚禮在凡爾賽宮舉行，當天負責娛樂賓客的是歌星唐娜．桑瑪（Donna Summer）。就在聽證會舉行前幾個月，格里芬因為興建了價值估計達十億美元的幾筆頂級不動產而登上新聞版面，人們將這些不動產與威廉．藍道夫．赫斯特（William Randolph Hearst）和約翰・洛克菲勒（John D. Rockefeller）等財閥一百多年前建造的房產相提並論。[12]

格里芬並非只是擁有最多金錢和玩物——他還是聽證會上影響力最大的證人。他在二〇二〇年的個人政治捐款超過六千萬美元，包括捐給當天質問他的數名共和黨籍委員會成員[13]，而他的公司曾向財政部長葉倫（Janet Yellen）支付約八十萬美元，作為她卸任聯準會主席後一系列演講的報酬。葉倫之前的聯準會主席柏南克（Ben Bernanke）則是城堡公司薪酬豐厚的高級顧問。

格里芬的金融事業在他很年輕的時候就已經展開：在哈佛大學讀一年級時，他發現了市場價格異常之處，把握機會在學生宿舍裡買賣可轉換債券。不久之後，他成立了他的第一檔基金，及時從一九八七年的股市崩盤中獲利。二十一年後的另一次市場崩盤幾乎導致格里芬的對沖基金公司倒閉，但也為他的交易事業帶來新機會，結果成為沒有殺死你的東西使你變得更強大的一個例子。全球金融危機之後頒布的規則使美國銀行業者較難買賣股票，交易成本也有所提高，因為它們必須預留額外的資金和降低風險，以免二〇〇八年那種危機再度爆發。

城堡證券不是銀行或證券交易所，但它扮演造市商（market maker）的角色，如今替小投資人完成的股票交易遠多於任何競爭對手。它是羅賓漢最大的一個收入來源：它付錢給羅賓漢，換取替羅賓漢執行股票和選擇權交易的權利（若非如此，羅賓漢客戶的買賣指令會被發送到交易所，而在那裡，所有人都可以看到這些交易）。這種被稱為「付費換取委託單」（payment for order flow）的做法在聽證會上引來一些令人不安的問題。

一如羅賓漢可以宣傳它藉由促進「金融民主化」做了好事，城堡證券也可以這麼做，而它也確實吹噓它藉由有效撮合買賣委託，為散戶省了很多錢。那些數字是真實的，但你必須先決定要買東西，才有可能真的省到錢。城堡證券的運作方式，使投資人得以利用小額帳戶瘋狂買賣，而且不必付佣金給券商。

在 GameStop 軋空事件之前，格里芬已經是金融界最傑出的人物之一，但在金融界之外沒有多少人認識他。許多散戶對 GameStop 等迷因股被暫停交易非常不滿，他們在普洛金受到重創離場之後尋找可責難的新惡棍。於是，在網路上被嘲笑為「KennyG」的格里芬突然成為精通社群媒體的散戶發洩怒氣的目標。如果你對粗糙或侮辱性的格里芬梗圖有印象，那很可能是有人在推特或 Reddit 上用過。格里芬在軋空事件發生後的多個月裡保持緘默，但到了二〇二一年九月，一宗聯邦訴訟的內容使一些人認為城堡證券為了自身利益要求羅賓漢暫停迷因股的交易，他就失去了耐性。#KenGriffinLied（格里芬說謊）成了當時社群媒體上最熱門的話題之一。

「我從不曾與特內夫通簡訊、通電話或見面，這一定使那些陰謀論者沮喪不已，」格里芬在城堡證券沉寂已久的推特帳戶上寫道。

格里芬的對沖基金業務和他的交易業務不能互通訊息，此外也沒有任何確鑿證據顯示他是迷因股暫停交易的幕後黑手。而且為什麼他會想這麼做呢？格里芬不必做任何不能曝光的事，就已經是「金融民主化」創新的主要得益者之一；這些創新據稱可以使小散戶能與格里芬這種精明的金融業者公平競爭。據報導，在迷因股軋空之前的一年裡，隨著散戶交易成為美國人的新消遣，城堡證券的營收增加了一倍，達到驚人的六十六億美元。[14]

史蒂夫．霍夫曼

當天被傳喚作證的還有史蒂夫．霍夫曼（Steve Huffman），他是Reddit的執行長暨共同創始人，而華爾街賭場和許多其他論壇正是設在Reddit這個平台上。Reddit這家公司與這場金融亂局隔了一層，但也在故事中扮演了關鍵角色。霍夫曼不是一家金融公司的老闆，公司業務不會受眾議院金融服務委員會的舉措直接影響，因此在談到 Reddit 平台上的財務建議品質時，話說得直接且理直氣壯。

「人們可以說，事實上他們一直在電視上這麼說，Reddit 鼓勵人們作出堪稱糟糕的投資決定，」他說。「但我認為 Reddit 上的投資建議實際上很可能是頂級的，因為那些建議必須有成千上萬人接受，才有可能廣受注意。」[15]

但是，正常人不必花很多時間在社群媒體上就能看到，最突出和病毒般瘋狂傳播的貼文極少是最明智和消息最靈通的。如果對 Reddit 是否樂見它在市場動盪中扮演的角色還有懷疑，它在迷因股軋空的尾聲於美式足球超級盃決賽推出的廣告應可釋疑。那個廣告只有五秒鐘，效果極好。它一開始像是個普通汽車廣告，但很快切換到一個文字聲明畫面，上面有 Reddit 的標誌。因為時間極短，許多人事後必須上網搜尋，才知道文字聲明的內容。

該聲明說：「誰知道呢，也許正是因為你，未來的金融教科書將必須加一章談 tendies。人們圍繞著他們真正關心的事物團結起來，就會產生巨大的力量。有個地方可以做這種事。它叫做 Reddit。」聲明中的 tendies 是指獲利，是熱愛炸雞柳（chicken tender）的吉爾愛用的俚語。

亞歷克西斯．歐哈尼恩（Alexis Ohanian）與霍夫曼共同創辦了Reddit，但已經離開了該公司，他將GameStop狂熱與十年前的占領華爾街運動相提並論。他說：「這是美國一般民眾——股市的散戶——展現力量，反擊那些對沖基金的一個機會。」[16] 這是對事態的一種無可救藥的浪漫看法。雖然有少數對沖基金在迷因股軋空中受重創，但許多對沖基金表現非常好，亟欲了解散戶的下一個好點子——尤其是因為程式設計師現在已經建立了演算法，可以比人類更快了解Reddit上的熱門話題，並據此部署交易。

而且即使整個專業投資人階層因為迷因股軋空而永遠處於不利地位，散戶也不會因此得益。一如本書稍後將解釋，諷刺的是，能夠放空股票的基金尋求掩護的時候，可能正是散戶面臨最大危險的時候。與此同時，負責制定法律保護散戶的人也沒有真正幫助解決問題。

華府建制

眾議院金融服務委員會主席華特斯在她的政治生涯中贏過二十三次選舉，絕不是因為她對民情反應遲鈍。即使在幾天之後迷因股暫停交易的事實變得明確，她在宣布聽證會的議程時仍特別提到對沖基金。她在聽證會上說：「許多美國人覺得這個系統對他們不利，華爾街無論如何總是贏家。」

民調公司 Invisibly Realtime Research 二〇二一年二月初訪問超過一千三百名美國人，了解他們對 GameStop 股價波動和交易限制的看法。超過四分之三的受訪者表示，限制交易是「操縱市場」，而不是為了防止其他股票出現重大損失。[17] 在華府極度分化之際，偏左和偏右的從政者都呼應民眾的這些懷疑。

但在採取行動保護資訊不足的散戶方面，他們多年來一直倒退。二〇一二年，國會通過了《新創企業啟動法》（*JOBS Act*），由歐巴馬總統簽署生效。雖然該法的首字母縮寫為 JOBS（工作），但它與就業無關。它降低了對許多公司的資訊揭露要求，並容許它們向投資人宣傳它們發行的證券。而在二〇一八年，川普政府砍掉了受託人誠信規則，該規則要求券商將退休金帳戶的客戶利益置於券商自身利益之上。

在聽證會結束後數周，羅賓漢在其網站上發表了一篇教育投資人的文章，為外行讀者解釋法律概念，文中說：「受託人有點像保姆。」[18] 對那些確信自己是股市天才的二十一歲年輕人來說，這聽起來當然不酷，也不可取。接下來的一個月裡，羅賓漢在麻州提起訴訟，要求推翻二〇二〇年九月生效的要求券商充當受託人的規則。羅賓漢指責麻州試圖「使居民回到過去，恢復羅賓漢成立時立志打破的金融障礙。」[19]

在關於聽證會的新聞報導中，最不受關注的證人是珍妮佛·舒爾普（Jennifer Schulp），她是自由意志派智庫凱托研究所（Cato Institute）貨幣與金融選擇中心的金融監理研究主任。這真的可惜，但不是因為她向委員會成員提出了任何傑出的政策建議。設在華府的凱托研究所倡導「基於個人自由、小政府、自由市場的美國公共政策」，而舒爾普陳述特內夫和格里芬的立場時，說得比他們自己更好。她敦促國會不要為了遏制危險的投機行為，採取任何會使散戶較難買賣或必須付出較高交易費用的措施。但她引用一些統計資料，指出了美國股票資產按年齡、教育程度和種族的不平等分布，以及長期投資於股市的好處，而這些資料本來可以使討論朝比較有益的方向發展。這種不平等，以及對專家的普遍不信任，在迷因股軋空中產生了關鍵作用。

吉爾這名證人完全不受委員會重視，他本來可以予人更多啟迪，畢竟他是唯一作證的散戶投資人。他並沒有積極領導這場所謂的革命，而是藉由他的堅定，為大規模的股票購買潮貢獻了關鍵的火花。吉爾比大量投資於迷因股的九九%年輕人成熟，但在勇於冒險和嬉笑怒罵方面很像那些年輕人。雖然當時面臨調查，他還是大肆唱好GameStop，而且除了繼續持有該股，不久之後還增加持有。他甚至厚顏地在他的證詞中加入了華爾街賭場論壇上常出現的這句話：

「我喜歡這支股票。」

1. Matt Levine, "GameStop Hearing Featured No Cats," *Bloomberg*, February 19, 2021.
2. Nir Kaissar, "GameStop Hearing Was a Solution in Search of a Problem," *Bloomberg*, February 19, 2021.
3. Veronica Dagher and Caitlin McCabe, "Robinhood Wants More Female Investors: So Does Everyone Else," *The Wall Street Journal*, January 7, 2021.
4. Nate Raymond and Emily Flitter, "U.S. Judge Accepts SAC Guilty Plea, Approves $1.2 billion Deal," *Reuters*, April 10, 2014.
5. Gregory Zuckerman and Rob Copeland, "Top SAC Capital Portfolio Manager to Start Own Hedge Fund," *The Wall Street Journal*, April 6, 2014.
6. Tom Maloney and Hema Parmar, "Coleman Leads $23 Billion Payday for 15 Hedge Fund Earners," *Bloomberg*, February 10, 2021.
7. Conrad Louis, "Achieving Success: An In-Depth Interview with Gabe Plotkin," *All That Glitters Podcast*, episode 8, July 22, 2020, www.allthatglitterspodcast.com/episodes/episode-08-interview-gabe-plotkin.
8. Bess Levin, "Hedge Fund Manager Known for Inspiring Spine-Tingling Terror in People Hopes to Lighten Things Up with Haunted House Come October," *Dealbreaker*, January 14, 2019.
9. Marcia Vickers, "Ken Griffin: Hedge Fund Superstar," *Fortune*, April 16, 2007.
10. Rob Copeland, "Citadel's Ken Griffin Leaves 2008 Tumble Far Behind," *The Wall Street Journal*, August 3, 2015.
11. Kerry Dolan, Chase Peterson-Whithorn, and Jennifer Wang, "The Forbes World's Billionaires List," *Forbes*, April 6, 2021.
12. Katherine Clark, "How Citadel CEO Ken Griffin Built a $1 Billion Property Empire," *The Wall Street Journal*, October 8, 2020.
13. Zachary Warmbrodt, "Hedge Fund King, a GOP Megadonor, Faces Off with Democrats," *Politico*, February 18, 2021.
14. Tom Maloney, "Citadel Securities Gets the Spotlight," *Bloomberg Markets*, April 6, 2021.
15. Lauren Feiner, "Reddit CEO Huffman Defends Platform's Role in GameStop Surge," CNBC, February 18, 2021.
16. Jacob Passy, "Reddit Co-founder Alexis Ohanian Compares GameStop Squeeze to Occupy Wall Street: 'This Is the New Normal,' " *MarketWatch*, January 29, 2021.
17. Don Vaughn, "Stock Market Frenzy Sentiment," survey by Invisibly, February 16, 2021, www.invisibly.com/insights/gamestop.
18. "What Is a Fiduciary?" Robinhood, accessed August 2021, https://learn.robinhood.com/articles/4tkv1OEIDNMnukYHxwzYCm/what-is-a-fiduciary.
19. Mark Schoeff Jr., "Robinhood Sues to Overturn Massachusetts Fiduciary Rule," *Investment News*, April 15, 2021.

02 丟五萬三在GME上？一切才剛開始

二〇一九年九月八日

「天哪，兄弟，你為什麼會丟五萬三在 gamestop 上？」[1]

Techmonk123 對 DeepFuckingValue（DFV）的風險報酬意識非常不以為然。

DFV這個用了不雅網名的用戶在華爾街賭場論壇上貼出他的 E*Trade 帳戶截圖，顯示他押注了五三五六六．〇四美元在一支股票上，隨時可能輸掉所有錢。雖然這個 Reddit 子版上常有人用自己的錢在市場上做魯莽的事，但這可是一筆巨大和集中的賭注，而且甚至不是押注在特斯拉（Tesla）、Netflix 或其他帶領美股創出歷來最長多頭走勢的魅力股上。DFV把錢押在 GameStop 上，而這是一家主要在購物中心開店的電玩零售商。華爾街一些最聰明的基金經理人認為，隨著遊戲軟體日益去實體化，GameStop 將步百視達影視的後塵，走向倒閉。

買進GameStop的股票已經堪稱魯莽，但DFV的做法更大膽：他買進了GameStop股票的買權（call option）。買權是一種衍生合約，只有在標的股票的價格在某天升逾某水準時，持有人才會得到報酬，否則它們會過期，變得一文不值。根據最近一個交易日的價格，GameStop的股價必須在二〇二一年一月十五日之前至少上漲八六%，DFV的押注才可以避免顆粒無收的結果。

十六個月後，DFV被揭露為凱斯・吉爾。他為這篇最早的Reddit貼文和隨後所有貼文加上YOLO這個標籤，意思是「你只活一次」（you only live once）。YOLO已經發展出形容詞和動詞的用法，例如那些作出不知情魯莽押注的人被稱為「YOLO交易者」。華爾街賭場版上充斥著螢幕截圖貼文，它們的標題可能是：

將畢生積蓄四萬二YOLO到MVIS中（我二十一歲，希望該股飆漲，以便我幾年後付得起房子的頭期款）

或

吃迷幻蘑菇期間，Yolo了二十三萬到MNMD中

或

一筆YOLO大注是否就能擺脫這種狗屎？

吉爾剛剛發了筆小財，華爾街賭場版上其他人覺得他真是太幸運了。有趣的是，吉爾不認為是這樣，而我們可以從這一點看到這個人的一些重要特質。價值投資人麥可・貝瑞（Michael Burry）因為麥可・路易士（Michael Lewis）的著作《大賣空》（*The Big Short*）而廣為人知，他在這年夏季稍早建立了 GameStop 的大型部位，這導致 GameStop 買權的價格飆升，迫使吉爾最近以逾兩倍的價格買進一些買權（相對於他在不到一個月前的買進價而言）。螢幕截圖顯示，他帳戶裡的資產現值一一三九六二・六一美元。他的貼文標題是「嘿，貝瑞，非常感謝你抬高了我的成本」。

吉爾和貝瑞之類的價值投資人來自火星，股市當沖客則是來自金星。DFV 這個網名暗示吉爾追求「深度價值」（deep value），而或許正因如此，他對著名投資人意外出現迫使他承受較高的投資成本深感不悅。深度價值投資人在股海中尋覓深具投資價值的股票，必要時願意長期等待股價升至他們認為應有的水準。如果他們買進後股價下跌，許多人視之為好事，因為這給了他們機會以更低的價格買入更多股票。

華爾街賭場版上幾乎所有人都會因為自己的投資賺了一倍而歡呼雀躍。有個版友說，DFV 至少應該套現拿回他最初投入的資金，然後利用餘下的錢繼續賭博。另一名版友也提出類似的建議。畢竟沒有人會因為獲利了結而破產。

「或許是吧，但這不是追求長期報酬極大化的方法，」ＤＦＶ答道。這個網名背後的人顯然極度自信。他還表現出不尋常的老練，而且在這個以粗野無禮、不重視拼寫正確、不重視標點符號著稱的論壇上，他顯得格外有禮貌。

針對ＤＦＶ堅持拒絕獲利了結，無懼他的那筆小財可能化為烏有，另一名版友寫道：「豬會變胖。豬會被宰殺。」

「再說一次：這不是追求長期報酬極大化的方法。這是在恐懼中買賣，是厭惡損失，是一種常見的情緒偏誤，」ＤＦＶ答道。

「如果這個愚蠢的傢伙一個星期內輸光了，請提醒我！」另一個人回應道。

在GameStop軋空事件發展到中段時，一名之前懷疑ＤＦＶ操作方式的版友在評論吉爾的貼文中寫道，他質疑吉爾的原始貼文「像莫哈維沙漠七月下午的一杯牛奶那樣酸掉了。」

第二年夏天，吉爾開始以「咆哮小貓」的網名，在他家的地下室透過YouTube直播，談論GameStop的成長機會。在華爾街賭場留言板上與吉爾互動的少數人，如果知道ＤＦＶ就是咆哮小貓，對他的重視會增加多少？這可真難說。吉爾在直播中經常以紅色頭巾將他的棕色長髮束在後面，一邊喝著比利時啤酒，一邊興奮地打著手勢，與《反斗智多星》（*Wayne's World*）中麥克．邁爾斯（Mike Myers）飾演的角色異常相似。但他的論述是嚴肅和詳細的，以點列式呈現，引用權威人士如估值大師阿斯沃思．達莫達蘭（Aswath Damodaran）的觀點，但吉爾的聽眾幾乎肯定不知道這個人。吉爾後來作證時表示，即使在他的分析開始取得成果之後，他還是只能吸引到很少部分的人。

「事實是人們並不真正關心對 GameStop 和其他股票的無趣、重複的分析，而這是沒問題的。」

吉爾並不是追求成為出鏡談投資的明星，但如果是，他是選對了時機開始做這件事。當時年輕投資人正以創紀錄的人數湧入市場，並在社群媒體上向那些看來有趣和可親的人尋求投資建議。約莫與此同時，有個年輕人在市場上賺到的錢比吉爾少得多，而且感嘆「我不知道我他媽的在做什麼」，但他在 TikTok 上吸引了約五十萬名粉絲。[2] 吉爾卻是非常清楚自己在說什麼的人。他已經通過了三階段的嚴格考試，取得投資界非常重視的特許金融分析師（CFA）資格。一般考生總共會花接近一千小時學習，為CFA考試作準備，而且多數人第一次應考未能通過三階段考試的第一關或第二關。

吉爾從不曾提起他的專業資格，而這很可能無關緊要。在默默無聞了一段時間之後，他在一個不信任專家（尤其是華爾街的專家）的群體中聲名鵲起。他年輕，熱愛迷因，風趣橫生，這些特質無疑有助他打破與年輕人的隔閡，但他有禮、理智的作風與在網路上發揮影響力的典型風格背道而馳。針對社群媒體影響力的研究顯示，自信滿滿的人吸引到的注意往往遠多於其他人。

華盛頓州立大學經濟學研究生賈德里安・伍頓（Jadrian Wooten）和班・史密斯（Ben Smith）想針對股市檢驗這個假說，但他們發現，金融方面的預測往往不會在同一句話中提到日期和價格——這很可能是「權威人士」的明智做法。他們因此寫了一個程式，用來整理推特上超過十億條關於二〇一二年棒球季後賽和二〇一三年超級盃的預測。他們發現，表現出自信但預測錯了的人，贏得的粉絲遠多於那些作出正確的細緻預測的人。[3]

那麼，深思熟慮的吉爾最終如何成為 GameStop 軋空的核心人物？吉爾在二〇一九年夏天投資賺了一倍，但在洶湧的多頭市場中，這種表現在社群媒體上誇誇其談的一群交易者當中，一點也不特別。但因為他選擇了一種投機性很強的金融工具，GameStop 股價終於在二〇二〇年末開始更有意義地上漲時（此時距離迷因股軋空還有幾個星期），吉爾的資產淨值隨之暴增，他的傳奇故事也就廣為流傳。他的投資報酬率在高峰期達到接近一千倍。而他大致上堅持不放手，這一點實在激動人心。

「這個名字背後沒有一張臉，他只是一個神話般的傢伙。他成了一個偶像化的人物，」二十歲的大學生賽斯·馬霍尼（Seth Mahoney）說。「他是那些領導者之一，就像狗狗幣（Dogecoin）事件中的伊隆·馬斯克（Elon Musk）。」[4] 馬霍尼是羅賓漢的活躍客戶，在 GameStop 軋空發生時已經是華爾街賭場論壇的成員三年之久，Reddit 使用資歷則有九年。

在他的影響力達到頂峰時，吉爾只是貼出迷因或他的 E*Trade 帳戶新截圖。紐約大學社會認同與道德實驗室的心理學家傑伊·范·貝佛博士（Dr. Jay Van Bavel）解釋，隨著吉爾的交易證實成功，那些截圖產生了巨大的影響。他指出，在社群媒體上，得到注意至為重要；如果貼文者能證明自己過去做對了一些事，或確實掌握某些知識，其貼文對受眾的影響力就會放大。[5]

他說：「一旦吸引到的注意夠多，就能影響真實的行為。在這個例子中，那些截圖提供了所謂的社會認同（social proof），促使其他人在模稜兩可的情況下採取同樣的行動。」

不過，在二〇一九年九月，沒什麼人稱讚吉爾，遑論模仿他。吉爾拒絕了不請自來的獲利建議後，終於有一名版友恭喜他已經賺到錢。吉爾答道：

「謝謝你，兄弟！一切才剛開始。」

1. Techmonk123, "Response to 'Hey Burry, thanks a lot for jacking up my cost basis,'" Reddit, September 8, 2019, www.reddit.com/r/wallstreetbets/comments/d1g7x0/hey_burry_thanks_a_lot_for_jacking_up_my_cost.
2. Jason Zweig, "Robinhood Trader's Battle Cry: 'It's All Just a Game to Me,'" *The Wall Street Journal*, March 26, 2021.
3. "Confidence Trumps Accuracy in Pundit Popularity," *WSU Insider*, May 28, 2013.
4. 賽斯・馬霍尼 2021 年 5 月 28 日電話受訪。
5. 傑伊・范・貝佛 2021 年 2 月 28 日經由電子郵件受訪。

03 殺手級應用程式

如果你在半個世紀前告訴一些上進的年輕投資人，未來的人都將隨身帶著一個可以放在口袋裡的裝置，可以利用它即時取得人類掌握的所有知識、來自交易者社群的建議、即時更新的新聞標題和股票價格，而且手指滑動幾下就能免費買賣股票以至選擇權，他們一定會垂涎藉此賺錢的潛力。但是，社群媒體上最響亮的聲音和最時髦的交易應用程式並沒有適當教導投資新手和幫助年輕人累積資本，而是幫助Z世代和千禧世代在犯愚蠢的理財錯誤這件事上，與他們的長輩（網路股和房市泡沫破滅的受害者）展開激烈競爭。一如前人，他們也在過程中使富者更富，只是方式沒那麼明顯。

要剖析金融狂熱現象，你必須對人類心理有扎實的掌握，而人類心理近五萬年來幾乎沒有變化。但是，如果不同時了解過去十年左右面世的若干智慧型手機應用程式如何運作，你就無法理解 GameStop 軋空事件和最新一代投資人的行為方式。這些應用程式空前快速地演化，結合自然選擇與智慧設計，變得非常善於吸引我們的狩獵採集者大腦的注意力，並使它們致力於幫別人賺錢的事。

那些滿意個人理財新面貌並從中獲利的人表示，羅賓漢和 Reddit 之類的東西，只是向來就有的一些服務比較方便的版本，而這些事物總是有缺陷的。畢竟，人們在網路上買賣股票和交換往往誤導的股票資訊已經四分之一個世紀了。在此之前，他們利用電話買賣股票或親自進行交易，並從各種來源獲得可疑的建議。金融狂熱和恐慌的歷史一如市場那麼悠久，人們提出的對策通常是改善和增加「投資人教育」，雖然沒什麼證據顯示這真的有效。

迷因股軋空為所有人敲響了警鐘。在事情仍未告一段落之際，憤怒的政客就已經決定召開聽證會，電影公司爭相簽訂拍攝相關電影的協議，對沖基金則搶著雇用資料科學家監測社群媒體，以便在下一場狂熱發生時及早加以利用，又或者至少避免受傷害。在投資或股票消息方面，雖然可說是太陽底下無新事，但超互連（hyperconnected）和運用演算法的新版本可說是增強了一個量級，威力足以激怒華府，啟發好萊塢，以及撼動華爾街。

認識 Reddit 和羅賓漢的運作方式，對理解這個故事至為重要。

誕生於矽谷

Reddit 的華爾街賭場子版和羅賓漢分別誕生於二〇一二和二〇一三年，相距不到一年。它們的成長軌跡非常一致，用戶也高度重疊。曾在銀行業工作的帕基．麥柯米克（Packy McCormick）經常發表關於流行文化和商業策略的網誌文章，他觀察到，在 COVID-19 大流行開始時，身為華爾街賭場論壇成員與身為羅賓漢用戶可說是同一回事。「兩者都意味著『特別喜歡冒險的 YOLO 散戶交易者』。華爾街賭場靠羅賓漢餵食，羅賓漢又靠華爾街賭場餵食。羅賓漢的成長與華爾街賭場的成長近乎亦步亦趨。」[1]〔譯注：如上一章提到，YOLO 是指「你只活一次」。〕

華爾街賭場這個名字充分揭示了其創始人海梅．洛高真斯基（Jaime Rogozinski）對這個 Reddit 子版的設想。他覺得自己在一些歷史比較悠久、相對古板的 Reddit 投資子版上被邊緣化了，尤其是在他提到投機型交易或利用股票選擇權等衍生品的話題時。他希望有一個地方可以讓人討論類似賭博的金融交易，而非只是討論投資。

社群網路和交易應用程式背後的技術可能是革命性的，但使用華爾街賭場論壇和羅賓漢的人是革命者嗎？華爾街賭場論壇的用戶幾乎擊垮了一些大型對沖基金，這是一種階級戰爭嗎？洛高真斯基被問到這問題時，搖了搖頭。他說，這個群體一直是致力尋找有利可圖的操作方式或可利用的弱點。在GameStop軋空這件事中，該論壇的一些成員懂得夠多，知道軋空是怎麼運作的。

「因此，對他們來說，這只是一種很好的設置，方便他們進場，然後事情突然取得進展……人人都在歡呼，大家開始賺大錢，然後突然間，轟隆一聲，事情成為頭條新聞，這些對沖基金遇到了大麻煩，」他說。「然後，事後看來，它變成了一場運動。但參與者的目的始終是賺錢。」[2]

羅賓漢其實也是這樣，雖然這家公司以傳說中劫富濟貧的英雄命名，而且聲稱追求「金融民主化，造福所有人」。諷刺的是，弗拉基米爾．特內夫從加州大學洛杉磯分校的數學博士課程輟學後，他與羅賓漢的共同創始人拜居．巴哈特（Baiju Bhatt）創辦的第一家公司，是希望幫助對沖基金提高交易效率。兩人在創立那家公司的過程中認識了金融系統的管道，發現了一個機會。他們的一些客戶是大公司，它們能夠近乎免費完成數百萬筆交易。創造一個應用程式讓大眾也可以免費交易，會有多難？

特內夫二〇一七年某次受訪時表示：「我們清楚認識到，智慧型手機將是多數人進入市場和進行一般金融交易的主要工具。」[3]

但這個構想意外地難以推銷。特內夫說，超過七十名潛在投資人拒絕了他們。創投業者 Social Leverage 的霍華德．林德森（Howard Lindzon）一眼就看到該構想的潛力，於是飛到矽谷與特內夫和巴哈特會面。兩人都戴著當時代表極客時尚的 Google 眼鏡出席會議。這削弱了他們的莊重感，但林德森說，他深受打動，尤其欣賞他們的想法。在之前一段時間裡，他一直遊說成熟的散戶券商整合社群媒體與股票交易功能，使下單買進股票就像在約會應用程式 Tinder 上遇到心儀對象那麼容易。

「二〇〇七年，我先接觸 E*Trade，後來再接觸嘉信理財，但他們都說不，不，不，不，不！」

曾擔任對沖基金經理的林德森之前創辦了 Stocktwits，這是一個早期的投資人社群媒體網站。他知道，幫助投資人根據剛看到或聽到的東西採取行動，是大有可為的。

「你應該要讓人無論看到什麼，都可以隨即採取行動，」他說。「我馬上就明白了，關鍵是讓用戶點一下就可以做想做的事。因為推特存在，Stocktwits 也存在，我知道這是行得通的。最後沒有交易，但他們是在談論股票啊。」[4]

創投資本家馬克・安德森（Marc Andreessen）和說唱歌手史努比狗狗（Snoop Dogg）都成為羅賓漢的早期投資人；安德森二十幾歲時就參與設計了第一個商業性網路瀏覽器，並成為早期網路奇跡公司網景（Netscape）的共同創始人。巴哈特負責設計，特內夫負責軟體，他們在產品開發過程中獲得目標客戶的幫助。兩人從東岸搬到了加州帕羅奧多（Palo Alto），有時會到史丹佛大學校園附近一家咖啡館，讓學生試用羅賓漢應用程式的早期版本。在軟體設計實際完成之前，這家剛起步的公司建立了一個網頁，邀請人們留下電子郵件地址，登記使用羅賓漢的程式。這過程本身也變成一種遊戲：登記的人可以看到在排隊取得這款時髦的新應用程式的人龍中處於什麼位置。[5]

社群媒體上的病毒式傳播使羅賓漢一夕暴紅。在富影響力的電腦科學論壇駭客新聞（Hacker News）上，一篇關於羅賓漢計劃推出免佣金交易應用程式的報導因為得到大量「好評」（upvote），成為頁面上的頭條。那個星期有五萬人登記使用羅賓漢的程式。特內夫和巴哈特二〇一五年三月真的有個應用程式可讓人使用時，羅賓漢已經有近一百萬名客戶在等待它。隨後是公司業務快速成長，並完成了多輪融資；到了二〇一八年，這家公司的估值達到六十億美元，使當時三十一歲的特內夫和三十三歲的巴哈特成為億萬富翁。[6] 對年輕商業王子的矽谷英雄崇拜隨即出現，兩人的日常生活也受到關注（巴哈特習慣早起，是間歇性禁食的實踐者；特內夫很少熬夜，喜歡閱讀經典著作，例如柏拉圖的《理想國》和《孫子兵法》。[7]

羅賓漢成功的關鍵在於它誕生於現代矽谷，這是它與嘉信理財、富達或TD Ameritrade不同之處。即使與那些在網路股流行的時代起步的競爭對手相比，它也有優勢，因為它是在智慧型手機面世後成長起來的。它比較像一個附設券商服務的應用程式，而不是一家提供應用程式的券商。而且羅賓漢的應用程式非常漂亮，推出那一年贏得蘋果公司的年度設計獎。該公司申請首次公開發行（IPO）時透露，使用其應用程式的人平均每天打開程式近七次，許多專家對此感到震驚。[8] GameStop軋空事件發生時，羅賓漢有一千三百萬名客戶，幾個月後更是增至一千八百萬。

電子商務巨頭亞馬遜的驚人崛起，也可以歸因於同樣的數位優先優勢。當年亞馬遜起步時，面對大得多的競爭對手如巴諾（Barnes & Noble）和沃爾瑪，它們彷彿可以像踩死一隻蟲子那樣擊垮亞馬遜。但亞馬遜就像一種具有演化優勢的生物，提供流暢的使用界面和一鍵式訂購功能，因此迅速吸引越來越多忠實客戶，而既有業者則笨拙地將線上商店附加在它們的實體業務上。最近的類似例子，是DraftKings和FanDuel等公司在每日型夢幻運動遊戲（daily fantasy sports）這領域起家，利用色彩繽紛、直觀的手機應用程式迎合Z世代和千禧世代用戶的需求，然後在最高法院二〇一八年作出影響深遠的裁決、各州開始將線上運動博弈合法化之後，立即進入該領域。它們隨後從內華達州的賭場那裡搶得非常可觀的市占率，前者曾是美國唯一可以合法經營這種業務的地方。

雲端運算公司Box的執行長、羅賓漢最早投資人之一的艾倫．李維（Aaron Levie）在羅賓漢成立前一年於商業雜誌Fast Company發表了一篇文章，說明了這當中的利害。這篇文章的標題是「簡化論」（*The Simplicity Thesis*），插圖是一張佛教僧侶靜靜凝視著大海的照片，鼓吹「根本簡化一切」。李維警告，要求客戶做並非絕對必要的事，會使公司成為眾矢之的。

「說到底，任何市場如果在簡化方面沒有一個領導者，它很快就會有一個。如果你的公司不扮演這個角色，另一家公司將成為領導者。」[9]

但高效是一回事，對客戶有利是另一回事。在吸引我們的注意力並從中獲利這方面，矽谷的「快速行動，打破常規」哲學應用在以兆計美元的個人儲蓄上，必然會製造出一些問題。它主要是令一些長期存在的問題變得無法忽視。

「誰都做得到！」

折扣券商如今似乎提供一種無差別的產品——客戶不必支付任何費用，就可以投資在數十萬種股票、債券、基金或選擇權上。不過，折扣券商吸引不同的客戶，以不同的方式賺錢。截至二〇二一年，這一行的領導者是富達投資（Fidelity Investments），它是靠經營共同基金起家的，而且也是職場退休金計畫的主要業者。在理想的情況下，它希望能握住你的手，找一個人幫助你，並收取費用。

在令人困惑的金融世界裡，這種服務吸引許多人，而且或許正該如此。市場上有數以千計的正當業者提供資產管理服務，每年收取客戶投入資產的一%作為服務費，而如果你的錢不足以使他們願意提供服務，又或者你希望支付便宜得多的服務費，市場上還有 Wealthfront、Betterment 和 SoFi 之類的業者提供新的演算法驅動的機器人理財顧問服務，頗能迎合千禧世代的需求。不幸的是，市場上還有一些券商和保險經紀，會向那些不看或看不懂合約細則的人銷售含有隱藏費用的不合適產品。

那麼多人經由羅賓漢之類的平台成為自行決定如何操作的自主投資人，尤其是在多頭市場期間，並不是因為他們對那些鯊魚有戒心，也不是因為他們不想為投資建議付費，而是因為他們聽到別人發財的故事，害怕錯過大好機會，然後高估了自己猜測個股表現的能力，而個股的表現幾乎是完全隨機的。

在一九七〇年代的一個實驗中，心理學家艾倫·南格（Ellen Langer）首先描述了這種被稱為「控制錯覺」（illusion of control）的現象。她讓實驗受試者購買一美元的彩券，一半的人用隨機的數字購買，另一半則可以選擇他們的幸運號碼。然後她提議向這些人買下他們的彩券。可以自己選號碼的那組人開出的賣價是另一組人的好幾倍，而且比較不願意賣出彩券，雖然中獎機率全都一樣。

因為心理學家大衛・鄧寧（David Dunning）和賈斯汀・克魯格（Justin Kruger）描述的另一種偏誤，對某個領域所知甚少的人往往比相關知識達到平均水準的人更有自信。在二〇二〇年這樣的多頭市場中，幾乎每一支股票都上漲，而且受投資專家冷落的股票似乎表現最好，經驗相對不足的投資人往往認為投資績效好是因為自己操作技術傑出，而不是因為運氣好。

長期以來，以自主投資人為目標客戶的券商一直瞄準這些人性弱點。後來融入摩根士丹利的券商 Discover Brokerage 在網路股熱潮期間推出的一個廣告，可說是這種類型的經典之作。一個不修邊幅的肥胖拖車司機接走了一個在路邊拋錨的瘦削的股票經紀人，後者注意到司機駕駛室裡有一本投資周刊《巴隆周刊》（Barron's）。他們開始討論這個拖車司機的券商。經紀人以自視高人一等的態度問道：「那麼，你……在網路上買賣？」原來這個司機已經退休了，他開拖車只是因為喜歡幫助別人。司機向這個驚訝的經紀人展示一張貼在拖車遮陽板上的照片，上面是他擁有的一個島，然後說：「嚴格來說，它是一個國家。」

比較近期的多頭市場期間出現的一個券商廣告，則顯示一個年輕人漫不經心地開著一艘巨型遊艇，甲板上響著音樂，有一群模特兒在跳舞，遊艇的尾流導致一對老年夫婦從他們的立式槳板上掉下海，然後那個年輕人自己越過欄杆跳了下去。「高中時最笨的傢伙剛買了一艘遊艇。別生氣。來 E*Trade 開戶吧。」

羅賓漢在其行銷訊息中避免予人暴富的希望。它瞄準一個比較憤世嫉俗的世代，他們成年於全球金融危機期間，目睹自己的父母因此受苦。但羅賓漢傳播的訊息是類似的，那就是「誰都做得到」。

即使數天前還因為限制迷因股交易而遭受抨擊，羅賓漢仍在超級盃期間播出一個自我感覺良好的廣告，顯示以年輕人為主、種族多元的用戶在他們工作、學習和玩樂期間使用羅賓漢的應用程式。「你不必成為一名投資人。你天生就是。」

但是，壓倒性的證據顯示，我們並非生來就會投資。在人類歷史九九．九％的時間裡，使我們得以傳播自己的基因，而不是早早就被獅子吃掉的心理傾向，也使我們在買賣股票時遇到障礙。當然，我們確實應該投資，但我們越是可以使我們的狩獵採集者大腦遠離那些引誘人點擊的「買入」或「賣出」按鈕，對我們就越好。任何東西誘使我們頻繁地買賣金融資產，都很可能導致我們付出代價，同時令某些人得益。

遊戲化

除了容易使用，羅賓漢應用程式的一個顯著特點是它鼓勵用戶買賣。例如，你的交易如果賺錢，手機螢幕上會有彩紙灑下。這種設計導致麻州州務卿威廉·蓋文（William Galvin）二〇二〇年十二月控告羅賓漢，指它藉由「遊戲化」，「鼓勵客戶不斷使用該平台。」蓋文特別指出，羅賓漢是利用這種設計誘惑年輕、沒有經驗的投資人。[10]

羅賓漢笨拙地否認這些指控，例如聲稱不是每一筆交易之後都會有彩紙灑下。「因此，事實上，彩紙與頻繁交易沒有任何關係。」它還說，它已經改善了系統，並提供更多的教育資訊和保障措施。[11] 當然，七十歲的蓋文（據稱使用非智慧型摺疊手機、電子郵件則交給員工處理），與羅賓漢三十四歲的老闆或該公司典型的三十一歲的客戶，對羅賓漢的應用程式會有不同的看法。二〇二一年春天，羅賓漢悄悄放棄了灑彩紙這一招，但保留其他設計元素。

美國消費者聯盟負責投資人保護事務的芭芭拉．羅珀（Barbara Roper）在迷因股軋空事件發生數周後受訪時表示：「遊戲化現象體現在整個市場上。」當時羅珀已經當了華爾街的牛虻三十多年，除了在各種會議上發言，也對記者講話，希望爭取華府有力人士的支持，使華爾街對大眾變得比較公平和安全。六個月後，羅珀自己也成為有力人士，獲任命為美國證券交易委員會（SEC）主席的高級顧問，負責與保護散戶投資人有關的問題，此時羅賓漢總部對羅珀針對羅賓漢商業模式的批評，無疑緊張了許多。[12]

羅珀的任命宣布一個月後，特內夫向《華爾街日報》社論版投稿，這篇標題為「羅賓漢用戶受到攻擊」的文章為羅賓漢的服務「有趣」的一面辯護，這一面因為GameStop狂潮而受到關注。「投資不是遊戲，但投資只能是冷酷和費解的嗎？」羅賓漢的業務帶給特內夫巨大的財富，如今它面臨監理方面的威脅，而特內夫將這種威脅描繪成對羅賓漢客戶的攻擊——菸酒或博弈公司的老闆會希望自己能一本正經地提出這種論點。[13]

羅賓漢並不是唯一捲入迷因股漩渦的券商，但它發揮了遠遠超乎預期的影響力，在事件爆發前顯得信心滿滿。迷因股軋空發生時，羅賓漢最近一季的營收成長了一〇〇%，而且剛剛買了它的第一個超級盃廣告。其直觀的手機應用程式吸引了數以百萬計的用戶，他們多數是年輕男性，每次可以僅投入數美元在勝出機率很低的押注上，幸運時享受賺好幾倍的快感。他們首次登記使用程式時，還可以得到免費押注一次的機會。

哎呀，對不起，免費押注一次（用戶不必自己出錢，就可以下注一次）其實是線上運動博弈公司 DraftKings 吸引客戶的招數。你在羅賓漢可以得到的是免費的一股股票，而不是免費押注一次。不過，羅賓漢用戶的人口特徵、業務的迅猛成長、誘人易用的手機應用程式，以及老實講，對有嗜賭問題者具吸引力，與運動博弈公司全都一樣。它們的應用程式，甚至是看起來驚人地相似。

美國問題賭博委員會（National Council on Problem Gambling）總幹事基斯．懷特（Keith S. Whyte）說：「我非常懷疑他們借用了運動博弈應用程式的許多設計，甚至連取得第一支股票也採用彩券式機制。他們在鼓勵用戶常來玩這方面也相似。」[14]

在吸引新投資人方面，灑彩紙的作用相當有限。股市吸引許多人投入，一大原因是隨著疫情加重，市場變得十分波動，而這恰逢交易暴增。

「那種波動令人興奮，就像打撲克令我興奮那樣。它會令你暈眩。」賽斯．馬霍尼說。這年春天，他在他的羅賓漢新帳戶做了他的第一筆交易，當時他十九歲。

一如許多新交易者，馬霍尼起初獲得一些令人興奮的勝利，但也不時遇到挫折。事實證明，如果條件合適，偶爾和隨機的勝利，一如玩老虎機中獎，甚至更誘人。著名的行為學家史金納（B. F. Skinner）發現，利用「變動比率時制」（variable ratio schedule）這種獎勵方式鼓勵人去做一件事，可以使人最堅定地做這件事。他還發現，這種行為隨後變得「難以消除」。[15] 換句話說，它可能使人成癮。

但會比投注於頂級運動員參與的真實比賽更容易上癮嗎？在 GameStop 軋空事件發生前不到一年，羅賓漢及其同業遇到了令人難以置信的運氣——就在世界各地的運動比賽因為 COVID-19 疫情而暫停之際，股市出現了歷來最刺激的一些情況。

助推出壞決定

應用程式為先的新一代券商採用的一些最有效的方法，通常與相對良性的目標有關，並非只是希望使年輕人頻繁買賣證券。例如，諾貝爾經濟學獎得主理查·塞勒（Richard Thaler）關於如何利用助推（nudge）幫助人們作出明智選擇的研究，就被應用在退休金計畫的微妙改革上，而結果是雇主和消費者團體都樂見的。[16] 共同基金巨頭先鋒集團發現，企業如果從要求員工辦手續參與 401(k) 退休儲蓄計畫，改為假定員工參與計畫，不想參與者必須辦手續退出，則參與率會從五六％升至八九％。而如果這種計畫假定參與者的儲蓄額將自動逐漸提高，則還可以帶來進一步的持續好處。[17]

但是，沒有人說助推只能用來幫助你作出好決定。客戶登記使用羅賓漢應用程式時，預設設定是開一個羅賓漢即時帳戶（Robinhood Instant），而這種帳戶容許客戶在他們的存款還來不及過戶時，利用羅賓漢提供的資金做交易，上限為一千美元。因此，你如果聽到某支熱門股票，可以在幾分鐘內就開一個羅賓漢帳戶，並且立即買進該股。在迷因股軋空期間，無數剛開戶的客戶利用這個借錢買進證券的功能，結果差點拖垮羅賓漢和癱瘓股市，也導致特內夫被傳喚到國會作證，這種影響無疑不是羅賓漢有意造成的。

在迷因股軋空期間，羅賓漢的新客戶也可以選擇開一個現金帳戶，這樣就不能借用羅賓漢的資金，也無法一開戶就立即開始交易。主動選擇放棄即時帳戶必須克服心理障礙，而除此之外，羅賓漢還將這種選擇說成是導致你無法立即獲得滿足的「降級」（downgrade）之舉。而且費用並無差別。你也可以選擇每月支付五美元，開一個羅賓漢金帳戶（Robinhood Gold），以你持有的股票作為抵押，免利息借入最多一千美元，借入額外資金則支付二．五%的利息。

特內夫說，他對羅賓漢金帳戶受歡迎感到驚訝，但也許他不應該感到驚訝，因為羅賓漢的目標客戶，是習慣了每月支付小額費用訂閱各種服務的年輕世代，例如訂閱名稱相似的 Xbox Live Gold 或 Spotify 和 Netflix 之類的串流服務。[18]

除了客戶支付的帳戶月費和融資利息，羅賓漢賦予它最急切和衝動的客戶額外的買進能力也是一個精明的商業決定。羅賓漢通常藉由一種被稱為「付費換取委託單」的安排，將客戶委託買賣的指令賣給被稱為「批發商」（wholesaler）的交易公司，而不是將它們送到證券交易所。理論上這是一種雙贏的運作，因為利用批發商完成交易的成本通常低於利用交易所（雖然批發商也從中賺錢），而羅賓漢會將省下來的錢留一部分給自己。該公司不但靠送給批發商的委託單的數量賺錢，還靠委託單的素質賺錢——或許應該說，羅賓漢也靠委託單的低素質賺錢。

例如，在二〇二一年第一季，主要批發商城堡證券為一百股大型股的委託單平均向羅賓漢支付三十八美分，而它向客戶比較冷靜的嘉信理財支付的費用僅為九美分。一名業界觀察者表示，之所以如此，部分原因在於嘉信理財的客戶比較有經驗或比較有耐性，因此較常為他們的證券交易委託指定價格上限或下限，而羅賓漢的客戶則比較少這麼做。在二〇二一年第一季，嘉信理財約一半的委託單是不能立即成交的限價單，羅賓漢則只有一一%的委託單是限價單。批發商處理馬上就能成交的委託單，可以賺更多錢。

另一個原因，是羅賓漢客戶的委託單以小單為主。批發商比較喜歡服務散戶投資人而不是精明和財力雄厚的專業人士，他們處理非常小的委託單可以賺更多錢，而羅賓漢客戶的委託單往往正是這種。但羅賓漢也知道如何最大限度地利用客戶的傾向。熟悉相關契約的人表示，羅賓漢的收入計算公式很特別，收入某程度上取決於證券的買賣價差，因此如果衝動魯莽的客戶對迷因股（而不是績優股）有興趣，羅賓漢可以獲得更多報酬。

此外，市場結構專家拉里・塔布（Larry Tabb）解釋，批發商付錢給券商，券商將多大比例的這種收入以提供更優價格（price improvement）的形式回饋給客戶，最終由每一家券商決定。塔布估計，嘉信理財保留這種收入給自己的比例低於羅賓漢。[19] 請注意，這種運作是合法的，而任何人只要願意去看券商提供的法規遵循資料，就會發現這種支付的金額算到小數點後兩位數。不過，在此之前，SEC曾指控羅賓漢在二〇一八和二〇一九年的一段時期裡，在一些客戶不知情的情況下，使他們得到的買賣價格「不如其他券商的價格」。結果羅賓漢支付了六千五百萬美元的罰款了結此案，沒有承認或否認任何不當行為。[20]

你有經驗嗎？

在二〇二〇年瘋狂波動的市場中，羅賓漢的許多年輕用戶因為抗疫封城措施而待在家裡，他們特別喜歡利用選擇權這種衍生合約做交易，而選擇權也在迷因股軋空中發揮了關鍵作用。一些業內人士對沒有經驗的散戶可以輕易通過審核程序投入選擇權交易，以及那麼多人喜歡買賣這種衍生商品感到驚訝。

對沒有交易經驗的年輕人來說，選擇權之所以誘人，部分原因在於它不像可能留在帳戶裡很長時間的股票，更像是一筆賭注：押在選擇權上的一筆小錢在某天之前可能化為烏有，但也有可能大賺。而無論是哪一種情況，你都必須拿出更多錢來繼續玩。此外，選擇權買家多數輸錢，一如運動博弈玩家，不像典型的股票投資人。

二〇二一年夏天，羅賓漢接受券商監理機關美國金融業監管局（FINRA）歷來最高的罰款。羅賓漢受到的其中一項指控，是它利用機器人審核客戶的選擇權交易申請。在FINRA提出的一個例子中，有個二十歲的人說他的風險接受度偏低，而且沒什麼交易經驗，結果申請選擇權交易被拒絕了。三分鐘後，他把風險接受度改為中等，並聲稱有三年的交易經驗（二十歲的人很難有這樣的經驗），再次申請選擇權交易就獲准了。[21]羅賓漢確實有很好的理由鼓勵用戶使用這些金融工具。

「他們從選擇權交易中得到的報酬高得多，」羅珀說。

高多少呢？羅賓漢說，只有一三%的客戶從事選擇權交易。即使如此，在二〇二一年第一季，該公司發送選擇權交易委託單給批發商所賺的錢，比發送股票交易委託單賺到的更多。[22] 對交易商來說，充當散戶的選擇權交易對手往往有厚利可圖，尤其是如果散戶沒有經驗的話。針對類似的選擇權交易委託單，羅賓漢可以從城堡證券那裡得到六十二美分的報酬，而嘉信理財因為客戶不同，只能得到三十五美分。特別受歡迎的是那種像彩券的選擇權合約，雖然有很小的機會中大獎，但買家通常在合約到期時損失已支付的全部權利金。帕基．麥柯米克表示，這些瘋狂的傾向解釋了為什麼城堡證券為選擇權委託單付給羅賓漢更多錢。

他寫道：「說羅賓漢的交易者不成熟並不刻薄，因為這是事實。市場根據每個平台的交易素質為委託單定價，而羅賓漢得到的報酬高於所有同業。」

暴民心態

彩券式押注大受歡迎，並非只是因為潛在的金錢報酬——網路上的名氣也是誘惑的一部分。在倚重演算法的網站上，只有最吸引人的資訊才會享有高能見度。在「強化學習」（reinforcement learning）這種重要的心理現象下，網民渴望貼出能引人關注和得到點擊的東西。如果你因為做某些事而得到同儕獎勵，你會更想再做這種事。在社群媒體上，獎勵就是得到關注。

能夠借錢做交易和買賣衍生商品，則使這種渴求關注的心態變得更危險。在一個喜歡以「智障」和「墮落者」稱呼別人的論壇上，如果使用無法追查身份的假名的成員A說他把自己十分之一的錢投資在某個股上，而成員B則聲稱他押注在短期價格波動上，很可能輸掉所有錢，但萬一勝出可以賺大錢，那麼B的貼文將會獲得更多好評和注意。當然，有些人對自己的投資能力不是很有信心，也不會公開分享自己的錯誤操作，但即使是這些人，在他們向同儕尋求指引的網站上看到同儕瘋狂押注的故事受關注，他們的行為也會受影響。

比較極端的預測也會得到更多關注，例如二〇二一年一月就有人斷言GameStop股價將升至一千美元（是幾個月前股價的兩百五十倍）。一個人的手機裡有個應用程式是用戶競相提出離奇誇張的預測，另一個應用程式則是用手指按幾下就能買進證券，這會形成一種回饋環路。這種環路在迷因股狂熱中產生特別強勁的作用，因為相關公司的股價變得與公司的營利能力無關。

心理學家和社群媒體學者范．貝佛指出，在華爾街賭場這個論壇上，迷因股軋空「似乎創造出自己的常識」。他說：「股票市場受所謂的社會事實制約——股票的價值很大程度上取決於多數人認為它們值多少錢，而不是取決於某種明確客觀的標準。如果有人能說服足夠多的人，使他們都認同他對某支股票的看法，他就真的可以改變該股的股價。」[23] 至少在一段時間裡是這樣。

如此一來，社群媒體公司與智慧型手機為先的券商的商業模式就並非只是相似而已。它們還形成了共生關係。而在這方面，Reddit 雖然在財務上堪稱侏儒，但在迷因股軋空過程中發揮了不成比例的驚人影響力。Reddit 面世時標榜是「網際網路的首頁」，二〇二〇年底的每日活躍用戶數約為臉書的三%，或推特的四分之一。影片網站 TikTok 和 YouTube 也都比 Reddit 大，甚至在投資方面也更有影響力。但 Reddit 的運作方式和用戶特質使它成為將 GameStop 送上月球的完美工具。

Reddit 的用戶群以年輕男性為主，他們比其他社群網路的用戶大美國主義得多，Reddit 成為買賣美股的年輕男性的線上聚集地因此是順理成章。Reddit 用戶使用網名，不透露真實身分，這助長了無情的直率言語和自誇。此外，因為 Reddit 群組的用戶相對同質，在相對保守的論壇上會因為負評而難以看到的內容，在另一個論壇上很可能會因為大受好評而極受矚目，反之亦然。Reddit 上有幾個專門討論投資的大型群組，包括 r/bogleheads（已故指數基金先驅約翰・伯格追隨者的聚集地）、r/personalfinance、r/financialindependence（主要討論提早退休）、r/financialPlanning，以及風格截然不同的兩個股市論壇——r/investing，以及華爾街賭場（r/wallstreetbets）。

Reddit 公司發言人 Sandra Chu 表示，在約十萬個活躍的 Reddit 子版中，執行長史蒂夫・霍夫曼對現在非常有名的華爾街賭場很有興趣，還親自成為該子版的觀察者。[24]

「他確實對有人指華爾街賭場的用戶狂野無知十分在意。」

作為一名商人，他應該很開心才對：自從 Reddit 成為許多年輕投資人的宇宙中心以來，Reddit 這家公司的價值已大幅上升。在迷因股軋空發生數天後，Reddit 播出了該公司第一個超級盃廣告，賣點是華爾街賭場這個子版。幾天之後，該公司籌集資金，公司價值比一年前漲了一倍，達到歷來最高的六十億美元。雖然以矽谷的標準而言，這不算厲害，但這標誌著該公司自創辦以來已大有發展。

Reddit 是維吉尼亞大學的室友霍夫曼和亞歷克西斯・歐哈尼恩創立的，只是比馬克・祖克柏在哈佛大學的宿舍與室友創辦臉書晚一年。Reddit 對廣告主沒那麼友善，也不是很有利於付費的「網紅」運作，公司的財務軌跡因此與其他社群媒體公司顯著不同。談到創始人分道揚鑣這件事，很容易想起電影《社群網戰》（*The Social Network*）中著名的一幕：賈斯汀（Justin Timberlake）飾演的西恩・帕克（Sean Parker）告訴祖克柏和他的前夥伴愛德華多・薩維林（Eduardo Saverin）：「一百萬美元並不酷。你知道什麼才算酷嗎？十億美元。」[25]

二〇〇六年，Reddit 兩位創始人把公司賣給了雜誌出版商康泰納仕（Condé Nast），每人拿到近一千萬美元——以矽谷的標準而言，這簡直是少得可恥。兩人都離開了公司，後來又回去。在此期間，Reddit 有光輝的時刻，也有黯然的時候。二〇一二年，當時的美國總統歐巴馬在 Reddit 上做了一場「你問我答」（AMA，ask me anything），訪客暴增使該網站不堪負荷。比較令人尷尬的是出現了一些令人反感的子版，包括 jailbait（蘿莉）、beatingwomen（打女人）、fatpeoplehate（胖子可恥），還有一些子版因為太噁心，不能在這裡寫出來；這些子版後來被刪除了。創投家鮑康如（Ellen Pao）擔任 Reddit 執行長不到一年就被迫下台，她抨擊這個網站，聲稱它「利用白人至上主義賺錢」。[26]

出現大眾無法接受的內容當然不是 Reddit 特有的問題。規管這種內容是很棘手的，而且會損害利潤，但規管的阻力也來自科技業的開放理念，而這種理念有時顯得近乎故作天真。

華盛頓大學歷史學教授瑪格麗特・歐瑪拉（Margaret O'Mara）表示：「這些平台有一種隨意性和玩樂性，它們是由非常年輕就成功的人設計的，這些人所有的處世原則都已得到驗證。」[27]她是《規則：矽谷與美國的重塑》（*The Code: Silicon Valley and the Remaking of America*）這本書的作者。

與眾不同的是，Reddit 嘗試仰賴人類版主控制內容，但有時也利用人工智慧技術管理內容。華爾街賭場的早期版主之一是製藥業高層馬丁・希克瑞里（Martin Shkreli），他惡名昭彰的一件事是提高一款愛滋病藥物的價格超過五十倍，後來因為與此事無關的證券詐欺罪被判入獄。在另一事件中，希克瑞里策劃了一場軋空，規模不如迷因股軋空但更瘋狂：他領導的群體在二〇一五年買進製藥公司 KaloBios 大部分的無價值股票，一度使該公司股價飆漲一百倍。

華爾街賭場論壇的格言是「就像 4chan 找到了彭博終端」，這有點令人不安，但主要是開玩笑。貼圖討論版網站 4chan 以吸引匿名的年輕男性著稱，許多用戶只是青少年，他們經常分享厭女、種族主義或甚至暴力的內容。這種內容在華爾街賭場版上相對較少，但這裡無疑不是禮貌對話的地方。該版創始人洛高真斯基與它的成員發生衝突，二〇二〇年四月停止管理這個 Reddit 子版，因為他受不了該版的風氣和一些他認為越界的偏執內容。

安德魯．萊夫特（Andrew Left）是在迷因股軋空中受創的放空者，他因為自己和家人受騷擾而親自向洛高真斯基求助。他說，他的個人帳戶被駭，還有人發一些非常冒犯的簡訊給他的孩子。他因為自己和家人受騷擾而非常不安，甚至因此停止發表關於潛在放空標的的研究，某程度上結束了他漫長和傑出的職業生涯。受敬重的媒體業分析師里奇．格林斐（Rich Greenfield）撰文表示，另一迷因股、電影院連鎖集團 AMC 毫無價值，他的住址隨即被人公布在推特上，而他還說他的孩子收到了死亡威脅簡訊。他被迫求助於警方。

這是社群媒體一個不幸的特點：原本體面的人上了網就可能說一些可怕的話，或做一些可恥的事，尤其是如果他們躲在網名後面的話。耶魯大學心理學家莫莉．克羅克特（Molly Crockett）的研究發現，如果我們無法看到受害者的臉，我們可能會有的克制和同理能力就會失靈。雖然那些騷擾者全都沒見過萊夫特或格林斐，但兩人還是受到惡毒的攻擊。

就這樣，華爾街賭場在它最極端和可惡的情況下，不但策劃了一場史詩級的迷因股軋空，其成員還親自恐嚇了持相反觀點的人。在未來，考慮到社群媒體的新力量和威脅，投資人、分析師和甚至財經記者都可能會考慮避免說出不利於大眾寵兒的看法。這最終將導致最不了解情況的投資人蒙受損失，因為市場狂熱可能變得更大規模和持續更久，吸引更多資金投入很可能慘痛收場的金融操作。

將軍們總是在打上一場戰爭

史蒂夫．霍夫曼和弗拉基米爾．特內夫在灣區的辦公室相距不遠，他們都被國會一個委員會傳喚出席聽證會，因為他們經營的公司在二〇二一年一月的事件中顯然扮演了關鍵角色。過去已經有不少三十幾歲的科技創業新貴在國會受「烤問」，涉及從隱私保護到外國干預美國選舉的問題，但這是第一次涉及擾亂美國金融市場的問題。矽谷企業執行長的自我感覺，往往比相對年長的華爾街執行長良好得多：他們遠比華爾街高層確信自己是一股向善的力量。

他們也比較沒有理由擔心那麼多。銀行和保險公司被懷疑行為不慎時，當局採取行動是相當簡單的事，因為這些行業受許多本國和國際監理機構規管，必須遵循的既有法規汗牛充棟。如果業者的行為並不違法，但感覺很不對勁，當局往往會在事後制定新規則。

科技公司則不易理解，而且它們會迅速辯稱它們正在改變世界，使它變得更好。它們為自己辯護的論點是技術只是一種工具，有時會被人濫用。那些交易和社群媒體應用程式聲稱「免費」，但用戶其實就是產品。不過，即使你能證明這些應用程式助長了魯莽的行為，你究竟要怎麼做呢？限制這些有巨大需求的服務，法律上很可能有問題，而且很不受歡迎。試圖阻止進步不但會使政界人士變成盧德分子（Luddites），還很可能妨礙言論自由，又或者限制經濟機會（羅賓漢的例子就是這樣）。兩者實際上都不符合美國國情。

「這是個非常有效的論點，可以令人閉嘴。」矽谷歷史學家歐瑪拉說。

一如華府，華爾街對 Reddit 革命感到震驚，但它並沒有吵著要制定新法規。即使是賈柏瑞．普洛金這個主要受害者，在聽證會上也對制定新法規的想法表現冷淡。肯尼斯．格里芬則是明確反對，他是從事件中獲得最多個人利益的人之一，也表現出強烈的自由意志主義傾向。這兩個人都沒有想到，免費、順暢的交易和倚重演算法的社群媒體會導致部分市場停擺或引發連環損失，但好壞結果總是必須一併接受。

那麼，華爾街的客戶又如何？雖然在金融市場一片榮景的時期（常有網民分享他們投資成功的螢幕截圖），投資績效不佳的情況不容易看到，但許多人——尤其是最新的投資人——在多頭市場中並沒有取得應有的投資報酬。在美國這個國家，民眾基本上必須靠自己籌措資金去實現重要的人生目標（例如完成大學教育、支付購屋頭期款、安享退休生活），但個人儲蓄者因為隱藏的費用、糟糕的時機和不適當的投資而損失大量金錢，情況堪稱離譜。有些技術正在幫助糾正這種情況，每年為個人儲蓄者節省數百億美元，但比較誘人的另一些技術則正在使情況變得更糟。

經過極其瘋狂的一周交易之後，問題終於引起國會注意，但即使如此，華府政客似乎比較關注為什麼羅賓漢和其他券商限制小散戶的交易，而不是小散戶為什麼會拿自己的錢如此魯莽地冒險。如果 Reddit 革命者全都賠錢，情況就可能有所不同。一般民眾在市場中蒙受巨大損失之後，總是會有震撼的調查和新法規面世，也可能會有新監理機關創立。一九二九年的大崩盤催生了美國證券交易委員會和規管內線交易的法律；網路股崩盤和安隆（Enron）、世界通訊（WorldCom）等公司的詐欺行為，催生了著眼於企業問責的《沙賓法》（*Sarbanes-Oxley Act*）以及嚴格規管華爾街研究作業的新規則；房市崩盤則催生了限制銀行承擔風險的沃爾克規則（Volcker Rule）和消費者金融保護局（CFPB）。

不過，在保護投資人方面，將軍們總是在打上一場戰爭，而這並非只是短視的問題。喊停派對在政治上總是不受歡迎的——在即將點燃迷因股狂熱導火線的那段時間裡，這是無比真實的。在世界受一種可怕的新病毒威脅之際，美國還有興趣買進股票的人，一度看似只剩下那些不顧一切的年輕交易者。

1. Packy McCormick, "Robinhood Robinhooded Robinhood," *Not Boring* (blog), February 1, 2021, www.notboring.co/p/robinhood-robinhooded-robinhood.
2. 海梅．洛高真斯基 2021 年 2 月 19 日經由 Zoom 受訪。
3. Anna Mazarakis and Alyson Shontell, "The Founders of Robinhood, a No-fee Stock-trading App, Were Initially Rejected by 75 Venture Capitalists—Now Their Startup Is Worth $1.3 Billion," *Business Insider*, July 6, 2017.
4. 霍華德．林德森 2021 年 5 月 23 日和 5 月 28 日，經由電話和 Google Meets 受訪。
5. Rob Walker, "How Robinhood Convinced Millennials to Trade Their Way through a Pandemic," *Marker*, June 1, 2020.
6. Tom Metcalf and Julia Verhage, "Robinhood Co-founders Baiju Bhatt and Vlad Tenev Are Billionaires in a Silicon Valley Minute," *Bloomberg*, May 12, 2018.
7. Nina Zipkin, "The Entrepreneurs Behind This Multibillion Dollar Company Share Why Success Is Nothing Without a Partner You Can Rely On," *Entrepreneur*, June 14, 2018.
8. Robinhood Markets, Inc. Form S-1 July 1, 2021, available at: www.sec.gov/Archives/edgar/data/0001783879/000162828021013318/robinhoods-1.htm.

9. Aaron Levie, “The Simplicity Thesis,” *Fast Company*, May 2, 2012.
10. Caitlin McCabe, “Massachusetts Regulators File Complaint Against Robinhood,” *The Wall Street Journal*, December 16, 2020.
11. McCabe, “Massachusetts Regulators.”
12. 芭芭拉・羅珀 2021 年 2 月 26 日電話受訪。
13. Vlad Tenev, “Robinhood Users Come Under Attack,” *The Wall Street Journal*, September 27, 2021, www.wsj.com/articles/robinhood-users-regulation-retail-investing-order-flow-access-to-capital-investing-11632776071.
14. 基斯・懷特 2021 年 5 月 14 日電話受訪。
15. Susan Weinschenk, “Use Unpredictable Rewards to Keep Behavior Going,” *Psychology Today*, November 13, 2013.
16. Ian Salisbury, “Meet Richard Thaler, the Man Who Just Won the Nobel Prize for Helping You Save for Your Retirement,” *Money*, October 9, 2017.
17. James Choi, David Laibson, and Brigitte C. Madrian, “Plan Design and 401(k) Savings Outcomes,” *National Tax Journal*, June 2004.
18. Mazarakis and Shontell, “Founders of Robinhood.”
19. Joe Weisenthal and Tracy Alloway, “How Robinhood Makes Money on Free Trades,” *Odd Lots Podcast*, July 29, 2020.
20. Dave Michaels and Alexander Osipovich, “Robinhood Financial to Pay $65 Million to Settle SEC Probe,” *The Wall Street Journal*, December 17, 2020.
21. Dave Michaels, “Robinhood Agrees to Pay $70 Million to Settle Regulatory Investigation,” *The Wall Street Journal*, June 30, 2021.
22. Peter Rudegeair, “Robinhood in Talks to Settle Finra Probes into Options-trading Practices, Outages,” *The Wall Street Journal*, February 26, 2021.
23. 傑伊・范・貝佛 2021 年 2 月 28 日經由電子郵件受訪。
24. Sandra Chu 2021 年 5 月 29 日經由 Zoom 視訊受訪。
25. *The Social Network*, directed by David Fincher (Columbia Pictures, 2010).
26. Katie Collins, “Reddit Slammed by Former CEO Ellen Pao for ‘Amplifying’ Racism and Hate,” *CNET*, June 2, 2020.
27. 瑪格麗特・歐瑪拉 2021 年 3 月 3 日電話受訪。

04 你這個該死的智障！人人都叫你賣掉

二〇一九至二〇二〇年冬

即使以華爾街賭場的嚴苛標準而言，許多版友當時還是苛刻了一點。

我們上次談到 DeepFuckingValue（也就是凱斯．吉爾）時，他大可洋洋得意，大可落袋為安，了結豐厚的獲利。五個半月後，也就是來到二〇二〇年二月時，他押在電玩零售商 GameStop 上的孤注看起來就沒那麼好了（在華爾街賭場論壇上，版友通常以該公司的股票代碼 GME 稱呼 GameStop）。在那段時間裡，GameStop 股價已經從四．三一美元跌至三．六〇。這似乎並不可怕，但由於吉爾持有的全都是 GameStop 的買權，其價值會隨著到期日逼近而有所萎縮，他整個投資組合的價值已經從超過十一萬三千美元急跌至不到四萬五千美元。如果 GameStop 股價隨後不大漲，吉爾連餘下的錢也都將輸掉。

華爾街賭場一名版友寫道：「你如果不是在GME買權上損失這麼多錢，你大有可能已經擁有自己的特許經營事業了。」[1]

吉爾實際上已經提高了他的獲利門檻：他將一些履約價八美元的買權換成了履約價更高的買權，其中一批買權是GameStop股價必須在第二年四月前升逾十二美元才會有價值——也就是說，GameStop股價必須在這段時間裡大漲二三〇%。吉爾的想法是相當冒險的。他承認，GameStop的傳統商店業務正苦苦掙扎（這正是為什麼那麼多專業人士押注該公司股價將下跌），但他認為，電玩本身是一種蓬勃發展的生意，GameStop有望「自我改造成一個頂級遊戲中心」[2]。不過，這件事還沒有發生，而截至那時候，二〇一九年九月已經是吉爾投資組合價值的頂峰。GameStop十二月公布季度財報之後，他的選擇權投資組合的價值已經萎縮至八萬三千美元。分析師邁克・希基（Mike Hickey）將該股目標價從五美元降至三美元，並聲稱該公司的公告是「車諾比事件」。[3] 季度財報公布後，只有一名分析師仍給予該股「買入」評級。這個數字將很快歸零。[4]

「老實說，你玩輪盤贏錢的機率比這還高一些，」當時另一名華爾街賭場版友在回應吉爾的帳戶截圖時寫道。

思維模式的衝突令人著迷。在華爾街賭場版上，不少人確信某些股票將上漲。吉爾則根本不確定：他那種講究深度價值的投資方式只需要某程度的信心。如果你的分析夠好，你正確的時候會多過錯誤的時候。吉爾面對令人失望的情況仍堅持下去，並不是虛張聲勢，而是展現了一種罕見和有利可圖的思考方式。

「嗯，作為一名長期投資人，我享有一個好處，那就是可以淡然看待每天的波動，」他回應一名版友的譏笑時寫道。「即使在今天，在經歷了典型的季度拋售之後，長期線圖看起來仍不錯，因此根本沒什麼需要恐慌。我們來看未來數周的價格表現吧。」

但情況並沒有好轉。到了一月中，GameStop 公布節慶促銷期間銷售並不熱絡，此時吉爾的投資組合價值已跌至五六五四一美元。

有人這麼回應他：「你這個該死的智障，你漲到十二萬一千美元時，人人都叫你賣掉。我希望你可以毫髮無傷地離場。」

吉爾二月的訊息更新發人深省，當時股市已開始反映 COVID-19 大流行擾亂正常生活的可能。此時版友有何反應？

有人寫道：「你在這場愚蠢的賭博中輸掉的四二三七七美元，真的可以改變我的生活。在星期六早上想這件事，真有點憂鬱。」

吉爾認為 GameStop 股價可能漲到二十美元或二十五美元，但他並不是在尋求別人的肯定。他以「咆哮小貓」的身分表示，他假定這家曾受景仰的公司將能重新振作起來，而他公開這見解，是希望有人指出他的想法有何漏洞。當時他還沒有指望華爾街賭場這個論壇可以使他的投資報酬暴增，使 GameStop 股價飆漲至他的目標價的二十倍，但他很快就將開始隱約覺得，他將遇到遠遠超出他最初想像的好事。年紀較大但未必比較明智的價值投資人遇到這種情況也會賺到錢，但會遠早於吉爾了結獲利。吉爾有個罕見的優勢：他橫跨價值投資和迷因的世界。

當時華爾街賭場的用戶和影響力與日俱增，而且開始預示未來將發生的大事：某些股票在那個月看似無緣無故飆漲，然後人們發現它們在這個論壇上曾被吹捧過。一些專業投資人開始關注這裡，但不是為了獲得建議或見解，只是希望搶先了解投資新手的動向。這個論壇還沒有真正受重視，而且遠非主流。

媒體第一次提到這個 Reddit 子版似乎是在二〇一六年三月，當時財經資訊網站 MarketWatch 的莎莉・弗倫奇（Sally French）和蕭恩・朗格盧瓦（Shawn Langlois）寫了一篇報導，標題是「千禧世代投入華爾街最冒險的油價押注，不發財就陣亡」。當時華爾街賭場只有一萬八千名成員，而 Reddit 比較嚴肅的投資子版 r/investing 則有十八萬三千名成員。那篇報導講述了傑佛瑞・羅贊斯基（Jeffrey Rozanski）的故事，這個網名World Chaos（世界混亂）的佛羅里達州高中生幾天內將九百美元的「投資」變成了超過五萬五千美元。他押注股市將大跌，而他猜對了。[5]

那篇報導還提到一些人投機於一種像股票那樣的指數投資證券（ETN），其代碼為UWTI，單日漲幅達到原油價格漲幅的三倍。當時能源價格深陷低谷，石油出口大國致力推高油價，這支ETN在那個冬天和春天曾數次出現雙位數百分比的單日漲幅或跌幅。報導還介紹了當時還是華爾街賭場版主的洛高真斯基，以及年輕的加拿大交易者科莫（F. S. Comeau），他聲稱自己在過去兩年中損失了大筆的繼承資產，因為壓力巨大而身體不適，將離開市場一段時間。

提到華爾街賭場的下一篇文章出現在二〇一七年初，它談到科莫的近況。科莫決定重操舊業，在蘋果公司公布季度財報之前，大舉押注於蘋果股票的賣權（標的股票價格下跌時變得更有價值的衍生商品），試圖一舉賺回之前損失的所有錢。他顯得很有信心，認為蘋果的季度財報將會很差，還在華爾街賭場版上洋洋灑灑寫了五千字，解釋他的推論。有些人認為科莫的論點很有說服力。

他寫道：「蘋果股價根本不可能在公布季報後大漲。這種情況沒有發生在Google

身上，也沒有發生在西部數據（Western Digital）、高通或甚至英特爾或微軟（二%！耶！）身上，雖然它們業績非常好（這是蘋果不會有的）。」

如果蘋果股價在公布財報後大跌，科莫所講的押注將可大賺數百萬美元，但萬一不是這樣，他將損失所有錢。結果是蘋果的季度業績相當好，這家 iPhone 製造商的股價因此跳漲逾六%。科莫直播了他對這場災難性押注的反應：他戴著狼頭面具，大喊大叫，似乎精神崩潰了。

這個賭局及其失敗在華爾街賭場版上引起很大的關注，成為「失敗春宮」（loss porn）的一個例子。一如笨拙的特技演出導致骨折和獲得勉強的尊重，大膽冒險失敗的事例在華爾街賭場版上未必會被該版以年輕男性為主的觀眾視為警世故事。科莫這個例子催生了模仿者。不過，科莫後來自行出版了《狼來了》（*Wolfie Has Fallen*）這本書，聲稱他騙了所有人，使他們以為他輸掉了二十五萬美元，但實際上並沒有。

簡而言之，在華爾街賭場版上，很難知道什麼東西或什麼人可以相信。在「狼來了」之後，華爾街賭場變得更重視「交易證明」，要求用戶提供截圖來支持重大聲明，例如那些將使吉爾成為名人的聲明。過去幾年間出現的一些其他網站，例如 Commonstock，則因為直接連結用戶的證券帳戶，完全消除了這方面的疑慮。Doji 這個應用程式容許交易者追蹤朋友，甚至投資於社群挑選的股票，而券商 eToro 則容許用戶「複製」成功用戶的交易。

Reddit 的自我調節系統利用好評（upvote）、負評（downvote）和衡量用戶信譽的 karma 值，作為複製這些高科技協作工具的一種粗略方式。當然，華爾街賭場還以迷因著稱。截至二〇二〇年初，該論壇的娛樂性已經使它的影響力遠遠超過前述的所有服務。COVID-19 大流行即將使年輕人遠比以前喜歡瀏覽 Reddit 和買賣股票，而這為迷因股爆發進一步奠定了基礎。另一個重要因素在二〇一九年十月出現了：美國所有重要券商都將交易佣金降至零。

---

1. fieldG, "Response to DeepFuckingValue post, 'GME YOLO Month end update-Feb2020,'" Reddit, February 29, 2020, www.reddit.com/r/wallstreetbets/comments/fbc49g/gme_yolo_monthend_update_feb_2020.
2. 凱斯・吉爾 2020 年 8 月 4 日在他的 Roaring Kitty YouTube 影片中所講的話。
3. David Marino-Nachison, "Here's Why Wall Street's Only Bullish GameStop Analyst Is Still Optimistic," *Barron's*, September 11, 2019.
4. FactSet.
5. Sally French and Shawn Langlois, "Meet the Millennials Looking to Get Rich or Die Tryin' with One of Wall Street's Riskiest Oil Plays," *MarketWatch*, March 30, 2016.

05 沉淪式競爭

他們稱之為「Mayday」。〔譯註：有求救之意，暗示五月一日那個期限將扼殺許多券商。〕

華爾街歷史最悠久的慣例受人詬病多年之後，華府政界已無法容忍證券經紀商繼續拖延改革。一九七三年，美國證券監理機關告訴券商，他們必須取消可追溯至十八世紀的股票交易固定佣金制度。國會迅速將一九七五年五月一日這個最後期限寫進了法律。喬治亞大學的歷史學家史帝芬・米姆（Stephen Mihm）指出，雖然業者提出將有數百家券商破產的可怕預測，實際上只有約二十家公司被迫合併或倒閉。[1]

想像一下，一名來自二〇二一年的時空旅行者來到一九七五年五月一日（美國證券經紀業自大蕭條以來境況最差的十年過了約一半的時候），告訴那些打著寬領帶、留著長鬚角的年輕股票經紀人，取消固定佣金這場劇變將使他們變得非常富有，證券交易未來將是免費的，而這一切將幫助綽號「咆哮小貓」的一名散戶從他的地下室短暫嚇壞華爾街建制。這段話中哪一部分最不可信可真難說。

股票交易費用和利率降至零是這個故事的一個關鍵要素。對華爾街的銀行和經紀商來說，這似乎是一場災難。但其實不是。不過，對華爾街的許多顧客來說，這可說是事情好到適得其反。

一九七五年取消固定佣金制，起初對長期受損害的個人投資者並不是好事。他們往往必須承受更高的交易費用，大型基金則立即省了不少錢。對一般人來說，買賣績優股是件麻煩事，而且不是很有賺頭。在一九六〇年代末，散戶買賣高成長股的興趣大增，股票交易量三年內增加了一倍，華爾街受「文書工作危機」衝擊，因此曾有多個月的時間，紐約證券交易所被迫在每個星期三停止運作，以便積壓的證券交割工作得以完成。直到嘉信理財之類的折扣經紀商在一九八〇年代初真正站穩腳跟，而且股票交易的自動化程度顯著提高，自主投資人才開始能夠以較低的費用相對輕鬆地買賣股票。

四十年後，券商羅賓漢完全取消了佣金，主要藉由將客戶的委託單賣給城堡證券和Virtu Financial 之類的批發商賺錢。此舉引發了更重大的變化。羅賓漢不是第一家這麼做的經紀商，但它是最成功的，因為它除了取消佣金，還提供一個誘人的應用程式，吸引了以年輕人為主的大量用戶，他們現在有能力參與證券交易了。該公司的早期投資人霍華德．林德森對共同創始人特內夫和巴哈特表示，羅賓漢的技術非常好，應該對每筆交易收取一美元或兩美元的費用。林德森說他很幸運，因為他們沒有理會「某個老頭」的建議。當時羅賓漢的估值僅為八百萬美元，二〇二一年春天則已增至四百億美元。

若以美元和美分表示，些許佣金與零佣金的差別似乎微不足道。到了二〇一三年，交易基本上都是在網上做的，個人投資者買進幾乎任何數量的股票，都只需要付七美元左右的費用——這與一九七五年取消固定佣金制之前的情況大相徑庭，當時每次買進少於「一手」（一百股）的股票幾乎一定划不來，而且股票價格的最小變動單位是八分之一美元，而不是現在的一美分。當時的股票投資人可能必須賺至少三%，才可以抵銷交易費用。

但是在心理上，必須支付些許佣金與完全不必支付佣金的差別是巨大的，結果是客戶湧向羅賓漢，特別是年輕人。令人難以置信的是，從二〇一六年到二〇二一年初，美國新開的散戶證券帳戶有一半是在羅賓漢開的。二〇一九是羅賓漢業務真正起飛的一年，其客戶數從六百萬急增至一千萬，而曾是業界高傲新貴的嘉信理財在這一年十月被迫與羅賓漢看齊，也為客戶提供「免費」交易。其他所有的折扣經紀商很快也都這麼做。羅賓漢得意洋洋地推出一個廣告，聲稱「改變不會在一夜之間發生，直到它真的發生」。[2]

羅賓漢的出現並非只是幫助降低了佣金，而是還降低了參與投資遊戲的整體門檻。等到同業都跟隨它取消佣金時，你可以用零錢開一個羅賓漢帳戶，利用一個十分直觀的手機應用程式非常方便地買賣證券，甚至可以只買不足一股的股份。羅賓漢帳戶餘額的中位數僅為二四一美元，當時只夠買進半股散戶寵兒特斯拉或三分之二股Netflix。

「降低進場門檻非常重要，」華爾街賭場論壇創始人洛高真斯基說。「你有二十塊錢？很好。在此之前，你不可能以二十塊錢開一個證券帳戶。」

一些相當倚賴佣金收入的券商曾擔心，在價格上與羅賓漢看齊將嚴重損害公司利潤。史丹佛大學講師羅伯・席格爾（Robert Siegel）當時對《華爾街日報》預測：「不是人人都能活下來。」[3]

但他們不但活了下來，還茁壯成長。TD Ameritrade表示，到了二月份，其客戶的日均交易量比一年前增加了一倍。其他券商也報告了類似的快速成長。

這些公司的高層對此不應感到驚訝——如果他們在「憂鬱科學」（dismal science，戲指經濟學）方面沒有落伍，那就一定不會感到驚訝。古典經濟理論和常識告訴我們，商品的價格降低時，需求會增加，價格上升則需求會減少。需求增減多少取決於對商品需求的彈性。商品的需求對價格的變動反應不大，我們就說該商品的需求缺乏彈性，例如藥品或雪鏟就是這樣。這種產品的價格必須上升很多，我們才會減少消費，而即使它們降價很多，我們也不會大幅增加消費。

不過，歷史較短的行為經濟學修改了一些相關理論，因為人類並不是經濟學家曾經假設的那種理性經濟人。零元效應（zero-price effect）指出，如果商品的價格從一元降至零元，需求增加的幅度會遠大於價格從兩元降至一元，雖然價格降幅是一樣的。這種反應呈現在我們對享樂型產品的消費上，例如我們支付固定的月費購買影片串流服務，而不是租用單片 DVD，也呈現在我們與人保持聯繫的方式上，例如使用 wi-fi 享用無限的全球通訊，而不是撥打曾經收費高昂的長途電話。

股票交易服務似乎屬於與享樂型產品截然不同的功能型產品，就像雪鏟那樣，但對那些非常期待開始買賣股票的投資新手來說，情況顯然並非如此。此外，在 Netflix 上追劇受限於一天有多少空閒時間，買賣股票則不同：一個人只要在工作日有一些空閒時間，他就幾乎可以做無數次股票交易。而因為大疫將至，美國人——尤其是年輕人——在工作日的空閒時間將大幅增加。

大疫促成羅賓漢業務起飛

二〇二〇年二月底，美國人終於認識到COVID-19大流行的嚴重性，股市隨之暴跌。巨大的帳面虧損通常不利於散戶參與市場，但這一次卻產生了相反的效果，對最新、最年輕、最活躍的交易者來說尤其如此。之所以如此，原因之一是美股在創出紀錄高點之後，經歷了歷史上最短、最急劇的空頭跌勢。在華爾街日報編輯部，記者和編輯二月十九日眼看道瓊工業指數似乎即將升破三萬點大關，忙於規劃報導，但二十六天後卻忙於報導該指數跌破兩萬點。當然，到那時候，編輯部已經虛擬化：隨著美國各地封城抗疫，新聞工作人員被困在家裡，只能透過Google Hangouts討論新聞作業。

但是，幾天之後，股市轉跌為升，很快就以有史以來最快的速度進入新的多頭市場。對新一批投資人來說，股市這一次的迅速崩跌和反彈並沒有造成什麼創傷，反而使他們感到振奮。此外，除了投資於特斯拉汽車、蘋果和亞馬遜之類的大眾寵兒，年輕的交易者突然變成像凱斯．吉爾或麥可．貝瑞那樣的深度價值投資人——好像是。

例如，在全球旅行因為病毒大流行而驟然停頓的幾個星期前，證券代碼為令人難忘的JETS、持有航空股的指數股票型基金（ETF）推出市場，時機似乎壞得無以復加。

但是，一些大膽、年輕的投資人致力尋找便宜的標的，他們就深受 JETS 吸引。交易者如果在 JETS 三月的低點買進，到它六月初升至高點時，已經賺了幾乎一倍。而且，傳奇投資人巴菲特在其公司五月的年會上宣布，他已經在航空股價格接近谷底時出清他的航空股重要投資部位，人們因此更強烈覺得一代新人換舊人。

無論價格是飆升還是暴跌，只要這意味著市場波動，那就都有利於刺激投資人大量買賣股票。華爾街賭場創始人洛高真斯基指出，使用羅賓漢之類應用程式的交易者與傳統儲蓄者不同，不會站在自身儲蓄增減的角度看市場，因為他們根本還沒有規模可觀的金融資產或其他資產。他們急於累積一些資產，基本上不在乎大盤指數是漲是跌。以前要押注市場將受壞消息拖累是相當複雜的事，而且費用高昂，但是到了二〇二〇年，新世代投資人的帳戶容許他們買進可以像股票那樣交易但表現有如衍生工具、價格會在大盤下跌時急漲的證券。一檔很受歡迎的此類證券追蹤市場波動性，數周內上漲超過三十倍，而投資人如果利用選擇權，甚至可以獲得更高的報酬。如果他們猜對方向，就能既贏錢又得到彩紙恭賀。

「股票本身的價值下跌嗎?他們在乎的是：『兄弟，我是猜對了還是猜錯了?』他們根本不在意股價下跌，重要的是猜對走勢，」洛高真斯基說。

數據證明他說得對。有個名為 Robintrack 的網站取得羅賓漢的匿名化資料，可以從中得知哪些股票在這個平台上特別受歡迎。在二〇二〇年夏季資料來源被切斷之前，該網站持續公布「散戶交易晴雨表」，追蹤持有可買賣資產的羅賓漢用戶人數的每日變化。這個晴雨表的數值越高，代表持有可買賣資產的羅賓漢用戶越多。二〇一九年十二月中至道瓊工業指數觸頂的二〇二〇年二月中，該指標上漲一倍至十三萬五千。隨後到三月份股市觸及空頭市場底部時，該指標更是上漲四倍至接近七十萬。[4]

雖然在此期間，羅賓漢因為新客戶和交易量激增而出現一連串的技術故障，但它的活躍客戶還是如此驚人地增加。在三月的八天裡，羅賓漢暫停交易三次，包括在交易最熱絡的一些時段。[5] 客戶非常憤怒，在社群媒體上批評了該公司——這預告了在後來的 GameStop 狂熱期間，羅賓漢因為阻止用戶買進迷因股而受到的猛烈抨擊。不過，該公司的業務並沒有因此停滯不前：二〇二〇年三月和二〇二一年一月的開戶人數均創新高。

羅賓漢能留住用戶，原因之一是證券帳戶移轉是有門檻的，對小散戶來說尤其如此。在二〇二一年初，羅賓漢的帳戶移轉收費異常高，達到七十五美元，約為一些同業的三倍。這費用約為羅賓漢帳戶餘額中位數的三分之一，堪稱懲罰性收費——而且不足一股的股份不能移轉，只能賣掉。

「那完全是一種蟑螂屋設計——你一旦用了他們的服務，他們就會使你很難離開，」小投資人權益倡導者芭芭拉·羅珀說。

三月份的技術故障和後來的一些類似問題，並沒有導致羅賓漢的成長放緩。到了Robintrack的資料快被切斷的二〇二〇年六月，它的晴雨表指標已經升破一百萬，但相對於七個月後迷因股爆發時散戶交易之狂熱，這可說是小巫見大巫。零佣金是促成這種驚人成長的一個重要因素，券商的利潤在這種情況下不減反增。

「商品變成免費會改變商業誘因和消費者心理，」為低成本機器人理財顧問業者Betterment工作的行為金融專家丹·伊根（Dan Egan）說。[6]當然，對那些傾向買進後持有的客戶來說，取消佣金使他們省了一點錢，而且有可能以些許儲蓄開始投資。這種客戶其實很多。

「他們的多數客戶根本不是典型當沖客（pattern day trader），」華頓商學院行銷學教授凱特·蘭伯頓（Cait Lamberton）說。「人們之所以有那種印象，主要是受一些特例影響。」

但那些特例所從事的一些投機活動，使華爾街賭場版上的「墮落者」稱謂顯得恰當。例如，根據麻州提出的控訴，一個沒有經驗的交易者六個月內做了一萬兩千七百次交易。[7] 以顧客概況而言，零佣金券商與賭場並沒有那麼不同。本書的絕大多數讀者至少曾在賭場玩過一次老虎機或廿一點。不過，對一小部分賭徒來說，賭博會成為一種代價高昂的活動，甚至是一種痴迷，而他們將因此為賭場的利潤作出不成比例的貢獻。

「如果你看那些過度交易、既損失金錢又損失時間的人，你會看到相同的模式，」問題賭博專家基斯・懷特說。

洛高真斯基承認兩者有非常相似之處，而他比較在意的是法律對受嚴格管制的賭博與股票交易的虛偽區分。在美國，十八歲以上的人都可以買賣股票。投機交易被有效地課稅，根基穩固、受人尊敬的公司從中得益，它們的股東因此發財。洛高真斯基二〇二〇年出版了一本關於華爾街賭場的書，其副標題是「嬰兒潮世代如何為千禧世代創造出世上最大的賭場」。

對數以百萬計的美國年輕人來說，華爾街已經變成一個大得多的拉斯維加斯，而隨著交易在大疫來臨後暴增，金融服務業的不同部分扮演了各自的角色。羅賓漢和E*Trade之類的經紀商以及城堡證券和Virtu之類的批發商，就像計程車、飯店和餐館，最愛醉酒遊客源源不絕，留下豐厚的小費。至於涉及巨大的風險和報酬的賭場經營者角色，則是由樂見「良好波動性」(good volatility) 的金融業者扮演。

在經濟急劇衰退和COVID-19全球大流行的情況下，最大的兩家投資銀行公布的業績說明了很多問題：二〇二〇年上半年，高盛和摩根士丹利的市場部門合計獲得近兩百三十億美元的收入，比業務非常健康的二〇一九年上半年多了五四%。對沖基金經理威廉·艾克曼（William Ackman）的潘興廣場資本管理（Pershing Square Holdings）押注數十億美元在股市大跌上，取得歷來最好的年度表現，漲幅高達七〇%。[8] 梅爾文資本管理公司的賈柏瑞·普洛金後來成為GameStop革命的主要受害者，但他在二〇二〇年幾乎是在印鈔票，個人獲得八億四千六百萬美元的報酬。對沖基金這一年的整體報酬是十年來最好的。[9]

大疫下無處可去但有錢可用

美國散戶交易增加的另一個原因，是雖然數百萬人失去了工作，但他們也突然沒什麼地方可以花錢。聯邦政府為了刺激經濟，連有工作的人也發一千兩百美元，失業者則還可以每周領六百美元的救濟金，許多年輕人因此突然有了大量閒錢可用，當中有些人出乎意料地再度與父母同住而不用付租金。美國的儲蓄率從二〇一九年底的七·二%升至三月的一二%以上，然後在四月創下三三．七%的歷史紀錄，遠遠超過戰後任何一次經濟衰退時期的水準。

美國銀行的研究人員指出，聯邦政府發給民眾「經濟刺激支票」，羅賓漢的新開戶數隨即激增；很快就有人批評他們對千禧世代和Z世代有成見，但有力的證據顯示兩者確實有關聯。以千禧世代和Z世代為主要目標客戶的金融公司 SoFi 六月的一項調查發現，那些收到經濟刺激支票的人約有一半將這些錢存入他們的證券帳戶。超過五分之一的受訪者表示，他們是在 COVID-19 大流行期間第一次買賣證券。在他們提到的進場原因中，第二常見的是「我有閒錢」。[10]

有人指出，散戶交易激增是因為許多人無所事事，但原因並非如此而已。對那些有賭博傾向的人來說，把閒錢投入股市的誘惑特別強烈。線上運動博弈最近在幾個州已經合法化，而積極投入的人與湧向羅賓漢和華爾街賭場的人一樣，主要是二十幾歲的美國男性。美國問題賭博委員會的一項研究發現，在考驗運氣的遊戲中，運動博弈是活動量與年齡負相關的唯一一種。

三月十二日，股市波動最劇烈之際，一年當中吸引最多賭注的「三月瘋」全美大學體育協會（NCAA）男子籃球賽，因為病毒大流行而取消。驟然間，ESPN 頻道上除了韓國職棒等少數例外，只剩下賽事重播可看。在SoFi的調查中，超過三分之一的受訪者表示，他們開證券帳戶是希望以證券交易「替代因為抗疫被迫取消的活動」。那些從運動博弈轉為買賣證券的人，絕大多數是年輕男性，一如華爾街賭場論壇的成員。二〇一六年針對該論壇成員的調查顯示，九二%的成員不到三十五歲，近九八%為男性。[11]

大瘟疫也助長了其他跨界活動。在二〇二〇年春季，美國人在社群媒體上很難避免聽到關於戴夫・波特諾伊（Dave Portnoy）的消息，無論是好是壞。他是數位媒體公司Barstool Sports的厚臉皮創始人，曾表示在COVID-19大流行之前，一生中只買過「一支、也許兩支」股票，但突然開始向他大量的推特追蹤者（截至二〇二一年中有兩百五十萬）直播「戴夫全球當沖客」（Davey Day Trader Global），大膽押注之餘也講許多粗俗的笑話。[12]運動博弈公司Penn National兩個月前才收購了Barstool的大量股份。波特諾伊六月的一條推特嘲笑了世界上最成功的投資人：

「我確信華倫・巴菲特很了不起，但在股票方面，他已經完蛋了。現在我才是首領。」[13]

在此之外，散戶交易熱潮背後還有一個重要因素：聯邦準備理事會三月十五日將隔夜拆款利率降至零，同時擴大每月的債券購買規模。這必然導致儲蓄者和借款人適用的其他利率大跌，使人不想把錢放在無風險儲蓄帳戶裡或投資在政府債券上，因為報酬沒有吸引力。自從十一年前爆發全球金融危機以來，聯準會和其他主要央行一直或多或少壓低利率，但現在利率跌到了新低點。如果你在二〇二〇年三月美國十年期公債殖利率跌至最低點時買進一千美元，十年後你拿回你的錢時，只能賺到三十二美元。

零利率的另一面，是它不但使追求報酬的投資人只能投資於股票或甚至更投機的加密貨幣，還使勇敢的投資人得以比較便宜地利用槓桿融資提高投資報酬，也就是以帳戶裡的資產作為擔保品借入資金，增加自己買進資產的能力。一些主要服務經驗豐富大戶的經紀商提供低至〇・七五%的融資利率，但即使是羅賓漢也提供條件誘人的融資安排——該公司也利用「零元效應」，容許羅賓漢金帳戶客戶免利息融資，最多可借一千美元。

二〇二〇年十二月，羅賓漢將超過一千美元的融資貸款利率減半，當時它「善意」提醒有意申請融資貸款的人：「保證金融資可以幫助投資人把握投資機會，在股價上漲時將潛在報酬最大化。」一個月後，許多人將利用這種融資安排，取得資金買進GameStop和其他迷因股，使羅賓漢面臨可怕的後果。

融資貸款普遍增加，對那些致力保護投資人的人來說總是一個警訊，但這問題帶給羅賓漢的客戶更大的危險，因為他們不是經驗不足就是水準較低（也可能兩者皆是）。

個人理財網站CBS MoneyWatch檢視提交監理機關的文件，發現羅賓漢客戶保證金貸款違約的可能性幾乎是其他散戶經紀商客戶的十四倍（客戶如果無法滿足保證金追繳要求，其帳戶裡作為貸款擔保品的資產會被強制賣出）。[14]

隨著股市陷入短暫的空頭走勢，保證金貸款餘額自然大跌，但隨後又以驚人的速度回升。股市二〇二〇年二月觸頂一年之後，保證金貸款餘額相對於美國經濟年產出的比率已經顯著高於二〇〇〇年科技股泡沫高峰時的水準。羅賓漢的情況更加驚人：從二〇二〇年初到二〇二一年三月，其客戶的保證金貸款增加超過七倍。

萬聖節糖果效應

就這樣，散戶交易進一步激增的所有條件皆已俱備。

「免費的資金加上零佣金，就產生了萬聖節糖果效應——人人都多拿一些，」社會氣氛專家、威廉與瑪麗學院（William & Mary）教授彼得・艾華特（Peter Atwater）說。[15]

二〇二〇年六月，羅賓漢表示，它這個月的日均有收入交易（daily average revenue trades）為四百三十萬筆。之前的三月份已經是交投熱絡，但六月的交易量高達三月的三倍。羅賓漢的客戶交易頻率遠高於最近取消佣金的其他折扣經紀商，例如嘉信理財雖然規模較大，但日均有收入交易僅為一百八十萬筆（其客戶比較年長，而且富有得多）。

美國銀行表示，二〇二〇年六月的散戶整體交易比去年同期多了超過四分之三。[16]在狂熱的多頭市場中，專業人士當然也很活躍，但散戶交易是以不同的量級增加。根據各方估計，二〇一九年個人投資者的股票買賣約占整個市場一〇%。瑞信表示，該比例二〇二〇年初已升至一五%至一八%，到二〇二一年初 GameStop 軋空發生時，更是達到驚人的三〇%。

在券商競相降低交易費用的同時，投資新手也降低了對所投資公司的素質要求。場外交易、價格往往僅為數美分或甚至更低的廉價股，二〇二〇年十二月的交易量達到驚人的一兆股，約為受較嚴格監理的納斯達克市場的五十倍。廉價股市場常出現有問題的公司。

「免費提供服務就像跨過盧比孔河，事情發生之後，人們在消費這種服務時變得比較輕率，」行為金融專家伊根解釋道。

不熟悉廉價股世界的新投資人，有時會錯把馮京當馬涼。一家名為 Signal Advance 的小型醫療器材公司，起初估值僅為七百萬美元，但在伊隆・馬斯克於推特上建議其追隨者使用加密通訊程式 Signal 之後，公司價值一度膨脹至十億美元以上。有時則似乎是有人故意製造混淆。一家名為 Tongji Medical（同濟醫療）的公司更名為 Clubhouse Media Group（Clubhouse 媒體集團），股價在馬斯克提到不相關、不屬於上市公司的語音應用程式 Clubhouse 後飆升超過十倍。令人難以置信的是，該公司的價值甚至超過了 Clubhouse 這個應用程式的非公開市場估值。

傻子衝進場的例子太多了，無法一一敘述，但租車公司赫茲（Hertz）的事情很受矚目，因為證券監理機關出手干預，以免投資新手損失慘重。因為受旅行市場崩潰衝擊，赫茲二〇二〇年五月申請破產，而華爾街中人全都清楚看到，破產程序完成後，赫茲股東很可能一無所得。但是，由於航空股和郵輪股因散戶大量買進而絕地反彈，而赫茲已毫無價值的股票仍可以買賣，大膽的投資人積極投入，幫助推高該股價格超過九倍。《華爾街日報》訪問了一名來自舊金山的二十三歲的推銷員，他將「畢生積蓄」投入赫茲，第二天賺了一倍之後賣掉了股票。

他說：「我決定，要做就做大一點。我要想辦法做個交易，看看會有什麼結果。」[17]

赫茲股價急漲之後，公司管理層嘗試做一件非常大膽的事，那是連有償付能力、持續經營中的 GameStop 七個月後在股價短暫暴漲之後也不大敢做的事（很可能是在公司律師的明智建議下）。赫茲提議發行多達十億美元的新股。消息公布後，赫茲股價不但沒有大跌，還進一步飆升七〇%，因為更多羅賓漢客戶買進該股——Robintrack的資料顯示，高峰時期估計有十七萬個羅賓漢帳戶持有赫茲的股票。該公司在招股書中明確表示，此次發行籌集的資金很可能將全部落入公司債權人的口袋。證券交易委員會（SEC）常在股東權益受損很久之後才有行動，但這一次較早出手，雖然當時赫茲已經公開發行了一些股票。[18]

金融專業人士覺得這一切真有趣，但在二〇二〇年，賺很多的卻是投資新手。金融科技部落客諾亞・魏德納（Noah Weidner）以羅賓漢客戶二〇二〇年最愛買的一百支股票編出一個名為「羅賓漢一百」（RH Top 100 Fund）的指數，而該指數這一年漲了近一〇二%，遠勝於漲幅不到六%的道瓊工業指數。[19]

彩券心態

雖然幸運總比聰明好，但羅賓漢客戶青睞的許多投資是那種在投機泡沫中表現出色，但在派對結束後表現最差的資產。高風險的投資更為波動和刺激，在持續的多頭市場中可能發展出自我實現的誇張勢頭。再加上槓桿的放大作用，無論是利用保證金融資還是賺錢機率不高的選擇權合約，漲跌就更誇張。

與此同時，聯邦政府的經濟刺激支票並非只是帶給年輕投資人開始買賣的資金。行為經濟學告訴我們，虧損對投資人造成的困擾，比獲利帶來的欣喜強烈。不過，如果投資人不是自己拿錢出來操作（在此處的例子中，錢是政府給的），他們往往比較不怕冒險。因為背負學貸而資產淨值為負數、看來很難擁有房產的二十五歲年輕人，看到的世界也與中年或已退休、股票資產較多的高級中產顯著不同。大疫下對經濟衝擊的感受不同，保住工作的可能性也不同，則使鴻溝變得更大。

「人們覺得匱乏就在眼前時，會願意賭一把，」蘭伯頓說。

同樣的效應也反映在彩券的銷售上。年收入低於三萬美元的美國人通常沒有儲蓄，他們花在彩券上的收入比例比收入較高者高得多。那些說賣彩券是對數學盲課稅的人並非只是冷酷，他們還欠缺洞察力。雖然窮人的教育程度通常比較低，但他們之所以每周買彩券，是因為省下這些錢不大可能迅速改善他們的狀況，而中大獎贏得數百萬美元則可以大大改變他們的生活，無論這種事發生的機率有多低——至少他們可以做夢。

「這在財務上是不理性的，但在心理上是理性的，」拉里．施威德羅（Larry

Swedroe）說。他著有十九本個人理財著作，目前是投資顧問公司 Buckingham Strategic Wealth 的研究主任。[20]

零利率——另一種免費資金——則使投機性最強、有如彩券的股票變得更誘人，而激發年輕投資人想像力的正是這種股票。有些公司現在還賺不到多少錢，但能說出一個好故事，解釋自己為什麼將在未來某個時候主導某個令人興奮的成長領域（例如電動汽車或餐點外送服務）；這種公司在利率異常低的情況下對投資人更有吸引力，而二〇二〇年正是這樣。高盛追蹤一籃子的虧損公司，它們的股價在二〇二〇年初至二〇二一年迷因股泡沫那一周大漲接近三〇〇%。貨幣當局在金融危機爆發後積極降息、使資金變得如此便宜的部分原因，是希望令持有現金變得毫無吸引力，藉此鼓勵投資人承擔風險，進而刺激經濟。

害怕錯過

最容易編造誘人故事的公司是那些股票最新上市的公司。雖然沒有達到網路股泡沫時期的狂熱水準，但二〇二〇年是除了網路股泡沫時期之外，新上市公司盈利比例最低的一年。此外，這一年同樣有許多首次公開發行（ＩＰＯ）的公司在第一個交易日股價大漲。這種消息不但為ＩＰＯ公司創造了人氣，還使投資人對未來的機會興奮不已，激起他們害怕錯過好機會的心理。

在網路股大熱的時代，散戶投資人幾乎從不曾有機會以發行價認購熱門新股，因此被迫在新股開始交易之後，以遠高於發行價的價格買進，而這麼做的結果並不好。根據佛羅里達大學教授傑伊・李特（Jay Ritter）的研究，一九九九至二〇〇〇年至今仍是ＩＰＯ新股首日漲幅最大的時期，而在這段時期於新股開始交易之後買進並持有三年的平均報酬率為負五三％。

能夠以發行價買入股票，並在ＩＰＯ中迅速賣出，就像得到近乎穩賺不賠的交易機會，但這種特權只留給受寵的客戶，包括大型投資銀行未來有望從他們手上拿到業務的企業高層。即使過了二十年，金融界這個非常有利可圖的角落也根本沒有民主化：散戶投資人繼續在華爾街的食物鏈中扮演一種重要但低階的角色，在新股開始交易的那天，隨著市場消化大量買單，他們一再重新載入資料頁面，試圖從中分一杯羹。

但在二〇二〇年，以及尤其是二〇二一年初，有點像ＩＰＯ的 SPAC（特殊目的收購公司）發行案數量創出空前紀錄，而散戶投資人積極買進。SPAC 也被稱為「空白支票公司」，在散戶投資人中非常受歡迎，二〇二一年一月羅賓漢限制交易的股票當中就有兩支 SPAC。SPAC 向大眾推銷的主張，是公司發起人將拿著向公眾籌集到的大量現金，收購一些優質資產，或在幾年後把錢還給股東。SPAC 發起人有一種強烈的、別有用心的動機，希望找到至少看起來不錯的東西。事實證明這是將劣質公司上市的一種理想方式，這些公司往往甚至達不到無盈利 IPO 奇跡的標準。為了能夠脫穎而出，許多 SPAC 仰賴名人和運動明星代言，例子包括傑斯（Jay-Z）、「俠客」歐尼爾（Shaquille O'Neal）、小威廉絲（Serena Williams）、席亞拉（Ciara）、佩頓・曼寧（Peyton Manning）和艾力士・羅德里奎茲（Alex Rodriguez）。光是二〇二一年前四個月，主要賣給散戶的 SPAC 就籌集了超過一千億美元。

藉由 SPAC 上市的卡車生產商尼古拉（Nikola）一度受散戶熱烈追捧，但最終令人失望。（該公司的名字令人想起美國發明家尼古拉・特斯拉，而近年最大的奇跡股是特斯拉汽車。）尼古拉曾展示一款氫動力卡車，公司獲得約三百五十億美元的估值，是一些已運作多年而且賺錢的卡車生產商的好幾倍。隨後一名放空者公開一段影片，顯示尼古拉展示的卡車只是滾下斜坡，而不是靠自己的動力移動。動聽的故事就這樣被拆穿了。

二〇二一年二月，兩個消費者保護機構致函主持 GameStop 聽證會的聯邦眾議員瑪克辛．華特斯，聲稱「利益衝突以及犧牲散戶投資人、圖利企業內部人士的操作助長了SPAC熱潮」，而積極操作SPAC的人試圖「繞過旨在促進公平和高效市場、存在已久的規則。」[21]但是，對於別有用心的金融業者從小投資人手上拿到數百億美元的儲蓄，華特斯顯然沒那麼激動，不像她之前對對沖基金利用成熟投資人的資金押注某些公司的股價將下跌那麼憤怒。

SPAC因為太新，還沒有全面的歷史績效，但IPO不一樣。以上市後的市價買進IPO新股就像買到一張非常糟糕的彩券。李特教授維護的一個關於近八千支IPO表現的資料庫顯示，如果以第一個交易日的收盤價買入，只有一％的IPO新股可以在持有五年後賺十倍或以上，四〇％會使你至少損失一半的資金。

設法防止散戶過度交易

如果投機性股票的報酬最終將一如它們在網路股泡沫時期的報酬那麼可悲，而且一如行為金融專家丹．伊根等人所說，零佣金鼓勵人們積極參與投機，那麼投資人勢將必須為號稱「免費」的東西付出高昂的代價。伊根認為，增加一些成本將可減輕損害。

「我不希望成本高到足以阻止低收入人士參與其中，但我也不希望他們買太多彩券。」

在二月十八日的國會聽證會上，羅賓漢的特內夫和城堡證券的格里芬都被問到：課徵〇．一%的金融交易稅，是否會危及自由交易？兩人都沒有爽快回答，但表示不支持這種措施。

伯尼．桑德斯（Bernie Sanders）等從政者提議課徵這種稅，似乎主要是想以它作為一種重新分配財富的方式，而不是為了阻止過度的投機或抑制股票泡沫。批評者指出，這種稅將拖累退休基金之類的投資者。[22] 但這種成本是可以設上限的，而且投資人要買進價值約七千美元的股票，才會需要支付七美元的這種稅，相當於羅賓漢出現之前多數券商收取的佣金。[23] 相對於個人投資者在固定佣金制取消之前必須支付的費用，這似乎一點也不過分。不過，這將使快速頻繁交易的成本變得過高。

這也將不利於專業的高頻交易者，他們經常站在活躍的散戶投資人的另一邊，一點一點地扒走散戶的錢。這些高頻交易者是致力利用市場稍微欠缺效率的情況賺錢的投資基金（雖然投資一詞在這裡可能是誤用）。他們利用電腦演算法，並以極快的線路連接執行股票交易的數據中心，以極小的差距搶在長期投資人前面——時間上是奈秒計，價格上則可能是不到一美分。

「這不會造成任何傷害，但可以阻止許多垃圾出現，」施威德羅說。「然後這些錢可以交給證券交易委員會以加強執法。」

多數的稅是累進的，也就是有錢人付比較多。如果所有投資人都是清醒和明智的，金融交易稅也將是有錢人付比較多。絕大多數股票是由財富和收入最高的一〇%人擁有。但羅賓漢在它自己的公開申報資料中承認，它面臨的風險因素包括如果政府課徵金融交易稅，它「受到的影響可能大於其他市場參與者」。這意味著相對於其他券商，羅賓漢客戶的交易將因為這種稅而減少更多。這是因為一如玩威力球（Powerball）彩券的低收入美國人，羅賓漢客戶的交易量遠多於其他券商的客戶（以相對於帳戶裡的資金額衡量）——根據一項研究，羅賓漢客戶的交易量高達嘉信理財客戶的四十倍，差距之大令人難以置信。在交易如此頻繁的情況下，「免費」交易絕不是真的免費。隨著交易量暴增，羅賓漢客戶人均貢獻的收入也暴增——二〇一七年每一名客戶貢獻了三十七美元，而GameStop軋空發生的二〇二一年第一季則高達一百三十七美元。大部分收入來自出售委託單、收取費用，以及收取保證金貸款利息。

如果從政者擔心課徵交易稅會疏遠選民，那麼非民選官僚或許可以頂住壓力，針對保證金貸款做工夫。自一九七〇年代以來，聯準會就規定這種貸款的上限為五〇%。這意味著投資人如果持有價值一千美元的合資格股票，可以利用這些資產作為擔保品借入一千美元。如果那些股票的市值大跌，投資人將必須拿出更多現金，又或者被迫賣出一些股票——這就是追繳保證金。

無論是藉由課徵交易稅還是以其他措施阻礙散戶過度交易，特內夫、格里芬和金融業內許多其他人士都很可能會非常反感。華爾街賭場論壇的成員可能會認為這是安撫對沖基金的舉措，但儘管對沖基金業者普洛金曾因為散戶的狂熱交易而損失慘重，對沖基金很可能也將對市場上交易減少感到遺憾。在情況失控之前，華爾街在迷因股派對上玩得很開心，因為免費的資金和免費的交易對金融業者非常有利——世上若有反向的羅賓漢效應，這就是一個例子。

1. Stephen Mihm, "The Death of Brokerage Fees Was 50 Years in the Making," *Bloomberg*, January 3, 2021.
2. Matt Egan, "This App Completely Disrupted the Trading Industry," CNN *Business*, December 13, 2019.
3. Lisa Beilfuss and Alexander Osipovich, "The Race to Zero Commissions," *The Wall Street Journal*, October 5, 2019.
4. "Retail Trading Barometer," provided by Robintrack, https://robintrack.net/barometer.
5. Dawn Lim, "Robinhood Draws User Ire for Repeated Outages in Volatile Market," *The Wall Street Journal*, March 9, 2020.

6. 丹・伊根 2021 年 4 月 7 日電話受訪。
7. Caitlin McCabe, "Massachusetts Regulators File Complaint against Robinhood," *The Wall Street Journal*, December 16, 2020.
8. Svea Herbst-Bayliss, "Prominent Activist Investors Post Record 2020 Returns despite Pandemic-muted Activity," *Reuters*, January 6, 2021.
9. Christine Williamson, "Hedge Funds Chalk Up Decade's Best Returns in 2020—HFR," *Pensions and Investments*, January 8, 2021.
10. "Taking Stock of 2020 So Far," *SoFi blog post*, July 13, 2020, www.sofi.com/blog/taking-stock-of-2020-so-far.
11. u/never_noob, "*Official WSB Survey Results are in!*," Reddit, 2017, www.reddit.com/r/ 華爾街賭場 /comments/52tfrg/official_wsb_survey_results_are_in.
12. Graham Flanagan, "Barstool Sports Founder Switches from Gambling to Day Trading during Coronavirus—and He Says He's Down $647,000," *Insider*, April 20, 2020.
13. Dave Portnoy (@stoolpresidente), "I'm sure Warren Buffett is a great guy, but when it comes to stocks he's washed up. I'm the captain now #DDTG," Twitter, June 9, 2020, 9:41 a.m., twitter.com/stoolpresidente/status/1270350291653791747.
14. Stephen Gandel, "Robinhood Offers Loans to Buy Stock—They Were 14 Times More Likely to Default," *MoneyWatch*, CBS News, February 5, 2021.
15. 彼得・艾華特 2020 年 2 月 10 日電話受訪。
16. Frank Van Dyke, "The Renewed Rise of the Retail Investor," Global X ETFs blog post, October 15, 2020.
17. Gregory Zuckerman and Mischa Frankl-Duval, "Individuals Roll the Dice on Stocks as Veterans Fret," *The Wall Street Journal*, June 9, 2020.
18. Dan Runkevicius, "How Hertz Fooled Amateur Investors," *Forbes*, July 1, 2020.
19. Noah Weidner, "How Well Did the Robinhood Crowd Do in 2020?" *Business as Usual*, December 21, 2020.
20. 拉里・施威德羅 2021 年 4 月 27 日電話受訪。
21. Isabelle Lee, "SPACs Are Booming 'at the Expense of Retail Investors,' and Regulators Should Take These 5 Steps to Fix the Market, Think Tanks Say," *Business Insider*, March 7, 2021.
22. David John and Curtis Dubay, "Financial Transactions Tax Would Hurt the Economy and Kill American Jobs," Heritage Foundation report, January 11, 2012.
23. Aaron Klein, "What Is a Financial Transactions Tax?," Brookings Institution report, March 27, 2020.

06 推進器正在發動，你畢生最大的一場軋空

二〇二〇年四月

兩個月的時間可以發生非常多事。

上回我們談到二〇二〇年二月底吉爾的情況時，災難似乎即將降臨。因為COVID-19大流行看來即將擾亂日常生活，股市開始下滑，吉爾持有的GameStop買權組合已經轉盈為虧，一度可觀的利潤化為烏有。結果疫情干擾的嚴重性和持久性幾乎超出所有人的預期，電玩迷在一段時期裡根本不可能前往商場購買《最後一戰》（*Halo*）或《勁爆美式足球》（*Madden*）的最新遊戲片。

到了四月初，GameStop的股價已經跌至二．五七美元的歷史最低點。對沖基金此時更確信這家連鎖店公司很快就會倒閉，因此相應增加押注在這個結果上——因為吉爾

手上買權的履約價遠高於 GameStop 當時的股價，該公司不必倒閉，吉爾手上所有的買權就已經很可能將在毫無價值的情況下到期作廢。但是，令人難以置信的是，吉爾的投資組合在月底前將創出二一五五八九美元的最高價值，而他也開始在華爾街賭場論壇上得到更多敬重。

「這個人的非凡膽識值得維基百科專文記述，」論壇成員 cd258519 寫道。[1]

股價反彈的並非只有 GameStop。疫情下受傷最重的一些公司，例如連鎖餐飲、郵輪業者和航空公司，股價都已經開始強勁反彈，所有人都驚訝不已，除了那些幾乎什麼都不知道的人，也就是市場裡最沒有經驗的投資人。對那些多年來利用「笨錢」的失誤賺大錢買下長島漢普頓豪宅的對沖基金經理人來說，這一波「非理性榮景」看起來像是另一個大好機會。但在華爾街賭場論壇的一些成員看來，這些基金經理人的狂妄自大足以使其自挖陷阱，可能導致他們損失慘重。

為什麼在危機未解之際，投資新手對市場前景如此樂觀，較為年長的投資人卻如此謹慎？為什麼教訓住在公園大道的那些富豪會成為如此誘人的想法？我們來看不同投資人的觀點。

你對股市災難的反應主要取決於你在人生中經歷過什麼，以及你有多少財富可以失去。中年的高級中產儲蓄者已經度過了兩次惡劣的空頭市場，在退休將至的情況下有大量的儲蓄可以失去。相對之下，二十幾歲的美國人只有很少（或甚至是負數）的淨資產，而且在二〇〇八年金融業搖搖欲墜、極其緊張的那幾個星期裡，他們甚至還沒高中畢業。此外，他們在自己短暫的投資生涯中學到的唯一教訓是逢低買進（buy the dips），因為必要時聯準會總是會出手救市。這種想法早就在各種留言板上產生了它自己的字首縮寫：BTFD。華爾街賭場就有一個網路商店，你可以在那裡買到一件上面寫著「BUY THE FKN DIP」的T恤，其二四．九九美元（未計稅項和運費）的價格牌旁邊寫著：「真正的交易者都知道，逢低買進就是把握最好的大促銷！」

股市這一次無疑跌得很重，但年輕投資人深刻吸取的教訓空前快速地證實正確。道瓊工業指數短短一個月內就吐回了川普當選總統近三年半以來的全部漲幅，但這次空頭市場之短暫也是歷史性的。標普道瓊指數公司（S&P Dow Jones Indices）的股市「人肉百科全書」霍華德．席佛布雷特（Howard Silverblatt）指出，美股這一次只花了四．九個月就回到多頭市場，是有史以來最快的，而且是快很多——全球金融危機之後那一次花了一三一．四個月，網路股崩跌之後花了六十個月。席佛布雷特指出，幾乎一天就跌完的一九八七年股災，也花了三一．四個月才回到多頭市場。

截至二〇二〇年初，重視股市太盤指數水準的主要是比較年長和富有的人，而且以白人居多。隨著羅賓漢崛起以及所有競爭對手在二〇一九年底轉向免佣金業務模式，數以百萬計的美國年輕人在大疫降臨之前開了新的證券帳戶。政府開始封城抗疫加劇了此一趨勢，因為許多年輕人閒著無聊，想找些事情做，而且他們口袋裡意外地有了一些閒錢。這些新交易者可動用的資金一般沒有他們的父母那麼多，但他們遠比年長者投入於金融交易，彌補了此一不足。例如，JMP Securities 蒐集的資料顯示，在二〇一八年十一月至二〇二〇年底期間，嘉信理財網站的日均訪問量僅增加略多於二〇％，而羅賓漢則增加超過五五〇％。嘉信理財是最早的折扣經紀商，客戶群相對年長。

但是，為什麼年輕人並非只是想炒股賺錢，還希望在這過程中打擊那些年長和富有得多的人？華爾街賭場的創始人洛高真斯基指出，該論壇典型的二十五歲或三十歲的成員雖然在二〇〇八年金融危機期間沒有涉足股市，但當時的年紀已經夠大，足以使他們非常厭倦高階金融（high finance）。

「在我看來，這些人的這個故事要追溯到頗久之前，」他說。「他們的心態始於他們投資於股市之前，而他們看到股市不好的方面。他們發現自己大學畢業時沒有工作，不得不搬到父母家的地下室，也有一些人的父母失去了房子——真的有很多悲傷的故事。

全球金融危機發生時，他們沒有投資股票——當時他們是學生，又或者年紀太小。他們沒有進入股市，卻被股市所傷。你想像一下？」

在美國史上持續最久的經濟擴張中創造出來的以兆美元計的帳面財富分配不均。根據一項對聯準會資料的研究，即使算上經由退休基金間接持有的股票，仍有約八四%的股票是由美國最富有的一〇%家庭擁有。[2] 而且，有錢人擁有的股票並非只是以金額計比較多，股票占他們家庭財富的比例也比較高。根據皮尤研究中心的資料，在五十五歲以上或年收入超過十萬美元的美國人中，股票占家庭財富的比例約為三十五歲以下或年收入低於五萬三千美元的美國人的兩倍半。[3]

二〇二〇年，二十五至二十九歲美國人包含房產的資產淨值中位數僅為七千五百美元。政府為經濟挹注現金時，這群人因為收入多數未超過領取經濟刺激支票的收入上限，最有可能拿到政府的現金救濟，但他們在國家被迫封城抗疫時，可以在家遠距工作的可能性也遠低於較為年長的美國高級中產。而即使他們有幸可以在家工作，他們也很可能不是在自己擁有的舒適房子裡工作。史丹佛長壽中心（Stanford Center on Longevity）的一項研究顯示，只有三分之一的千禧世代在三十歲時擁有自己的房子，而將近一半的嬰兒潮世代在三十歲時就已經擁有自己的房子。二十至二十五歲美國人的失業率從二月份的六·四%跳升至四月份驚人的二五·七%，幾乎是四十五至五十四歲者失業率的兩倍。

令許多人更不平的是，聯邦政府的許多危機因應措施，例如零利率政策和為企業提供可免還的貸款（符合一定的條件即可不必償還），主要是嘉惠本來就已經有錢的人。根據美國賦稅公平組織（Americans for Tax Fairness）的估計，從二〇二〇年三月十八日到二〇二一年二月十九日，也就是從美股空頭市場的谷底到迷因股軋空結束時，六百六十四名美國富豪的財富總值從三兆美元增至四·三兆美元。他們這段時期增加的財富如果平均分給男女老少所有美國人，每人可以得到三千九百美元，是大疫開始時政府提供的一千兩百美元的經濟刺激支票的三倍有餘。

儘管並未因此大幅舒緩許多人在大疫最初幾個月裡面臨的十分艱難的苦況，但數以千萬計的美國年輕人發現，經濟刺激支票加上被迫增加的儲蓄，以及一部分人享受到的空前慷慨的失業救濟，真的很不錯。雖然這些錢不能改變他們的生活，但用來投機於股票是很好用的，而在二〇二〇年四月初，一些關於如何將相關投資組合武器化的有趣想法開始浮現。

其中一個想法撼動了GameStop的股票。四月十三日，網名「年長豪豬」（Senior_

Hedgehog）的華爾街賭場成員貼出一篇文章，標題是「GAMESTOP（GME）——你畢生最大的一場軋空」。[4] 這篇文章指出該股誘人的一些基本因素，討論了遊戲主機周期，並指出大疫期間電玩需求激增的事實，以及數位化遊戲需要的儲存空間增加意味著光碟仍有需求。但文章的重點是：GameStop 六千五百五十萬股已發行股份，有五千五百萬股（或八四%）遭放空——也就是被放空者借來賣出，以期在股價下跌之後，以較低的價格買回來，藉此獲利。年長豪豬建議持有該股的人全都聯絡他們的券商，以確保他們持有的 GameStop 股票沒有被借出去——這是迷因股大軋空期間出現的戰術的預演。

梅爾文資本這種對沖基金放空股票，主要是靠「找到借券處」（locate a borrow）。對沖基金的經紀商找到基金欲放空股票的持有人，從他們的經紀商那裡借走股票，而股票持有人通常完全沒有注意到這種操作。借了股票的對沖基金將股票賣出，而買方也不會知道自己買了借來的股票。除了放空者和參與其中、賺了一些錢的經紀商，這種操作通常不影響任何人。

借出股票也是散戶經紀商的一個收入來源，羅賓漢也不例外。在二〇二〇年底，羅賓漢有十九億美元的客戶持股被借了出去。在這一年裡，它有超過一〇%的收入來自證券借貸。它借出那些需求量大的股票可以賺更多，例如面臨軋空的迷因股。如此一來就出現了一種諷刺的情況：因為許多客戶持有GameStop的股票，羅賓漢得以將這些股票借給客戶想要打垮的積極放空者，因此賺到不少錢。[5] 你可以指示你的經紀商不要借出你持有的股票，從而人為製造一種稀缺的情況，使相關股票較難放空，而這就是年長豪豬建議華爾街賭場版友做的事。

四月十三日，GameStop股價急漲二二%，第二天跳升二六%，收報五·九五美元。這是一次軋空，但還不是大軋空。股價短暫急漲當然沒有嚇到賈柏瑞·普洛金或放空GameStop的許多其他基金，這些大戶的口袋都很深。事實上，這種漲勢很快將促使他們加碼放空。

在四月底，一向機敏的吉爾也發表了看法：「現在有機會出現某種軋空，雖然這從來不是我最初論述的一部分。目前我仍認為這不大可能發生，但一旦空頭部位超過自由流通量，就有需要考慮這種可能。」

一些大型對沖基金的狂妄自大，以及一群看似不會輸的投資人的信心膨脹，將為一場殘酷的碰撞製造燃料。正如年長豪豬寫道：

「推進器正在發動。」

1. Cd258519, "Response to DeepFuckingValue post 'GME YOLO month-end update-Apr 2020,' " Reddit, April 30, 2020, www.reddit.com/r/華爾街賭場/comments/gb3ctb/gme_yolo_monthend_update_apr_2020.
2. Jonelle Marte, "Trump Touts Stock Market's Record Run, but Who Benefits?," Reuters, February 5, 2020.
3. Kim Parker and Richard Fry, "More Than Half of US households Have Some Investment in the Stock Market," *Pew Research Fact Tank*, March 25, 2020.
4. Thomas Chua, "Why Gamestop Went to the Moon with Gamma Squeeze," *Compounding With Options* (blog), January 27, 2021, https://learnoptions.substack.com/p/why-gamestop-went-to-the-moon-with.
5. John McCrank, "Robinhood Now a Go-to for Young Investors and Short Sellers," Reuters, March 2, 2021.

07 放空這回事

關於放空股票，最令人難忘的一句話據說是十九世紀投機客丹尼爾．德魯（Daniel Drew）說的：「他賣掉的股票不是他的，現在他必須買回來，或是去坐牢。」

對多數人來說，置身於波動不斷的股市本身就已經夠嚇人了。但是，除非你借錢操作，否則買進股票可能發生的最壞結果就只是輸光所有錢，而且你的投資決策真的必須非常差才會這樣。但即使如此，也不會有人法拍你的房子或拖走你的車子。如果你能保持沉著、堅持投資，長遠而言幾乎都是會有好結果。

現在想像一下，你是個反過來做的投資人：你並非買進股票後持有，而是賣出你並不持有的股票。如此一來，你將持續逆著長期的歷史潮流而行。最好的放空交易可以帶給你一〇〇%的報酬，但你的損失理論上是無限的。持有股票至少可以穩定地收取不錯的股息，借入股票放空則必須支付費用，而且借給你股票的人可能出人意表地提高借券利率。慘遭軋空的放空者現在已經不必擔心要坐牢，但世界各地的政府經常在放空難得有厚利可圖的時候禁止這種操作。馬來西亞總理就曾在一九九〇年代提議以鞭刑懲罰放空者。放空者被稱為鬣狗、豺狼和禿鷹，而在 Google 上打「short sellers are」（放空者是），搜尋引擎建議的自動完成選項排最前面的是「scum」（人渣）。

多麼有趣的交易啊！

Reddit 革命者比一般投資人更鄙視放空者，而這是有原因的。原因之一可能是他們這個世代的一些英雄，例如伊隆·馬斯克，對放空者非常不滿。另一原因可能是放空主要乃是對沖基金經理的專利，他們比其他華爾街人士更富有、更光鮮、更有名，因此在許多年輕人眼中更值得蔑視。此外因為受限於證券法規，對沖基金的許多操作必須保密，有時會有人編造一些離奇的故事，講述這個秘密的行業如何操縱證券價格或收買記者。無論出於什麼原因，打擊放空者在華爾街賭場論壇上成為類似運動的一件事，而其成員即將學習如何瞄準目標，射出致命一擊。

任何基金經理都可能投降認輸，放棄一項投資。這可能是因為那項投資的表現非常差，堅持下去已經很難自圓其說。不過，也有可能出現這種情況：某支股票成為許多放空者的目標，但許多人積極買進，推高了股價，迫使放空者買回該股以結清部位，在此過程中加劇了該股的漲勢和他們自己的損失。這就是軋空。「囤積」（corner）則是一種極端的軋空，自一九三〇年代證券法修改以來，變得極其罕見和很難合法地執行。囤積是指某人或某集團壟斷了某公司股票的供應，放空者要買回股票只能向他們求售，無論價格多高都必須接受，否則就必須「去坐牢」。

GameStop 所有可借的股票幾乎都被對沖基金借來放空，年長豪豬和華爾街賭場其他成員因此萌生對這些基金軋空的想法，你大有可能認為這種事發生在放空者無往不利的環境下，但事實恰恰相反：對放空者來說，這是慘淡的一年。放空專家、金融分析公司 S3 Partners 的董事總經理伊霍爾．杜薩尼夫斯基（Ihor Dusaniwsky）指出，在二〇二〇年，光是美國市場的放空者就損失了驚人的兩千四百五十億美元。[1]

高盛的資料顯示，在二〇二一年一月迷因股大漲之前的短短三個月裡，市值至少十億美元的五十支被放空最多的美股上漲了將近一倍。[2] 這促使放空者尋求掩護。在大軋空真正開始之前的二〇二一年一月十五日，空單餘額對標準普爾五百指數市值的比率接近歷來最低水準，僅略高於近二十一年前科技股泡沫頂峰時的水準。此時悲觀顯得不合時宜。

令人難以置信的是，在隨即發生的重創對沖基金的事件之後，針對對沖基金的尖刻言語絲毫沒有減弱的跡象。眾議院金融服務委員會主席瑪克辛．華特斯決定針對GameStop 軋空事件舉行聽證會時，一開始這麼說：

「對沖基金的掠奪式行為由來已久，這種行為是完全無可辯解的。我們必須制止那些掠奪辛勤美國人的退休金的私人基金。我們必須制止那些從事損害其他投資人的掠奪式放空的私人基金。我們必須制止那些奉行傷害勞工的禿鷹策略的私人基金。」[3]

這些話不但重新喚起關於放空者——華爾街生態系統的重要組成部分——的無益濫調，還對事件中誰損失金錢和誰的資金承受風險有誤解。如今對沖基金的最大投資人是退休儲蓄或大學捐贈基金的受託人。GameStop 軋空事件中的贏家——至少是暫時的贏家——則是個人投機客。

「在被毆打並被扔在路邊等死之後，放空者突然成了惡棍，」投資管理公司 Kynikos Associates 的創始人、放空界大老吉姆．查諾斯（Jim Chanos）氣憤地說。[4]

但華爾街賭場的成員真的策劃了他們「畢生最大的一場軋空」嗎？並沒有，除非他們非常年輕。

軋空的（簡短）歷史

因為一場軋空，福斯汽車（Volkswagen）曾短暫成為世界上市值最大的公司。二〇〇八年春，長期持有這家德國汽車製造商三一%股份的保時捷（Porsche）表示，有意提高對這家規模比它大的公司的影響力，但明確表示無意增加持股至七五%，因為下薩克森州持有福斯二〇%的股份，使它對該公司具有相當大的影響力。德國企業界非常排外，而且有一些不成文的規則。隨著保時捷增持福斯和該股上漲，一些對沖基金認為福斯股價被人為地抬高了，它們因此建立了相當於近一三%福斯股份的空頭部位，以期在該股價格回到正常水準時獲利。這種空頭規模遠低於 GameStop 曾達到的水準，但已足夠引發接下來的事。這一年十月，保時捷宣布它藉由股票和衍生工具控制了福斯七四%的股份，使所有人大感驚訝。這意味著福斯的空頭部位約為保時捷和下薩克森州未控制股份的兩倍。理論上，囤積的條件已經成熟，只要保時捷有此意圖。

隨著對沖基金發現自己深陷泥淖，而且在全球金融危機之中得不到什麼同情，（福斯汽車標榜的）「駕駛樂趣」（Fahrvergnügen）立即變成了幸災樂禍（schadenfreude）。福斯股價在軋空中勁漲，而這場軋空被稱為「所有軋空之母」（the mother of all squeezes）。放空福斯的對沖基金估計損失了三百億美元，相當於 GameStop 市值的六倍。

但此事對 Reddit 大軍來說是古老的歷史，對吧？根據受敬重的英國《金融時報》的用戶流量數據，實情並非如此。調查編輯保羅・墨菲（Paul Murphy）創立了該報的 Alphaville 部落格，他指出，Alphaville 一篇關於福斯軋空事件的文章點閱數激增，而八一%的流量來自 Reddit，餘下大部分來自其他社群媒體網站。這些點閱與二〇二一年一月 GameStop 股價漲勢完全同步。那些墮落者顯然有做功課。

不過，福斯事件是個不尋常的案例——它與其說是蓄意為之，不如說是誤判。要找到與 GameStop 類似的失敗囤積案例，我們必須回到幕後操縱股價或多或少合法的時代。一九二三年的「小豬危機」是個經典例子。孟菲斯商人克萊倫斯・桑德斯（Clarence Saunders）創辦了第一家真正的連鎖超市小豬商店（Piggly Wiggly），正享受著事業成功之際，發現紐約的放空者瞄準小豬商店的股票，因為他們以為它正面臨財務困難。但事實不然——美國東北部一些小豬商店遭破產管理人接管，但這些商店只是打著小豬招牌的關聯事業，並不是由桑德斯的公司擁有。桑德斯本來可以像許多其他企業高層該做的那樣，不理會這些放空者，但他選擇發動戰爭，而且差點就贏了，可惜最終失去了一切。

桑德斯聘請了著名投機客傑西・李佛摩（Jesse Livermore）來策劃一場囤積。李佛摩年輕時有「少年賭客」(the boy plunger)之稱，是華爾街半自傳經典《股票作手回憶錄》(*Reminiscences of a Stock Operator*)中拉里．李文斯頓(Larry Livingston)背後的真實人物。李佛摩以每股約四十美元的價格為桑德斯買下可買的二十萬股小豬商店的一半左右，此一行動很快將小豬商店的股價推高至七十美元上下，使放空者出現一些帳面損失。

但李佛摩接著就退出行動，因為他想不到這場囤積可以如何成事。桑德斯為了購買股票借了很多錢。他可以如何在避免賣出持股、正中放空者下懷的情況下脫身？他想出了一個絕妙的計畫，決定以低於市價的每股五十五美元出售五萬股小豬商店，但買家必須分期付款，在支付最後一期股款之前不會取得股票——這意味著他可以賣出持股但放空者將有一段時間無法借到他賣出的那些股票。桑德斯利用超市傳單向一般民眾宣傳這個「一生難得一見的機會」。(桑德斯的這些操作在一九二〇年代是合法的。)

然後絕招來了：桑德斯要求借券者還他股票——這與年長豪豬倡導的行動一樣，都是為了防止股票被放空者借去用。在第二天就必須還券的情況下，放空者驚慌失措，小豬商店股價飆升至遠高於一百美元。如果不是交易所介入並暫停小豬商店的交易，這個計畫將使桑德斯發大財，並將摧毀他的敵人。(交易所的舉措令人想到九十八年後華爾街「操縱市場」以對付外來者。)

交易所介入使放空者得到額外的時間在全美尋找小豬商店的股票，他們以每股約一百美元的價格買到他們需要的股票，雖然蒙受損失但得以避免違約。桑德斯帳面上賺了一些錢，但現在他幾乎擁有整家公司，而且由於交易所暫停小豬商店股票的交易，他無法出售股票來償還他為了購買股票而借的錢。他在故鄉發起一場運動，希望藉由群眾認購出售更多股票，但失敗了，因此開始出售他的房產。但這不足以解決問題，最後他被迫出售他心愛的公司。要在金融戰場上打敗金融圈的人，真的不容易。

這整件事是不必要的，因為除非公司短期內打算發行新股籌集資金，公司股價短暫下跌並沒有實際影響。由於借入股票要花錢，而且理論上涉及無限的風險，放空者無法堅持太久。這正是為什麼他們往往高調談論他們看空的理由，藉此激怒被看空公司的管理層。但是，放空者說他們放空的公司股價太高，就像持有股票的人說股價偏低那樣，一點也不稀奇。

對放空的一些誤解

一些企業高層抱怨放空者試圖毀掉他們的公司，他們可能不明白上述道理，但更可能是明白，只是希望求助於可能不明白的大眾和從政者。他們這麼做可能是出於虛榮，也可能是為了保護自己，或是出於貪婪——如果公司的弱點被暴露出來，股價因此下跌，他們的獎金就會縮水。哈佛大學經濟學教授歐文．拉蒙特（Owen Lamont）二〇〇四年的一項研究指出，管理層積極對付放空者的公司表現往往顯著較差，而且經常破產。[5] 在雷曼兄弟成為史上最大企業破產案的主角之前不久，該公司一名員工將拉蒙特的論文交給執行長迪克．傅德（Dick Fuld），而傅德憤怒地駁斥了它。

關於放空的另一個重大誤解，是放空者非法地憑空賣出股票，這種想法在國會關於 GameStop 的聽證會上也出現了。賈柏瑞．普洛金雖然賣出了「不是他的東西」，但他向國會委員會保證，「我們每次放空股票，都一定會找到借券處。」曾經很常見的無券放空（naked short），現在幾乎一定是由無心的文書錯誤造成的。二〇二一年初，GameStop 超過一〇〇%的股份遭放空，這似乎很可疑，但之所以如此，是因為從放空者那裡買進股票的人又將股票借了出去——這種合法的過程被稱為「再抵押」（rehypothecation）。

批評放空的人忽略的另一件事，是放空得以發生全靠願意借出股票的人。放空者看空的理由如果不成立，放空就不會造成退休基金或保險公司長期持股的永久價值損失，但放空者可能成為長期投資人一個可觀的額外收入來源。甚至羅賓漢也藉由借出客戶的股票來賺錢，以助支撐免費交易服務。罕見的反對意見來自被稱為「資本死亡之地」的日本，其政府退休基金二〇一九年十二月決定停止將它持有的外國股票借給放空者。該基金的負責人向《金融時報》表示：「我從未見過有長遠眼光的放空者。」此舉使該基金的受益者每年損失約一億美元。[6]

雖然放空者被視為悲觀者，多數放空實際上是長期投資策略的一部分。此外，軋空其實並不罕見，只是很少引人注目。通常的情況是許多人因為預期某公司表現不佳或將公布壞消息而放空其股票，但最終消息沒有預期中那麼差（例如公布的業績還不錯），一些放空者因此決定放棄，於是急忙買回股票。有時候，沒有經驗的投資人看到某個股在軋空下急漲，誤以為陷入困境的公司出現了基本面好消息，於是也買進該股。這是典型的新手錯誤之一。

S3XY

不過，在二〇二〇年散戶交易暴增之後，新手們正玩得開心。以損失總金額計，有支股票的軋空甚至超越了福斯汽車。S3 Partners 的杜薩尼夫斯基指出，光是這一年，放空者在電動車先驅特斯拉的股票上就損失了超過四百億美元，使放空特斯拉成為「二〇二〇年最無利可圖的交易，比所有其他交易慘得多，而且創出史上最大年度損失。」[7]

紐約大學史登商學院金融學教授、估值大師阿斯沃思·達莫達蘭表示，「特斯拉至少發生過三次，也許多達五次軋空」，二〇二〇年只是最近的一次。[8]

他寫道：「以特斯拉而言，崇拜該公司的個人投資者一直站在軋空的前線，但他們也得到機構投資人的幫助，後者或是真的認為這家公司非常好，或是因為貪婪，捨不得不趁機獲利。」[9]

特斯拉執行長伊隆·馬斯克以嘲笑放空者為樂。他在這方面最臭名昭著的一件事發生在二〇一八年八月：在特斯拉的空單餘額不斷增加之際，他在推特上這麼說：「正考慮以每股四二〇美元的價格將特斯拉私有化。資金已找到。」

企業高層在股市交易時間內於社群媒體上宣布這種消息，而不是利用新聞稿和正式的公司申報，是非常奇怪的事，但因為上市公司的負責人作這種惡作劇是不合法的，許多人未能對此置之不理。特斯拉股價當天在買盤蜂擁的情況下飆漲一四%。馬斯克當然沒有準備好將該公司私有化需要的資金。一個直接的線索是四二〇美元那個價格——在大麻文化中，四二〇是指吸食大麻。馬斯克和特斯拉支付了罰款，並採取了其他措施，例如安排一名法規遵循人員監視馬斯克的推文，但這些措施很快就被遺忘了。如果你很有名，他們會讓你這麼做。

馬斯克沒有懊悔，反而欣然面對後果，並在特斯拉的網站上銷售一條紅色緞面短褲，價格為六九．四二〇美元——小數點後多出來的那個零顯然是故意的，六九則反映馬斯克這個人的青春期幽默感。「穿著我們的紅緞金飾短褲，像風一樣奔跑或像利伯洛斯（Liberace）那樣娛樂。享受收盤鐘聲帶來的非凡舒適。」短褲上印有金色的S3XY，代表特斯拉的四個車款（馬斯克說福特汽車提起訴訟阻止特斯拉使用 Model E 的商標，所以他不得不妥協，改用 Model 3）。

馬斯克毫不掩飾他對放空者在 GameStop 軋空中處境艱難的幸災樂禍。他有一條推文對放空提出根本的質疑：「你不能賣你並不擁有的房子，你不能賣你並不擁有的汽車，但你*可以*賣你並不擁有的股票!?這真他媽的荒謬——放空是一種騙局，它合法只是出於歷史遺留的原因。」幾天後，他發出這條推文：「我現在成了迷因，空頭的毀壞者。」這是修改自氫彈創造者羅伯．歐本海默(Robert Oppenheimer)的這句話：「我現在成了死神，世界的毀滅者。」（歐本海默本身是引用了《薄伽梵歌》。）

押注一支股票將下跌並不是一種騙局，也沒有任何不道德的地方，除非它伴隨著一些卑劣的手段。人們討論放空者時，使用的意象是貶義的，最常見的是將放空者比作是以腐肉為生的動物，但我們何不順此思路想一想：一個充斥著腐爛、腫脹屍體的世界，無疑是十分可怕的。同樣地，一個你只能押注股價上漲的世界是不平衡的。金融理論是這麼說的，現實世界的證據也是。

我們之所以知道，是因為歷史上有過無數的放空禁令，或是針對個別股票，或是針對正在下跌的整個股市。在金融危機最嚴重的階段，SEC禁止放空數百家金融公司的股票，而SEC主席克里斯多福·考克斯（Christopher Cox）表示，這是為了「保護證券市場的健全性和素質，以及增強投資人的信心。」

紐約聯邦準備銀行的一項研究發現，該禁令適得其反：禁令實施期間，那些公司的股價急跌，禁令結束後反而回穩。受保護個股的表現，實際上還不如那些可以放空的股票。二〇一一年，美國的信用評級遭標準普爾調降之後，放空禁令也產生了相同的效果，股票價格急跌。較近期的一個例子，是COVID-19大流行爆發導致股市暴跌，一些歐洲國家決定禁止放空。一些基金管理機構和交易所的研究顯示，沒有禁止放空的國家股市表現比較好。[10]

放空者有其存在理由

放空者有助所有人降低交易成本和比較輕鬆地完成交易。他們還有助於價格發現，可以使泡沫沒那麼容易形成。有時候，如果放空一支股票太難或成本太高，股價就可能是錯誤的，而這會損害最不知情的投資人。

最著名的案例發生在二〇〇〇年三月，當時距離科技泡沫破滅只有幾個星期，網路設備公司 3Com 出售子公司 Palm 五%的股份。Palm 生產 PalmPilot 個人數位助理——可說是那個時代的 iPhone。3Com 打算在那年稍後，藉由一項免稅交易，將餘下的 Palm 股份分發給股東。根據股東將獲得的 Palm 股票數量和 Palm 股票開始掛牌交易後的市價，每一股 3Com 股票照理說至少值一百四十五美元，但實際上只有八十二美元。這意味著 3Com 除 Palm 以外的業務不知為何價值是負數，又或者 Palm 的股票價值被嚴重高估了。

《華爾街日報》第二天就指出了這一點。放空 Palm 並買入 3Com 的股票理論上可以立即「套利」賺錢，而這個過程將可以糾正錯誤的股價。潛在的套利所得高達二百億美元，至少理論上是這樣。但因為市場上的 Palm 股票很少，借券成本太高，錯誤的股價遲遲未被糾正。成千上萬的散戶投資人因此支付了過高的股價。

感謝放空者的另一個理由，是他們有揭發不良行為的動機。雖然SEC最終會起訴應該為企業大醜聞負責的人，但該機構並不擅長發現那些醜聞。「放空者是即時金融偵探，監理者則是金融考古學家，」查諾斯調侃道。他最著名的事跡是揭露安隆公司（Enron）的大規模詐欺。

放空者的正常工作方式是做研究、建立交易部位，然後將事情公諸於世。在安隆事件中，《財星》雜誌記者貝芬妮·麥克連（Bethany McLean）與查諾斯談過之後開始挖掘資料，然後寫了一個封面故事，標題為事後看來太輕描淡寫的「安隆股價是否過高？」後來入獄的安隆執行長傑佛瑞·史基林（Jeffrey Skilling）指責麥克連不道德。安隆公司高層從休士頓飛到紐約，試圖說服麥克連的編輯放棄這篇報導。安隆董事長肯尼斯·雷伊（Kenneth Lay）對《財星》的編輯表示，麥克連仰賴的消息來源希望安隆股價下跌，以便藉此獲利。當然是這樣——但這就像每天都有數十篇財經文章引述持有公司認購權的企業高層，或詢問剛好持有某個股的基金經理人的意見。

最近的一件事更驚人：《金融時報》兩名記者不但遭德國金融技術公司Wirecard施壓，據稱還被監視，以及因為被指與放空者勾結而成為操縱股票的刑事指控對象。一如安隆，Wirecard 最終也倒閉了，但該公司倒閉前的股價波動還是曾令放空者損失慘重——這些放空者是對的，但出手早了一些。在我撰寫本書時，Wirecard 的前執行長在監獄裡，前營運長則淪為國際逃犯。

放空者針對的公司多數並非由卑劣的人經營，而多數放空者也不會宣揚他們的見解。普洛金是 GameStop 軋空的主要受害者，他在二〇一四年悄悄建立他的空頭部位，因為他認為 GameStop 的業務前景不好。他的多數投資部位是那些他認為會上漲的股票。選對放空標的一點也不容易。即使是被視為頂尖放空者的查諾斯，在他成立於一九八五年的主要放空基金 Ursus，據稱大部分時間是虧損的。那麼，為什麼還要放空呢？那些投資在查諾斯上的基金可以在動盪的市場中獲得一定程度的保護。正所謂退潮時就知道誰在裸泳，劣質公司的股價往往在大環境不利時急跌，有時甚至會跌至零。如果投資組合有一部分是放空劣質公司，整體報酬有望變得比較好和穩定。

「放空使你得以做多，」查諾斯解釋道。

這句話並非只是行銷宣傳口號——查諾斯主要基金的傑出整體表現證明他說得對；該基金放空查諾斯團隊認為虛弱的個股，但在大盤上漲時會像普通基金那樣得益。但一如 GameStop 大軋空告訴我們，即使你像普洛特金那樣，空頭部位僅占投資組合一小部分，因為放空涉及無限的風險，這種操作仍需要非常謹慎地避免慘重的損失。

因為風險巨大，放空者會做足功課，審慎挑選放空標的。多年來，最受放空者針對的股票表現顯著不如最不受針對的股票。這種有效操作的問題，主要在於偶爾會出現非常、非常糟糕的情況。一如在推土機前撿硬幣，一些放空者稍有不慎，手指就會被壓碎。

---

1. Chuck Mikolajczak, "Tesla Bears Suffer Record Short-sale Loss in 2020: S3 Partners," Reuters, January 21, 2021.
2. "Top of Mind," Goldman Sachs Global Macro Research, February 25, 2021, www.goldmansachs.com/insights/pages/gs-research/the-short-and-long-of-recent-volatility-f/report.pdf.
3. House Committee on Financial Services, "Following Recent Market Instability, Waters Announces Hearing on Short Selling, Online Trading Platforms," press release, January 28, 2021, https://financialservices.house.gov/news/documentsingle.aspx?DocumentID=407096.
4. 吉姆・查諾斯 2021 年 3 月 2 日電話受訪。
5. Owen Lamont, "Go Down Fighting: Short Sellers vs. Firms," NBER Working Paper 10659, August 30, 2004.
6. Leo Lewis and Billy Nauman, "Short Sellers under Fire from Investment Boss of World's Largest Pension Fund," *Financial Times*, December 11, 2019.
7. Mikolajczak, "Tesla Bears."
8. 同上。
9. Aswath Damodaran, "The Storming of the Bastille: The Reddit Crowd Targets the Hedge Funds!," *Musings on Markets* (blog), January 29, 2021, http://aswathdamodaran.blogspot.com/2021/01/the-storming-of-bastille-reddit-crowd.html.
10. Robert Battalio, Hamid Mehran, and Paul Schultz, "Market Declines: What Is Accomplished by Banning Short-Selling?" *Current Issues in Economics and Finance* 18, no. 5 (2012): www.newyorkfed.org/medialibrary/media/research/current_issues/ci18-5.pdf.

08 GME現在的股價是一顆核彈

二〇二〇年夏秋

在考慮做當沖嗎？

「這種可能危險的想法特別容易影響青少年和退休人士，可能嚴重危害他們的財務健康，」二〇二〇年九月一日一篇及時的部落格文章這麼說。它接著闡述了使用「免費交易應用程式」或涉足選擇權交易的危險。

萬通人壽保險公司（MassMutual）網站「好同伴」(In Good Company) 提出的這些忠告既明智又諷刺，因為它們來自凱斯・吉爾的財務健康團隊。在雇主不知情的情況下，吉爾這個有執照的經紀人即將走出陰影，激發一場投機狂潮。

但吉爾必須先熬過一個艱難的夏天——除了在財務上，個人情感上更是如此。他的姐姐莎拉（Sara）六月突然去世。在社群媒體上仍不是很受關注的吉爾除了偶爾貼出他的 E*Trade 帳戶餘額，將近乎完全失蹤一段時間。隨著對軋空的興奮消退，GameStop 的股價再度萎靡，墮落者們從祝賀吉爾賺錢變成了諷刺他不知死活。

「真是輸掉十萬元的好辦法啊，」華爾街賭場一名成員六月底寫道，那時吉爾的 E*Trade 帳戶餘額降至一二二二七一美元。

「這是真正的反向操作，但疫情將使這項交易一敗塗地，」另一個人寫道。「好景時要扭轉困境已經很難了，何況是在 COVID-19 四處傳播之下？有人去過自己家裡附近的 gamestop 商店嗎？它們現在是鬼城。」

GameStop 股價在七月回到四美元下方。在那個月底，吉爾的投資帳戶餘額為一一二二三八美元——仍高達他一年前開始時的兩倍有餘，但遠低於之前達到的高點。二〇一九年九月，吉爾首次在華爾街賭場這個 Reddit 子版上受人注意，當時他的投資組合價值因為金融圈名人麥可．貝瑞大量買進 GameStop 股票而飆升；貝瑞是個反傳統的價值投資人，以前是醫師，因為《大賣空》而廣為人知。在懷疑者回歸之際，一個影響力更大的人——至少對二〇二〇年中股市最活躍的參與者來說是這樣——正悄悄地建立他的 GameStop 部位，而這很快將使吉爾成為百萬富翁。

貝瑞是個有天賦的投資人，但華爾街賭場的成員之所以知道他這個人，完全是因為克里斯汀・貝爾（Christian Bale）在改編自麥可・路易士著作《大賣空》的電影中飾演他。貝瑞與曾飾演蝙蝠俠的貝爾不同，在Z世代和千禧世代眼中幾乎就像二〇二〇年八月滿九十歲的華倫・巴菲特那麼令人感到無趣。貝瑞在推特上的名字是卡珊卓拉（Cassandra）——就是那個被詛咒的特洛伊女祭司，總是能正確地預知未來，但從不會有人相信她的預言。從貝瑞的推文看來，他了解最流行的投資主題。他在迷因股軋空之後不久寫道：

「股票投機#泡沫最終導致賭徒背太多債。#保證金借款在高峰期加速流行。此時市場是在刀刃上跳舞。被動投資的智商流失，以及#股價上漲炒作，導致危險增加。」

相對之下，萊恩・柯恩（Ryan Cohen）有趣多了。他是寵物用品電子商務網站 Chewy 的創始人，三年前以三三・五億美元的價格將這家還沒賺到錢的公司賣給了 PetSmart，當時是歷來最大的電子商務併購案。雖然柯恩在 Chewy 二〇一九年首次公開發行時已經不在這家公司，但這次 IPO 非常風光，Chewy 股價在第一個交易日上漲了接近一倍。隨著大疫之下更多人領養寵物和網路購物激增，Chewy 成為贏家，柯恩的光環變得更亮了。從三月的股市低點到八月底，Chewy 股價上漲了兩倍，到迷因股軋空發生時更是上漲了四倍。

柯恩是與吉爾和特內夫同齡的千禧世代，年僅十三歲就開始為企業建立網站。他已故的父親泰德（Ted）是勤勞的私營企業主，是他的榜樣，向兒子灌輸了對股票市場的熱愛。老柯恩買進並持有保守的績優股，從不借錢買股票，他向小萊恩展示一個股票長期報酬的圖表。柯恩決定跟隨父親的腳步成為一名商人，因此沒上大學，在經營過一些網路事業之後，二十五歲那年認為自己可以藉由在網路上銷售珠寶，顛覆既有的產業生態。正當他準備與夥伴一起啟動這項事業時，柯恩去一家寵物店為他的貴賓犬找一些健康食物，結果頓悟自己對動物充滿熱情，而且寵物用品業規模巨大。

「因此，雖然我們原本打算一個星期後就開展珠寶業務，但還是決定改變方向。我們賣掉了所有的戒指、項鏈和手鐲，還有保險箱，並開始盡力學習關於寵物業的一切，」柯恩寫道。[1]

他受亞馬遜創始人傑夫·貝佐斯和已故的謝家華啟發，後者創辦了客戶至上的網路鞋店Zappos。Chewy的商品售價與同業相若，但在支持「寵物家長」方面的支出遠遠超過競爭對手，雇用了一整個團隊負責寄送卡片慰問寵物死去的顧客。雖然Chewy早期營收快速成長，柯恩在融資方面遇到的困難比羅賓漢的特內夫和巴哈特還要多，而這很大程度上是因為寵物用品網店被視為一個被詛咒的類別。柯恩聲稱，他向創投業者推銷一百多次都失敗了，最後才找到一個喜歡其故事的波士頓投資人。

投資在 Chewy 上必須克服巨大的疑慮。即使過了二十年，這一行的先驅 Pets.com 仍是矽谷電子商務亂象的典型。該公司把握網路股熱潮，一九九九年股票上市，當時幾乎完全沒有收入，但耗費巨資在廣告上，包括為梅西感恩節大遊行貢獻一輛花車，以及在二〇〇〇年超級盃推出著名的手偶廣告。在 Pets.com 成為股票上市公司之後的大部分時間裡，明星分析師亨利．布洛傑（Henry Blodget）都給予該股「買入」的評級（布洛傑後來因為推薦他私下否定的個股，被永久禁止從事證券業）。[2] 但 Pets.com 作為上市公司的時間並不久——這家線上零售商二〇〇〇年耗盡現金並宣告破產，距離其 IPO 只有九個月。

如果你能克服許多人的懷疑，藉由在網路上銷售寵物食品和跳蚤藥發大財，那麼或許你會知道如何做好電玩零售生意。截至二〇二〇年八月十八日，柯恩已經悄悄累積了 GameStop 九．九%的股份，並且按規定向 SEC 提交了13D 表格，使他的投資部位在八月二十八日曝光。GameStop 股價在接下來的兩個交易日飆升了四二%，而吉爾迅速貼出一張他的 E*Trade 帳戶截圖，顯示餘額為八二三三九一美元。不出所料，華爾街賭場版上的語氣再度轉為讚賞他：

「你在別人不信的時候信心堅定，真是當之無愧。」[3]

但還是有一些人指指點點。有個版友指出，吉爾當初如果投資在特斯拉上，報酬將高得多。另一版友自稱曾持有 GameStop 但太早賣出，他告訴吉爾，換作是他，「會把握這次飆漲的機會賣出」，因為 GameStop 生意很差，唯一的好消息是「鯨魚」——口袋很深的投機客——涉足該股。他說：

「我確信該公司下周公布業績之後，將因為營收和展望一如既往不佳而股價重挫。」

但這個預測落空了。一如一年前的貝瑞，柯恩對管理層可以如何提振股價有想法。九月二十一日，他引起更大的轟動：他透露自己正與 GameStop 的高層和董事會成員洽談，希望「為所有股東創造最好的結果」。

隨著這個精通網路的積極股東有望改變公司的面貌，GameStop 股價第二天跳漲，自二〇一九年三月以來首度回到十美元上方，吉爾因此突然成了百萬富翁。他的帳戶截圖顯示其投資組合價值為一五〇一一六六美元，而該數字從此之後再也不會低於七位數。華爾街賭場若干成員懷疑 DeepFuckingValue 就是麥可．貝瑞，但多數人都向吉爾表示祝賀，並一如往常地想知道他何時獲利了結：

「這是一場經深思熟慮的賭博，由於他的耐心和程序上的精確，事情的演變對他非常有利，產生了非常豐厚的報酬。我們來看他最終獲得怎樣的報酬。誰知道接下來會發生什麼事以及這個鑽石手天才何時了結獲利呢。」

吉爾帳面上發了一筆小財，而 GameStop 股價現在已經接近他一年前對其估值的區間上限。在這時候，如果吉爾是循規蹈矩的價值投資人，他可能已經獲利了結，然後這個故事就可能完全變調。但隨著柯恩出現並試圖促成變革，吉爾突然間有理由把目標定得更高。

與此同時，吉爾以咆哮小貓的名字在 YouTube 上直播談論 GameStop，開始吸引到更多觀眾，不再只是小貓三四隻。他的直播有時持續超過四小時，因為他花不少時間回答觀眾的即時提問。華爾街賭場這個 Reddit 子版也越來越受歡迎，用戶數在九月柯恩發表聲明那一周突破一百五十萬，比二〇二〇年初的一百萬增加了很多。

但 GameStop 和吉爾遠非此時的主要亮點。科技股九月三日創出歷史最高水準，納斯達克綜合指數首度突破一萬二千點大關。但隨著投資人對魅力股的上漲速度感到不安，該指數第二天重挫五%，是三月大疫恐慌以來的最差單日表現。在稍多於三個星期的時間裡，該指數就下滑近一三%，進入修正區域，連散戶熱愛的特斯拉也暫時失去了動力。就在柯恩透露他正與 GameStop 高層洽談的那一天，伊隆．馬斯克在特斯拉「電池日」上的演講慘淡收場。特斯拉股價兩個交易日就大跌超過一五%。

GameStop 股價在柯恩出現之後大漲，結果只是令看衰該公司的專業投資人變得更大膽。年長豪豬四月第一次提到軋空的想法時，GameStop 空單餘額相當於該公司可買賣股票的八〇%左右，比率極高。到了八月底柯恩出現的前夕，該比率已經升逾一〇〇%——這種事之所以可能發生，是拜再抵押（股票被借出、賣出，然後再度被借出）所賜。在柯恩九月二十一日表示正與 GameStop 管理層洽談和股價大漲使吉爾成為百萬富翁之後，空單餘額比率突破了一四〇%。這幾乎是聞所未聞的。

放空者的信心正在為他們製造一場災難，因為放空 GameStop 這項操作如今已經擁擠到危險的地步。如果他們持續注意華爾街賭場上的議論，而非僅關注柯恩的意圖和 GameStop 仍然虛弱的業務，他們可能已經縮減了空單。

這家公司看來仍大有可能像百視達影視那樣被時代淘汰，但債務重組使它得到了喘息的時間。公司堅持運作的時間越長，越有可能出現令投資人的假設受質疑的意外事情。隨著 Sony 和微軟無法滿足大疫期間對其最新電玩硬體的需求，GameStop 生存下來迎接下一個遊戲主機周期，一如吉爾所預測但跌破看衰者的眼鏡。

理論上，市場上有遠優於 GameStop 的放空標的，因為許多公司不賺錢但估值高得離譜。但實際上，許多這些公司彷彿已不再受制於現實——它們比較像豆豆娃（Beanie Babies）或加密貨幣，而不是理應有一些內在價值的公司。因為許多受散戶歡迎的股票買盤蜂擁，放空它們是快速輸錢的好辦法。持續放空 GameStop、AMC、黑莓公司（Blackberry）之類的股票似乎比較安全，即使必須等待一段時間才可以收割成果，因為人人都知道 GameStop 的商業模式必將被淘汰；AMC 因為其影院在大疫之下關閉，收入清零而持續失血；黑莓公司則顯得不合時宜。世界上有誰會對這些公司感到興奮呢？

放空者出現了危險的誤判。越來越多華爾街賭場成員開始意識到上述股票的空單比率極高。九月十九日，也就是柯恩透露正與 GameStop 溝通的兩天前，網名 Player896 的華爾街賭場成員詳細說明了為什麼 GameStop 至少可以再堅持營運幾年，以及貝瑞和柯恩現在總共擁有一五%的股份為何重要。這篇文章的標題是「利用 GameStop 使機構投資人破產的傻瓜指南」，其最後部分理應使梅爾文資本和其他放空者驚醒：

「一二〇%的空單比率是聞所未聞的。放空者的理論是，GameStop 將無法活到新的遊戲主機周期展開，屆時空頭就可以收割成果。但 GameStop 熬過來了。目前的放空費（short fees）約為六〇%，而從一些我們可以參考的數字看來，我們估計約七〇%的空單是在股價低於七美元時建立的，而 GameStop 股價目前接近十美元。因此七〇%的空單正處於虧損狀態。即使你不相信他們會有措施奏效，你也不得不承認，光是靠新遊戲主機引發的熱潮，GameStop 就能繼續營運兩年。股價升至約十五美元時，估計將有一些保證金追繳令引發他媽的大規模軋空。」

接下來一個月裡，華爾街賭場論壇上提到 GameStop 的次數相對較少，但十一月初情況開始改變。例如根據 TopStonks.com 的資料，十一月十三日該股被提到八十四次，十一月十五日被提到一百八十次。第二天，柯恩發表一封公開信，敦促 GameStop 擬出控制成本的路線圖、專注於賺錢的商店，以及改善電商業務。他甚至強調華爾街大量放空該公司股票這一點：

「GameStop 也是整個市場中被放空最多的股票之一，這充分說明投資人對當前領導團隊的做法缺乏信心。」[4]

GameStop 股價再度飆升，該股在華爾街賭場上得到的關注也是。十一月二十五日，該 Reddit 子版上有六百八十三篇貼文提到 GameStop，十一月二十八日則增至一千三百四十三篇。到了十一月底，吉爾的財富淨值已經超過了三百萬美元。

自七月以來，GameStop 股價已經漲了將近三倍，許多人似乎已經輕鬆賺到了錢。

不過，這個故事正在發生戲劇性的變化。華爾街賭場一些成員已不再著眼於低買高賣，而是有意在高位買進，以迫使其他人以更高的價格買進。梅爾文資本正成為他們的主要目標。

普洛金犯了一個錯誤。股票空頭部位必須申報，但空頭部位背後的個別基金不必揭露。梅爾文資本卻在此犯錯：那年夏天，它在一份例行的證券申報文件中揭露自己看空 GameStop，除了持有三百四十萬張該股的賣權合約（賦予持有人在未來以約定的價格賣出 GameStop 股票的權利），還放空了該股。如今在華爾街賭場這個 Reddit 子版上，許多人眼中有一些好人（柯恩和吉爾），也有一個明確的壞人——他出人意表地公開了自身基金的名字，如同邀請義憤者予以重擊。

Stonksflyingup 十月二十七日在華爾街賭場上的一篇貼文以「GME 軋空與梅爾文資本之死」為標題，內容是電視劇《核爆家園》（*Chernobyl*）的一個片段，描述一名科學家在一個蘇聯法庭上向一些不自在的法官作證，當中穿插對車諾比核災的倒敘。影片字幕有這兩句：

「放空了七千萬股的空頭全都急著回補。梅爾文資本太貪婪了。」[5]

影片顯示在無可挽救的反應堆中，困惑的技術人員按下儀錶板上標注著西里爾字母的按鈕，但沒有任何效果。影片字幕顯示：

「GME 的股價現在是一顆核彈。」

然後就是反應堆爆炸的場面。

雖然普洛金和其他對沖基金經理已經創造了許多裂變材料，引發金融連鎖反應還是不容易。儘管墮落者隊伍龐大且不斷壯大，如果想重創梅爾文資本，只是以越來越高的價格買入 GameStop 的股票是成本高昂的方法，而且很可能行不通。不過，有一個比較簡單的方法可以使一支股票變成核彈，那就是利用巴菲特說過的「金融界的大規模毀滅性武器」來駕馭其他人的資金。

---

1. Ryan Cohen, "The Founder of Chewy.com on Finding the Financing to Achieve Scale," *Harvard Business Review*, January–February 2020.
2. Saul Hansell, " 'Buy!' Was Cry as Stock Bubble Burst," *The New York Times*, March 4, 2001.
3. hiend87, "Response to DeepFuckingValue post 'GME YOLO month start update-Sep 1 2020,' " Reddit, September 1, 2020, www.reddit.com/r/wallstreetbets/comments/ikrq8w/gme_yolo_monthstart_update_sep_1_2020/g3n848d.
4. RC Ventures LLC letter to board of GameStop filed with SEC, November 16, 2020, https://www.sec.gov/Archives/edgar/data/1326380/000101359420000821/rc13da3-111620.pdf.
5. Stonksflyingup, "GME Squeeze and the Demise of Melvin Capital," Reddit, October 27, 2020, www.reddit.com/r/wallstreetbets/comments/jjctxg/gme_squeeze_and_the_demise_of_melvin_capital.

09 密技

右—A—右—左—左—右—RB—右—左—A—Y

如果這個序列對你有意義，那麼你很可能是華爾街賭場論壇以年輕男性為主的成員之一。這個密技（cheat code）可以使你在電玩《俠盜獵車手5》（*Grand Theft Auto V*）中無懈可擊半小時之久，你將可以在虛構的聖安地列斯的窮街陋巷為所欲為。[1]《俠盜獵車手5》於二〇一三年GameStop的全盛時期推出，至今仍是有史以來最賺錢的電玩遊戲。

華爾街賭場創始人海梅·洛高真斯基說，尋找黑技（hacks）也是這個Reddit子版重要的精神特質。二〇二〇年十一月，該社群的成員MoonYachts（月亮遊艇）發現羅賓漢交易程式上的「免費資金密技」（free money cheat），成為將洛高真斯基所言銘記於心的少數人之一。他發現，作為羅賓漢金帳戶的客戶，如果他賣出買權（一種使賣方面臨理論上無限潛在損失的衍生工具），羅賓漢會錯誤地將那些買權的價值計入他的現金餘額。[2] 如此一來，他不必實際投入更多資金，就可以利用他表面上增加了的手頭現金作為擔保品，借入越來越多錢，獲得理論上無限的借款能力。MoonYachts 充分利用他四千美元的帳戶，最終作出遠多於一百萬美元的押注。

「你自動成了聯準會主席，因為你已經知道如何印鈔票，」該 Reddit 子版的一名用戶打趣道。

該版一名版主插話說，羅賓漢很可能不會容許 MoonYachts 利用它的失誤獲利：「話雖如此，由於你們當中的某個人，羅賓漢看來即將第四次發布補丁程式或在其平台上實施新規則。如果我說我不感到自豪，那是騙你的。」[3]

經 CNBC 報導之後，羅賓漢迅速採取行動限制這種做法。採用這種伎倆的客戶可能會因為股價的小幅波動而全軍覆沒，而果真如此，這些客戶極有可能拿不出錢來承擔他們的損失，屆時就可能造成羅賓漢的巨額損失。

熱衷玩選擇權的投資人，並非只有在華爾街賭場論壇上交流並在智慧型手機上使用羅賓漢的程式做交易的散戶。二〇二〇年夏天，交易者注意到市場上出現了一個操作規模巨大的新玩家，他積極買進最大型科技股的選擇權，包括納斯達克綜合指數的主要成分股，例如 Facebook、蘋果、特斯拉汽車、亞馬遜、Nvidia 和 Netflix。因為押注極大，這個新玩家被稱為「納斯達克巨鯨」（the Nasdaq Whale）。他持有四十億美元的選擇權，相當於對那些科技股曝險數百億美元。

「有人像是拿別人的錢在玩那樣，而且賭很大，」風險專家拉里・麥唐納（Larry McDonald）八月底在他每周的《空頭陷阱報告》（*Bear Traps Report*）中指出。[4]

衍生工具市場資深人士、Nations Indexes 公司總裁史考特・納遜斯（Scott Nations）回憶說，他當時認為個股選擇權市場根本沒有能力應付他的公司在那個夏天看到的那種買氣。後來的事實證明這正是問題的關鍵，而華爾街賭場一些成員當時也注意到了。

地震保險

簡單介紹一下那條鯨魚買的是什麼：「買權」和「賣權」是一種金融合約，分別賦予持有人在未來某一天以約定的價格買入和賣出標的股票或其他金融工具的權利（而不是義務）。買方可能承受的最大損失，是他為了取得此一權利所付的價格，也就是選擇權的「權利金」。至於賣方，他收了權利金，就承擔了巨大的風險——有點像保險公司賣出一份保單，只是選擇權賣方必須支付的金額沒有上限。

保險公司並不傻——它們也會為自己買保險，以免地震之類的災難導致自己破產。選擇權交易商也會這麼做，但與保險公司不同的是，一旦他們開始感覺到一些震動，他們就可以為自己買更多保險。這通常只是一個技術細節，但它對納斯達克巨鯨的策略至為重要，對幾個月後撼動華爾街根基的 Reddit 革命者也是。

有些選擇權可能顯得非常便宜：它們的履約價與當前股價相距甚遠，看來很可能將一直沒有履約的價值。但如果出現了意料之外的情況，標的股票價格飆漲（若為賣權，則是暴跌），則買方將有望獲得相當於權利金很多倍的豐厚報酬——這種報酬類似彩券。舉個例子：你花一美元買了一份一個月後到期的ABC公司股票的買權，履約價為一百一十美元，而目前股價是一百美元。你買的是「價外」（out of the money）買權——ABC的股價必須上漲超過十美元，你的選擇權才值得行使。如果股價上漲十一美元，你就能賺回你支付的權利金。如果股價再漲十美元，你將能獲得十倍的投資報酬。

這份買權到期時很可能一文不值，但賣出它的交易商知道，從現在到合約到期日可能發生很多事，必須審慎觀察股價。ABC的股價越是傾向波動不休，選擇權交易商一開始收取的權利金就越高——在我們的故事中，這一點對稍後的事態發展非常重要。你可以在選擇權到期前把它賣給別人，而如果你持有至到期日而屆時 ABC 的股價不高於一百一十美元，你支付的權利金將換不到任何東西——你將損失你投入的全部資金。

市場上可以買到的最便宜的選擇權，是那些非常價外而且快將到期的選擇權。選擇權交易商可能以幾分錢的價格把它們賣給你，但你幾乎總是會損失你支付的全部權利金。不過，偶爾會有買方發大財的事。

凱斯．吉爾就是發大財的一個例子。他在二〇二〇年七月底持有一千份履約價十二美元的 GameStop 買權，二〇二一年四月十六日到期，當時一股的買權僅值十八美分。每份選擇權合約代表買入一百股的權利，所以十八美分乘以一百再乘以一千份合約，意味著這些合約當時在吉爾的 E*Trade 帳戶裡價值一萬八千美元。當時 GameStop 的股價僅為四美元，所以吉爾的選擇權處於非常價外的狀態，但並非一文不值，因為合約到期之前可能發生很多事。

然後真的發生了很多事。二〇二一年一月二十五和二十六日，隨著迷因股狂熱興起，吉爾賣掉了他一半的選擇權，獲得約一千一百萬美元。二〇二一年一月二十七日，他仍持有的五百份合約當天下午的價值高達一千六百八十萬美元。雖然當時這些買權距離到期日的時間已經大幅縮短，但因為 GameStop 股價之前數周經歷了驚人的波動，而且股價已大幅上漲，這些選擇權變得遠比以前值錢。

選擇權和被稱為「認股權證」（warrants）的類似工具在金融市場存在已久，但它們的準確定價公式要到一九七三年才出現在一篇學術論文中。該公式由費雪・布萊克（Fischer Black）、邁倫・休斯（Myron Scholes）和羅伯・默頓（Robert Merton）共同發現，後兩人因此榮獲一九九七年的諾貝爾經濟學獎（布萊克早兩年去世，而諾貝爾獎只頒給在世者）。這個公式加上可以持續算出正確價格的先進運算技術，促成選擇權交易暴增。

閱讀細則

衍生工具對專業人士非常有用，但濫用則可能非常危險。在交易軟體和免佣金模式普及之下，近數十年來，越來越多散戶參與衍生工具市場，當然也涉入偶爾發生的崩盤事件。社會氣氛專家彼得・艾華特觀察到，大量散戶買入買權通常是市場即將發生壞事的一個跡象。

他把這比作一些興奮的人最晚到達派對現場，然後尋找最快喝醉的方法。

「買權就是最好的龍舌蘭酒。」[5]

華爾街的調酒師從來沒有像二〇二〇年和二〇二一年初那麼忙過。雖然現在經紀商提供「免費」交易服務，選擇權業務仍有利可圖，但經紀商在這方面也格外小心地保護自己。經紀商的自律管理組織金融業監管局（FINRA）要求任何想買賣選擇權的人下載一份一百八十三頁、四萬四千字的文件。真的讀過這份文件的人很可能不多。遠比該文件誘人的是數十本為外行讀者撰寫的關於選擇權的書，例如你在亞馬遜上可以找到《選擇權致富》（*Get Rich with Options*）、《成為百萬富翁的七種交易方式》（*7 Trades to a Million*），以及書名無意中誠實的《選擇權交易速成班》（*Options Trading Crash Course*）。證券經紀商經常在網路上或郊區飯店會議室舉辦免費的「選擇權教育」研討會，希望使客戶對這種有利可圖（對經紀商來說）的產品產生興趣。

熱衷選擇權交易的散戶並非全都是不折不扣的賭徒。例如，「掩護性買權」（covered calls）就是一種流行的保守策略：你賣出以你持有的股票為標的的買權，你持有這些股票的潛在利潤因此受限，而你得到的補償是買權買方支付的權利金——這有點像選擇一鳥在手而非二鳥在林。沒那麼可取的是一些可能涉及同時買進和賣出選擇權的複雜策略，例如「鐵兀鷹」（Iron Condor）、「多頭價差」（Bull Spread），以及「蝴蝶」（Butterfly）。選擇權交易的預期報酬通常未能充分反映投資人承受的風險，但其複雜性和監理機關設置的障礙限制了散戶的損失金額。不過，近年基於智慧型手機的交易熱潮導致散戶在這方面的支出和損失金額創出空前紀錄。根據選擇權結算公司（Options Clearing Corporation）的資料，從二〇一九年十二月（許多散戶經紀商轉為提供免佣金交易的那個月）到二〇二一年二月（GameStop 軋空爆發後的興奮期，新增帳戶數以百萬計），選擇權交易量增加了接近兩倍。[6]

你不需要把那條布萊克休斯公式紋在手臂上就能買賣選擇權合約（華爾街很少有人能獨自算出選擇權的正確價格）；事實上，羅賓漢的 iPhone 交易介面使買賣這些複雜的金融工具比在外送平台 Grubhub 上訂漢堡更容易。二〇二一年春，羅賓漢網站上的一段教學影片顯示一名用戶點擊放大鏡搜尋一支股票，其名字是虛構的「喵喵產業」（咆哮小貓會喜歡）。他點擊「交易」，然後點「買賣選擇權」。他看到四個圖標：一個向上的箭頭、一個向下的箭頭、一條不規則的線，以及一條波浪線。預設選擇為向上的箭頭，代表「我認為它將上漲」。點擊那個箭頭就出現一個到期日選單，預設了一個到期日。他點了一個履約價。羅賓漢很貼心地提醒他，喵喵產業的股價要上漲多少，他才可以不輸錢。輸入合約數量和限價（limit price）之後，這個新手馬上就將持有選擇權合約了。

資深人士對選擇權交易的巨額損失和快速審核程序表示震驚。羅賓漢因為使用容易被操弄的機器人審核客戶的選擇權交易申請，在沒有承認錯誤的情況下支付了 FINRA 歷來最高的罰款。在那之前，有個現象已經足以證明羅賓漢聲稱它審慎審核客戶的說法是騙人的：該公司許多客戶買進價外選擇權後立即履約——任何人只要對自己剛買進的東西有基本認識，都不會這麼做，因為這麼做一定會損失所有資金。[7]

「如果你是最大型經紀商的客戶，你必須填一份內容超過兩行的表格，才可以買賣選擇權，」衍生工具權威、Axonic Capital 的研究總監彼得．塞奇尼（Peter Cecchini）嘲笑道。「那些利用羅賓漢的程式買賣的人並不熟習選擇權交易。」[8]

二〇二〇年二月，一名交易者在華爾街賭場上貼出了他的羅賓漢帳戶截圖，而雖然他的投資結果一點也不典型，但仍成為一種吸引更多新手投入選擇權交易的社群榜樣。這個用戶名為 Kronos_415 的交易者對財經媒體 Markets Insider 表示，他只有六個月的交易經驗，但利用特斯拉的買權，一個月內就將五千美元變成了十三萬一千美元。

「我認為合理的市價是八百美元，」他當時這麼評論這家電動車製造商的股價，並表示九百美元就太投機了。但他接著就告訴記者，他預期特斯拉股價兩年後可以達到兩千美元，而這將使九百美元顯得很便宜——但一家公司的股價通常不會在兩年內上漲一倍以上。[9]

在新一波的活躍交易者中，無法面對交易後果最著名和悲慘的例子是亞歷克斯．克恩斯（Alex Kearns），他是年僅二十歲的羅賓漢客戶，在獲告知他的帳戶受到限制以及他因為選擇權交易而出現負七十三萬美元的帳戶餘額之後，二〇二〇年六月自殺身亡。「一開始就不應該容許他買賣這些複雜的選擇權。他沒有做這些複雜交易所需要的訓練、收入或資格，」亞歷克斯的父親接受CNN訪問時說。[10]

「我們對亞歷克斯．克恩斯之死非常悲痛，」羅賓漢在一份聲明中說。「我們將繼續致力使羅賓漢成為一個負責任地學習和投資的地方。」

該公司表示，在自殺事件發生後，加強了對客戶的支援。不過，它無疑沒有勸阻客戶投入選擇權交易。在事件發生後的幾個月裡，羅賓漢客戶的選擇權交易急增，尤其是那些報酬最像彩券的合約，也就是即將到期的價外合約。這些交易多數沒有使交易者面臨無限的損失，但往往也不是聰明的操作。別忘了，在付費換取選擇權委託單的交易中，城堡證券和其他批發商付給羅賓漢的價碼高於它們付給其他經紀商的。前金融業者帕基．麥柯米克認為，這些批發商比較喜歡那些更有利可圖的客戶。

巨鯨的瘋狂有其理由

神秘的納斯達克巨鯨的交易，雖然是由專業人士執行，但有一些與那一年散戶交易者青睞的交易類似的元素。巨鯨買進性價比看似最高的買權合約（距離到期日的時間較短的價外合約），而且看對了市場方向。從六月到八月，納斯達克綜合指數強勁上漲，升了二四%，領漲的大型科技股漲幅甚至更大。

不過，這並非只是運氣好，因為巨鯨賭很大，規模甚至超出人們的想像。到了九月初，人們發現巨鯨是日本軟銀公司，其首領是喜歡冒險的富豪孫正義。記者還發現，孫正義一千億美元的願景基金（Vision Fund）同時買進了數十億美元的許多相關科技股。表面看來，這像是兩筆巨大的賭注，而不是一筆。

不過，孫正義看似瘋狂的做法是有理由的。一如放空股票，選擇權交易商與你交易會承擔理論上無限的風險，但他們並不從事承擔風險的業務。因此，他們賣給你股票買權之後，通常會買入一些標的股票，而如果標的股票價格上漲，他們會在選擇權到期前按照複雜的公式買入越來越多標的股票——就像前述的保險公司那樣，在感覺到震動時可以為自己買更多保險。

當然，如果地震看似迫在眉睫，地震險的保費會變得比較昂貴。因為軟銀買入非常多買權，標的股票的價格開始受影響，而這迫使賣出那些買權的人因應股價上漲，買入更多股票以保護自己。與此同時，吉姆．查諾斯之類的放空者看著特斯拉之類的股票似乎因為純粹的炒作而上漲，於是放空那些股票。股價突然暴漲迫使一些放空者也買入那些股票，以限制自己的損失，而這導致股價承受更大的上漲壓力。

軟銀當時迫切需要好成績，因為它在截至三月份的財政年度剛虧損了九十億美元。軟銀在辦公空間業者 WeWork 的投資，隨著其創始人亞當．紐曼（Adam Neumann）在一片爭議聲中離開公司，截至二〇二〇年九月價值暴跌約九〇%；WeWork 原本打算在二〇一九年發行新股上市，公司估值約為四百七十億美元。另一方面，軟銀持有的已上市叫車公司 Uber 的股份，價值也因為 COVID-19 大流行而大跌。

如果納斯達克巨鯨的操作看起來比較像手風不順的賭徒在試運氣，而不是精明投資人的冷靜作為，那是因為事實正是這樣。孫正義在其職業生涯中一直勇於冒險，而這在二〇〇〇年網路股泡沫的高峰期一度使他成為世界首富——但僅維持了三天。他也保持著個人損失最多財富的紀錄——其資產淨值曾從七百億美元縮水至六億美元。關於納斯達克巨鯨的身分，一條被忽視的線索出現於夏天，當時軟銀表示它已籌資設立一個五．

五五億（五五五五百萬）美元的基金，由孫正義部分擁有，將從事股票投資。後來的發展證明那只是孫正義巨大賭注的冰山一角——五五五在日語中的發音是go-go-go。[11]

散戶投資人與選擇權狂熱

「go-go-go」剛好也是首度涉足選擇權交易的散戶投資人的口頭禪。他們的選擇權合約所控制的股票價值，也就是合約的「名義值」，是納斯達克巨鯨賭注的很多倍。二〇二一年第一季，羅賓漢向城堡證券等批發商出售客戶委託單的收入為三．三一億美元，較上年同期增加約二六三％，當中大部分來自選擇權交易。[12] 買權大受歡迎而賣權備受冷落（股價下跌對賣權的買方有利），足以改變股票市場的形態（或曰「扭曲」市場），在衍生工具專家中引起轟動。

個人投資者大量買入買權的結果，是開始出現尾巴搖狗的現象。如前所述，放空者二〇二〇年損失了二四五〇億美元，是他們歷來最慘的一年，主要是因為他們放空受大眾寵愛、價格似乎已升至不合理水準的股票。雖然買入買權的散戶起初多數沒有意識到，他們大量買入空單餘額很大的個股如特斯拉的買權，結果是創造出一種回饋環路：

選擇權交易商被迫買入那些股票以免虧大錢，結果迫使損失迅速擴大的放空者買回這些股票，促成買盤增加的循環。

有時候，由於 Reddit 或 TikTok 之類的社群媒體放大了某些聲音，許多人同時瞄準同一支股票，結果是那些人顯得有先見之明，而非只是具有短暫的影響力。這往往導致選擇權交易者迅速發財，就像 Kronos_415 聲稱的那樣，結果是選擇權更受歡迎。姍姍來遲的模仿者往往只會賠錢，但他們幫助那些早早布局的人賺更多。最搶手的是那些成本最低的合約，往往也就是那些幾天後就到期的價外合約，因為它們看來很可能將一文不值地到期作廢。正如軟銀領會到，利用這種合約影響標的股票的價格是最划算的。

華爾街賭場一名成員九月在〈使機構投資人破產的傻瓜指南〉這篇貼文中詳述「引發他媽的大規模軋空」的想法時，另一名成員加入討論，提出比只是買入股票更精細的軋空策略。其做法與軟銀已經做過的相同，但它瞄準一家當時已是一觸即發的公司：GameStop。

選擇權在加劇軋空方面可以起到事半功倍的作用，就像它們對特斯拉的影響那樣，而值得注意的是，這種手段用在 GameStop 上將有效得多，因為這家公司的規模小得多，而且該股空單相對於可買賣股票的比例高得多。買入股票以迫使股價上漲的成本是高昂的，買入最便宜的選擇權合約則不是——至少一開始不是。訣竅是令選擇權交易商無意中成為軋空的同謀，因為他們的風險控管經理要求他們這麼做。

「賭徒們，因為錯過了特斯拉的漲勢而難過嗎？不怕，因為好得多、傻得多的事就在眼前，」Jeffamazon 寫道。「為了把握最大的獲利空間，履約價最高的買權是最好的。短期選擇權的德爾塔值最高，買入這種選擇權因此最能夠迫使城堡證券為了避險買入股票。換句話說，利用它們推高股價最是本小利大。」[13]

伽瑪擠壓

Jeffamazon 描述的是「伽瑪擠壓」（gamma squeeze），也就是納斯達克巨鯨之前在做的事。伽瑪（gamma）和德爾塔（delta）是選擇權交易者所說的兩個希臘字母，它們是布萊克休斯公式中決定選擇權價格的兩個變數。Jeffamazon 提到的德爾塔值反映選擇權的價格對標的股票價格的變動有多敏感，它決定了股價每上漲一美元，賣出買權的交易商出於避險的目的將買入多少股標的股票。

隨著標的股票的價格逼近買權的履約價，買權的德爾塔值會上升，賣出買權的交易商因此將必須加快買入標的股票。如果標的股票的價格意外上漲，即將到期的價外買權（那種非常便宜、報酬類似彩券的選擇權）可能出現德爾塔值迅速上升的情況。伽瑪值反映德爾塔值上升的速度，兩者的關係有如加速度與速度。

如果許多人買入買權，迫使選擇權交易商爭先恐後地買進越來越多標的股票，就可能出現伽瑪擠壓。在 GameStop 和其他迷因股的例子中，這些股票的空單餘額非常高，公司規模相對較小，許多人同時買入即將到期的價外買權的結果，就是創造出一種自我實現的預言。放空者和選擇權交易商無論如何都必須買入標的股票，因為他們真的面臨無限的風險。

羅賓漢二〇二〇年十二月向客戶發出一項通知，正好趕上迎接迷因股狂潮。以下是一名客戶收到的訊息：

〔刪去的姓名〕您好

我們一直致力改善客戶的交易體驗，而在最新措施下，您可以在選擇權到期當天建立新的選擇權部位至美東時間下午三點。這一直是客戶最強烈要求的安排之一，您的意見回饋對我們非常重要。

請記住，在接近到期日或到期日當天建立新的選擇權部位涉及巨大的損失風險，原因包括標的證券的價格可能波動，以及合約距離到期的時間有限。

羅賓漢團隊 謹啟

可賺可虧的錢是真實的，但買入還有一個小時就到期的選擇權更像是在玩遊戲而不是投資。如果你的遊戲是以擊垮對沖基金為目的，則這種操作就像是用了一項絕妙的密技。

Player896、Stonksflyingup和Jeffamazon想出了一個使別人虧大錢的絕妙策略。不幸的是，他們從未清楚說明一旦擠壓結束，華爾街賭場的成員自己將可以如何賺到錢——至少不是所有人都能賺到錢。若想了解可能發生的情況，他們可以看看軟銀二〇二〇年十一月初公布的季度業績。雖然該公司大膽的賭注一度出現豐厚的帳面利潤，但隨著科技股在九月暴跌，塵埃落定之後它實際損失了十三億美元。伽瑪擠壓非常好玩，但可能導致可怕的宿醉。在納斯達克巨鯨的故事曝光之後的一個星期裡，軟銀也損失了一百二十億美元的市值，因為其股東對他們原本以為的創投基金變成一場高風險賭博（而且是輸錢的那種）十分不安。

但這一點暫時並不困擾華爾街賭場的成員。這將會很有趣。

---

1. Matt Stone, "Invincibility (God Mode) Cheat Demo," *GTA BOOM*, 2020, www.gtaboom.com/invincibility-cheat.
2. Mike Murphy, "Robinhood Glitch Is Letting Users Trade with Unlimited Amounts of Borrowed Cash," *MarketWatch*, November 5, 2019.
3. TheDrallen, "Response to 'Robinhood free money cheat works pretty well, 1 million dollar position on 4k,' " Reddit, November 4, 2020, www.reddit.com/r/wallstreetbets/comments/drqaro/robinhood_free_money_cheat_works_pretty_well_1.
4. Lawrence McDonald, "New Vol Regime," *The Bear Traps Report* (blog), August 28, 2020, www.thebeartrapsreport.com/blog/2020/08/28.
5. Peter Atwater, "Danger, Danger Will Robinson," *Financial Insyghts*, May 21, 2021.
6. Mark Sebastian, "How Robinhood and Reddit Have Changed Options Trading—and How You Can Profit," The Street, March 11, 2021.
7. Peter Rudegeair, "Robinhood in Talks to Settle Finra Probes into Options-Trading Practices, Outages," *The Wall Street Journal*, February 26, 2021.
8. 彼得・塞奇尼 2021 年 3 月 17 日電話受訪。
9. Theron Mohamed, "We Spoke with a Robinhood Trader Who Says He Made a 2,500% Return from Tesla's Stock Rally: Here's How He Did It," *Markets Insider*, February 6, 2020.
10. Matt Egan, " 'He Would Be Alive Today' : Parents Detail Son's Desperate Attempts to Contact Robinhood before He Killed Himself," CNN, February 11, 2021.
11. Summer Said et al., "SoftBank's Bet on Tech Giants Fueled Powerful Market Rally," *The Wall Street Journal*, September 4, 2020.
12. Avi Salzman, "Robinhood Filing Shows Enormous Growth in Controversial Revenue Source," *Barron's*, May 3, 2021.
13. Jeffamazon, "The REAL Greatest Short Burn of the Century," Reddit, September 9, 2020,www.reddit.com/r/wallstreetbets/comments/ip6jnv/the_real_greatest_short_burn_of_the_century.

10 什麼是退場策略？

二〇二〇至二〇二一年假日季

二〇二〇年時估計有二六七三〇支對沖基金，其中約三分之一被視為處於活躍狀態。[1] 希臘神話曾是對沖基金名字的一個重要來源，但現在即使你非常努力地埋頭研究，也無法再從中找到一個尚未被採用的經典好名字。過去二十五年裡，基金公司已經轉向使用創始人的姓名字首縮寫、凶猛的動物、重要的街道、堅不可摧的堡壘，或一種顏色搭配一種地理特徵作為基金的名字。網路上甚至有一個對沖基金名字生成器，可以根據這種證實可行的公式產生基金名字。

莊重和低調老練是對沖基金命名的關鍵考量，例如藍嶺（Blue Ridge）、老虎（Tiger）、潘興廣場（Pershing Square）、城堡（Citadel）、吊橋（Drawbridge）、伊頓公園（Eton

Park），當然還有 SAC 資本顧問（SAC Capital Advisors）——賈柏瑞・普洛金的前雇主，以創始人史蒂文・科恩的姓名字首命名。此外還有梅爾文資本管理（Melvin Capital Management）——普洛金二〇一四年掛出自己的招牌時，在業界媒體上引來一些嘲諷。

不過，六年後，投資圈裡再也沒有人嘲笑這個書呆氣的名字，因為普洛金持續取得令人欽佩的投資績效，並已成為世界上最高薪酬的人之一，管理多達一百三十億美元的資產。對沖基金「富豪榜」上的許多其他人（全都是男性），之所以為那些關注社會新聞的人所知，是因為他們的奢華派對、高調的慈善行為，以及代價高昂的離婚事件。當中有些人寫過書，或成為某些著作的題材。也有一些人會上 CNBC 發表他們對市場走向的見解，或寫公開信給他們希望大刀闊斧改革的公司。

相對之下，普洛金幾乎是隱形的，但他的績效數據說明了一切。二〇一九年，資金湧入炙手可熱的梅爾文資本，普洛金獲邀到受尊崇的紐約索恩投資會議（Sohn Investment Conference）上演講，與付了數千美元給慈善機構的與會者分享他的投資洞見。普洛金在業界之外非常低調，以致後來每一篇關於梅爾文資本差點毀在散戶手上的文章，所附的照片全都是他在那次索恩投資會議上演講時被拍下的。

不過，到了二〇二〇年秋天他在華爾街賭場版上受人注意時，在 Google 上搜尋一下，那些傾向厭惡股市暴富的人就能找到普洛金的「宇宙主人」生活方式的一些例子。除了一年前入股夏洛特黃蜂隊（這個熱愛運動的基金經理因此成為退役籃球巨星麥可．喬丹的合作夥伴），他還在十一月以四千四百萬美元買下邁阿密兩戶相鄰的住宅，而他的新鄰居將是辛蒂．克勞馥（Cindy Crawford）和高調得多的對沖基金經理丹．羅布（Dan Loeb）。普洛金申請拆掉其中一棟房子，為他的孩子建網球場和遊樂場。同月，梅爾文資本的名字出現在證券方面的公開申報資料中，而他將為此付出的代價將是邁阿密房子買價的許多倍。根據十一月十六日的13F文件，梅爾文資本將它持有的GameStop賣權合約從一季前的三百四十萬份增加至五百四十萬份。這項例行資訊揭露正好發生在那段末日式影片「GME軋空與梅爾文資本之死」發布的三周之後。

普洛金雇用的分析師負責的工作，並不包括瀏覽充斥著迷因和粗俗幽默的散戶留言板——至少在其中一個留言板導致梅爾文資本損失數十億美元之前是這樣。他們也沒有監測提及他們公司名字或他們老闆的訊息。但早在十一月初，梅爾文資本的員工確實就注意到，人們在網路上提到GameStop的次數大幅增加。不過，他們看到的是諸如「我喜歡這支股票」之類的東西，而不是嚴肅的分析或更多人在GameStop的商店購物的跡象。因此，這些專業人士繼續聚焦於GameStop業務本身，而他們確信該公司在這方面問題嚴重。銷貨收入和利潤看來一點也不好，但這家零售商的股價卻處於多年來的高位。普洛金的員工取得他們的企管碩士學位（MBA）或特許金融分析師（CFA）資格時，所受的訓練特別重視對企業銷貨收入和利潤的分析。根據華爾街的傳統思路，梅爾文資本現在甚至比以前更有理由放空GameStop。

有那麼一陣子，市場似乎開始從暫時的瘋狂中清醒過來。十二月九日，GameStop股價重挫一九％，此前該公司公布了並不出色的第三季業績。銷貨收入較去年同期減少近三分之一，過去一年裡關了一一％的商店，並且損失一八八〇萬美元。凱斯．吉爾仍是百萬富翁，但他的E*Trade帳戶餘額在那天市場收盤時跌至二二五一九三八美元。

然後吉爾提早得到萊恩．柯恩送出的聖誕禮物。這個電子商務企業家十二月二十一日宣布，他已經將他持有的GameStop股權從九．九％提高至一二．九％。他並以法律措辭發表了一份聲明，示意他對GameStop管理層的耐心已經所剩無幾。

「雖然報告人希望與發行人達成友好的解決方案，但報告人將毫不猶豫地採取他們認為必要的行動以保護所有股東的最佳利益，」這份正式的公開申報文件寫道。

在之前十天左右的時間裡，吉爾已經從認為GameStop股價可能因為空單過多而飆漲，變成深信必將如此。他並指出，GameStop真正的大漲還在後頭。他之前討論

GameStop 業務的理智論點僅吸引了數十人，如今被他擱置一旁。他轉為積極貼出主要基於電影的迷因，十二月十日貼出《公主新娘》（*The Princess Bride*）的一張劇照，場景是埃尼戈・蒙托亞（Inigo Montoya）與維茲尼（Vizzini）對話：「軋空。你一直使用這個詞。我不認為它的意思是你想的那樣。」換句話說，真正的大事還在後頭。

十二月二十一日，在柯恩出手之後，他貼出《疤面煞星》（*Scarface*）的一張劇照：吸了毒的東尼・莫塔納（Tony Montana）被標記為「萊恩・柯恩」，在最後一戰中使用 AR-15 突擊步槍和榴彈發射器對付他的對手。「向我的小朋友問好，」他說。

第二天市場收盤時，吉爾的帳戶價值激增，達到了三百四十萬美元。在華爾街賭場論壇上，他的傳奇色彩越來越濃厚。這個留言板提到 GameStop 的次數猛增，十二月二十一日至二十三日期間超過八千次。在這時候，即使不了解那些墮落者的計畫，普洛金如果夠明智，至少應該縮減他的賭注。沒錯，GameStop 陷入了困境，而且完全沒有分析師建議買入該股，但現實中確實有一些實體零售商扭轉逆境，跌破懷疑者的眼鏡。在一名已證實有能力的電子商務企業家致力影響公司經營方針，而且被放空的股票多過可買回的股票的情況下，普洛金正冒著巨大的風險。

與此同時，吉爾讓他的績效數字說話，寡言突然反而更有力。他很快成了一個傳奇，原因很簡單：他在投資賺了七十倍之後，繼續持有那些資產，並且顯得十分冷靜。十二月二十二日，一名版友問他：「說真的，你的退場策略是什麼？」吉爾答道：「什麼是退場策略？」

到了一月中，梅爾文資本和放空 GameStop 的其他公司若想退場，幾乎已經太晚了。一月十一日，GameStop 公布了不如預期的節慶銷售額，與去年同期相比萎縮三．一%。但此時這只是噪音。當天更重要的消息，是 GameStop 已與萊恩．柯恩的控股公司 RC Ventures LLC 達成協議。GameStop 董事會將從十名成員擴大至到十三名成員，然後在這一年稍後四名現任董事任期結束時減至九人，屆時三分之一的董事將是柯恩和他的兩名前 Chewy 同事——這家寵物用品零售商的前財務長吉姆．格拉布（Jim Grube）和前行銷長艾倫．阿塔爾（Alan Attal）。

「他們豐富的電子商務經驗和技術專長將幫助我們加快轉型計畫，充分把握 GameStop 未來的重要成長機會，」董事會主席、同意稍後卸任的其中一名董事凱西．弗拉貝克（Kathy Vrabeck）說。[2]

柯恩則說：「我們很高興將我們的顧客至上思想和技術經驗帶到 GameStop 及其策略資產。我們相信 GameStop 可以藉由擴大取悅顧客的方式，以及成為遊戲玩家的最終目的地來提高股東價值。艾倫、吉姆和我將致力與其他董事和公司管理團隊合作，繼續改造 GameStop。此外，我們打算將更多股東觀點帶進董事會。」

到了一月十三日，導火線被點燃了。凱斯・吉爾的資產淨值在這一天猛增至五百七十九萬美元，第二天進一步增至七百三十七萬美元。普洛金此時才注意到，他本人、他的公司和他持有的其他資產在社群媒體上被提及。他的基金也在這時候開始虧大錢：GameStop 股價從一月十二日的一九・九五美元跳升至一月十四日的三一・四〇美元，創出四年半以來的最高價。

接下來發生的事很難全都歸因於那些墮落者。那些有 GameStop 曝險的對沖基金放空的許多股票，例如 Bed Bath & Beyond 和黑莓，開始表現異常，而這些基金作為多頭持有的那些股票也是這樣。專業人士聞到血腥味，並預計某基金將被迫買進或賣出時，會毫不猶豫地針對失血中的基金落井下石，趁機迅速大賺一筆。有別於華爾街賭場的成員，在真正的華爾街賺大錢的人只關心自己的資產淨值。正如虛構人物哥頓・蓋柯（Gordon Gekko）所言：「如果你需要朋友，就養條狗吧。」

普洛金至少知道，打牌時必須小心避免洩露手上的牌。借入股票的基金試圖從情況堪虞的交易中脫身時，它們的買盤可能向市場釋出訊號，導致火上澆油。這時候一名放空者出現了，他早年藉由盡可能大聲說話成就了他的事業。他對華爾街賭場成員的挑戰就像試圖以炸藥滅火。

1. Eurekahedge Hedge Fund Database, accessed May 2021, www.eurekahedge.com/Products/Hedge-Fund-Databases.
2. "GameStop Announces Additional Board Refreshment to Accelerate Transformation," GameStop Corp. press release, January 11, 2011, https://news.gamestop.com/news-releases/news-release-details/gamestop-announces-additional-board-refreshment-accelerate.

11 背著靶叫囂的男人

有個英俊有型的紐約對沖基金經理對自己的押注充滿信心，而且華爾街一些頂尖人物也認同他的看法。許多人投入了大量資金在同一交易上。但有個放肆的局外人確信他可以證明他們錯了並藉此大賺一筆。他在網路上向有興趣的人廣播他的論點，耐心等待，最終證實他是對的，結果迫使那個基金經理承受慘重的損失。

這不是賈柏瑞・普洛金對上凱斯・吉爾的故事，而是四年前比爾・艾克曼與安德魯・萊夫特就威朗製藥（Valeant Pharmaceuticals）是否值得投資的公開較量。萊夫特這個專業放空者發現，威朗這家加拿大公司經由與它有關的一間郵購藥店，不正當地誇大了公司的銷售額。二〇一七年三月，艾克曼終於投降認輸，放棄了威朗，此時這家曾是對沖基金寵兒的公司已經損失了超過九〇%的市值。

艾克曼是萊夫特對抗過最富有的對手，但遠非最棘手難纏的。萊夫特曾發表報告指控中國一家房地產公司詐欺，後來因此被香港市場失當行為審裁處罰款，並禁止他買賣香港股票五年。另一家公司建立了一個網站，專門嘲笑他和他的公司。曾受萊夫特嚴厲檢視的一些企業高層控告他誹謗和破壞名譽，但不成功。萊夫特曾發表一份關於 MedBox 這家大麻自動販賣機廠商的報告，最後留了個訊息給該公司執行長：「你的第一反應將是想控告我。我希望你這麼做！」

但那個衣著時髦的執行長沒有控告他，而是上 CNBC 駁斥他的指控。「做這份報告的人真的沒有做好盡責調查……它真的毫無意義，也沒有事實依據。」在當天的另一個環節中，萊夫特上電視為他的論點辯護。他沒有刮鬍子，襯衫皺巴巴的，而且有些鈕子沒扣上。他邋遢的外表，以及身為放空者的事實，使人對他的研究產生一些懷疑。但這是不應該的。三年後，美國證券交易委員會（SEC）指控 MedBox 捏造了近九〇%的收入。[1]

萊夫特的辦公室設在他位於比佛利山的豪宅裡，那裡的裝飾品是一些著名破產案的紀念品（包括馬多夫證券、雷曼兄弟、安隆）。他的誠信在媒體上經常受攻擊。他說，在威朗那場較量中，他母親曾擔心他的人身安全。不過，被他針對的目標最後多數慘得多。萊夫特聲稱，自二〇〇一年他成立第一家研究公司以來，有五十家公司因為被他揭露問題而成為監理機關介入的目標，有些公司的高層因此面臨刑事詐欺指控。

萊夫特在佛羅里達州珊瑚泉市長大，家境一般，年輕時為人嚴肅——他高中時加入了辯論隊，一度想成為一名拉比。在五十歲的萊夫特身上，我們不難看到他好辯和渴望正義的一面，但很難想像他領導一個會眾，因為即使只是與他隨意交談，也會聽到很多髒話。

金融事業不在他最初的計畫裡面——萊夫特說，他在成長過程中甚至不曾認識擁有股票的人。在波士頓讀完大學之後，他需要一份工作，因為看報紙廣告而找到了一份聲稱年薪可達十萬美元的工作。結果這份工作沒有發展成為他的事業，甚至沒有使他賺到多少錢，但它引導他認清了自己真正的使命，同時使他未來的對手有材料可以攻擊他。這份工作原來是在一家高壓「鍋爐室」（boiler room）向散戶投資人推銷不恰當的大宗商品投資。萊夫特做了十個月就辭職了，但四年後該公司被美國期貨公會處罰時，他和所有現任與前任雇員都受到正式處分。

自此之後，一直有被他針對的人提起萊夫特曾「作出虛假和誤導的陳述」以欺騙顧客。這段經歷啟發他在一九九〇年代尋找那些被有心人向天真的散戶兜售、然後拋售獲利的股票，而他則藉由放空這些股票賺錢——當年從事這種欺騙散戶勾當的，包括「華爾街之狼」喬丹．貝爾福（Jordan Belfort）的公司史崔頓歐克蒙（Stratton Oakmont）。

隨著網路股崩盤，廉價股推銷進入休眠期，萊夫特成立了自己的研究公司 Stock-lemon（後來成為香櫞研究〔Citron Research〕），開始尋找他認為圖謀不軌的公司。萊夫特發現這種公司之後，會押注其股價將下跌，然後藉由在網路上發表報告和聯絡他認識的調查記者，將事情公諸於世。隨著他的名聲越來越大，光是他在四處嗅探的消息就足以使相關公司的股價初步下跌。最後他並不是每一次都對，但他經常是對的。《華爾街日報》曾分析他寫過報告的一百一十一家公司，結果顯示這些公司的股價隨後一年平均下跌四二%。[2]

是邪惡博士還是村裡的白痴？

如果說放空者名聲不好，那麼積極放空者（activist short sellers）就堪稱聲名狼藉。但針對放空者的批評很大程度上是不合理的。許多投資人對基金經理和企業高層上CNBC之類的財經新聞頻道高談闊論，吹捧他們投資組合裡的股票沒有意見，對那些反向押注的人卻十分反感。但放空者瞄準的股票多數並不能為股東賺錢，而且這些公司往往有高層走捷徑——手段通常是合法的，但偶爾也有非法的。此外，放空者比較迫切需要大聲說出他們放空的理由，因為他們被動等待的成本相當高昂，而且監理機關行動遲鈍。放空者如果出錯，除了可能損失慘重，還可能受到嚴厲的嘲諷。

「我總是開玩笑說，放空者若不是邪惡博士，就是村裡的白痴，」揭露安隆醜聞的吉姆．查諾斯調侃道。

查諾斯和萊夫特之類的人，在華爾街是個瀕臨滅絕的品種。根據 Eurekahedge 的資料，專門放空的對沖基金所管理的資產在二〇一八年超過二百二十億美元，但到了二〇二〇年已經縮減超過一半。注意，這年年底時，所有對沖基金所管理的資產多達三．八兆美元。

當然，只算那些專門放空股票的基金，必然大大低估了放空的總規模。光是梅爾文資本在這年年初就管理著超過一百三十億美元的資產，而它一如許多對沖基金，在從事放空的同時，整體而言是做多的。由於股市通常隨著時間的推移而上漲，但偶爾也會暴跌，做多優質股票並放空劣質股既可以提高基金的報酬率，還有助穩定績效。放空使做多變得比較輕鬆——樂見股價上漲的個人投資者理應對此感到高興。放空還有助揭露詐欺行為（遠在監理機關發現之前就使醜聞曝光），此外還可以使泡沫早一點破滅。

當然，投資人如果剛好持有被高調放空的股票，自然會不高興。華爾街賭場的成員已經知道萊夫特和香櫞研究。二〇二〇年十一月底，萊夫特在一份研究報告中指常年虧損的數據分析公司 Palantir Technologies「不再是一支股票，而是一個完整的賭場。」[3] 結果這支散戶愛股短短幾天就損失了超過五分之一的價值，而此事激怒了華爾街賭場這個 Reddit 子版上的許多人。大約與此同時，萊夫特發表了一份對電動車製造商蔚來（NIO）表示懷疑的報告。蔚來被稱為「中國的特斯拉」，公司市值當時已經追上了一些規模較大、比較成熟和賺錢得多的汽車製造商。

「任何人現在買入 NIO 的股票，都不是在買一家公司或其前景，而是在買螢幕上移動的三個字母，」萊夫特寫道。[4]

蔚來股價下跌約八%。

華爾街賭場一些成員在請願網站 Change.org 發起一項請願，要求金融業監管局（FINRA）和 SEC 調查萊夫特，截至二〇二一年三月有超過三萬七千人簽名支持，而請願書的內容無疑是誹謗性的：

「多年來，香櫞研究這家專門的『研究』公司，由品格可疑、曾被監理機關和政府起訴和定罪的放空者安德魯・萊夫特創立，一直在發布故意但合法的虛假資訊，把它們說成是事實來操縱股票價格，為自己牟利。」[5]

有別於威朗或他在職業生涯早期針對的廉價股，Palantir 和蔚來並沒有被萊夫特指控涉嫌詐欺：他只是指這兩家公司的價值被極度高估了。但是，在針對散戶愛股出擊迅速獲勝兩次之後，萊夫特瞄準 GameStop 卻是嚴重的誤判。

撲克桌上的凱子

一月十九日，GameStop 的價格高達四十五美元時，萊夫特利用他公司的帳戶發了一條推文：

「美東時間明天上午十一點三十分，香櫞將開直播，講解以當前股價買進 GameStop 的人是撲克桌上的凱子的五個原因。該股很快將回到二十美元。我們比你更了解空單，並將為你說明一切。」[6]

放空 GameStop 的對沖基金除了梅爾文資本，全都沒有公開身分，而且一直保持沉默。對華爾街賭場的成員來說，這些基金成為他們的交易對手是一回事，有個已經激怒版上許多人的無禮放空者，如此肆無忌憚地挑戰他們是完全另一回事。他們的反應非常熱烈。

「華爾街賭場對上香櫞，這是我們期待已久的一場戰鬥。我們來把檸檬變成檸檬水吧，」一名版友這麼回應萊夫特的聲明。另一個人說，華爾街賭場可以保持不理性很久，久到「香櫞等人」可能都破產了。以下是另外三個人的說法：

「屎櫞（Shitron）以為他們可以嚇到嬰兒潮世代恐慌拋售，沒有意識到 GameStop 多數股份落在鄙視他們的人手上。他們的錢已經燒了起來，發這種推文真的是火上澆油。」[7]

「沒錯，我真的不在乎梅爾文。屎櫞上次針對蔚來害到我，現在是報仇的時候了。」[8]

「梅爾文是小炮灰。香櫞才是我們想幹爆的。」[9]

還有一些更不禮貌的回應——數以百計。萊夫特捅了一個馬蜂窩。

撲克是恰當的比喻，只是並非像萊夫特想的那樣。在他看來，因為 GameStop 股價已經嚴重偏高，華爾街賭場那些人並不是拿著一手好牌，但那句「華爾街賭場可以保持不理性很久，久到香櫞等人可能都破產了」看來說對了（這句話改編自「市場可以保持不理性很久，久到你我可能早就破產了」）。華爾街賭場版上的 GameStop 支持者就像醉酒的無畏遊客在拉斯維加斯拿著一大堆籌碼，結果是萊夫特、普洛金和所有其他放空者都被痛擊到投降認輸。

叫停暴民

真的很不如意，但也只能吞下去。不過，令人不安的是，萊夫特還在其他方面受到攻擊。華爾街向來不是那種溫暖體貼的地方，但萊夫特沒想到他和家人會突然在網路上和現實中面臨一波騷擾，連多年來他曾針對的目標——當中有些人真的是罪犯——都不曾受到這種對待。他說，他和他的孩子們收到恐嚇短訊，他的社群媒體帳戶被駭，他被電話轟炸，他被註冊了一個約會應用程式 Tinder 的假帳戶，還有陌生人出現在他家裡。他說，他在職業生涯中也受過壓力，但不曾遇到這種情況。而他也不曾以這種手段對付別人。

「或許是因為我不使用 Reddit，而且我尊重別人，」他說。

萊夫特一直認為自己是華爾街的局外人，因此對自己被網民說成是代表華爾街的「那個人」感到震驚。因為帳戶被駭，他被迫延後他計畫中的 GameStop 直播。他聯絡華爾街賭場論壇的創始人海梅・洛高真斯基，請求他幫忙叫停暴民，並說他還針對匿名恐嚇求助於聯邦調查局。幾天後，他在 YouTube 上發表了一段影片，試圖向華爾街賭場中人伸出橄欖枝，並指出他在他們當中很多人還是孩子的時候就已經在做這一行了：「在有 Reddit 之前，在有迷因之前，在有 Instagram 之前，以及，沒錯，在有臉書之前，世上就已經有香櫞研究。」[10]

GameStop 股價飆升之後，尖刻的言辭似乎變得更激烈，而萊夫特已經明確表示，他已在「損失一〇〇%」的情況下結清交易部位。在社會氣氛專家彼得・艾華特看來，這群網民想要傷口撒鹽、侮辱別人並不令人驚訝。

「在情緒達到頂峰時，我們會產生復仇心——我們會產生那種無敵感，」他說。「光是賺錢是不夠的。我們渴望把對手踩在腳下。當你認為自己無敵時，就會有一種蒼蠅王特質。」

普洛金也受到很多嘲笑，尤其是他把他的基金命名為梅爾文這件事。有人在貼文中想像一名辦公室實習生交給他一份關於華爾街賭場的報告：

「先生，看來他們在股價下跌時一定買進，股價上漲時也買進。他們在取笑我們，不在乎自己是否賠錢。他們都在互相打氣，鼓勵對方『永不賣出』和當『鑽石手』，也就是堅守投資部位，死不放手。」[11]

在一月份迷因股軋空期間，梅爾文資本因為 GameStop 和其他空頭部位而蒙受的損失，以金額計是所有基金中最多的。萊夫特的基金小得多，但押注比較集中，他被問到押了多少錢在 GameStop 上時，顯得有點難為情。

「你知道，你押對寶時總是下注不夠多，押錯了則總是下注太多。」

「我們實際上已經成為建制」

他以前也曾虧大錢，而且至少有一次放空失敗像是攸關個人榮辱。二〇一八年，萊夫特放空了特斯拉的股票，甚至控告該公司及其創始人伊隆．馬斯克，指他違反證券法，罪證之一是馬斯克在推特上謊稱他已經準備好將特斯拉私有化需要的資金。

不久之後，萊夫特已離異的第一任妻子找到了她的伴侶，是一個因為早早投資特斯拉而賺了超過二十億美元的男人。在這對新人於棕櫚泉舉行了奢華的婚禮之後，萊夫特每個月仍向他的前妻支付超過三萬美元的贍養費。既然她已經再婚，他希望可以停付贍養費，但她在法庭上成功地辯稱那個所謂婚禮只是一個承諾儀式。

「特斯拉的投資人有不止一種方法打擊放空者，」萊夫特接受《紐約郵報》訪問時打趣道。[12]

到了放空 GameStop 受挫，萊夫特迅速認輸。他對那麼多交易者參與迷因股軋空感到驚訝。

「你帶一個五歲的孩子到我的辦公室，我可以打敗他。你帶一千個五歲的孩子到我辦公室，我就麻煩了，」他說。

幾天後，萊夫特在另一段 YouTube 影片中宣布永久停止發表放空報告，看來主要是因為受那些騷擾手段衝擊，而不是因為虧大錢。

「二十年前，我創辦了香櫞，目的是保護個人投資者免受華爾街、詐欺和股票推銷傷害……〔但現在〕我們實際上已經成為建制。」[13]

鉗制批評者

無論你個人怎麼看萊夫特，只要你關心市場透明度問題，就應該對事態發展感到不安。Reddit 共同創始人亞歷克西斯．歐哈尼恩之類的觀察者認為，散戶促成迷因股大漲，導致基金經理狼狽不堪，堪比「占領華爾街」運動。但對那些被說成是惡棍的人來說，事情比較像 Reddit 所講的：「就像 4chan 找到了彭博終端。」貼圖討論版網站 4chan 因為「玩家門」（GamerGate）而聞名，那可能是愚蠢的網路騷擾事件中最臭名昭著的一次——在事件中，許多人不斷收到令人不安的厭女訊息，最早的受害者是從事電玩開發工作的女性。

一個厚臉皮、曾面臨許多威脅的資深交易者，在他從事的事業已經退潮時因為個人受到嚴重騷擾而被迫退出這一行，是令人不安的事。放空者長時間站在市場錯誤的一方是一回事——這種情況以前也發生過。放空者覺得人身安全受威脅是另一回事，是以前沒有的，有可能扭曲市場。

放空是一種經常令人不快的艱難操作，但它對大眾是有用的——我們即使只是被動的指數基金投資人，如果安隆和威朗那種公司壯大到間接進入我們的退休金投資組合，我們也會因此蒙受損失。企業甚至不必作弊，也可能導致被動投資人損失金錢：在投資人廣泛持有的羅素兩千價值指數基金中，GameStop 和另一迷因股 AMC 曾有數天時間成為最有價值的公司。為自己的投資組合買入這支保守基金的投資人無意中付了過高的價格。

對安德魯．萊夫特或吉姆．查諾斯的後繼者來說，遭網路暴民攻擊的風險可能令他們受不了。追求提高透明度的法規修訂提議，則可能使放空變得更艱難。例如，WeLikeTheStock——散戶投資人查德．明尼斯（Chad Minnis）領導的支持華爾街賭場議程的超級政治行動委員會（Super PAC）——就支持要求對沖基金揭露其具體空頭部位的提案，這將使未來針對這些基金發動軋空變得比較容易。法規要求擁有一家公司大量股份的基金公開身分，但那是因為它們可以利用投票權發揮影響力——這是放空者做不到的。

「這就像看著警察突擊檢查銀行，」對沖基金經理克里斯平．歐迪（Crispin Odey）接受彭博訪問，談到空頭勢力萎縮的趨勢時說。「在 Reddit 暴民展開攻擊之前，市場上的空頭部位規模已經是十五年來最小的。」

與此同時，萊夫特不明智地背了個靶上身：他挑戰華爾街賭場，因為這是他過去的成功公式。對一個了解萊夫特的職業生涯並曾與他交談的人來說，他在宣布結束放空事業的影片中的和解語氣顯得異常平和。他顯然仍受這段經歷困擾。在幾天後的電話交談中，當被問到他對凱斯．吉爾和受吉爾激勵的追隨者有何看法時，萊夫特的語氣比較像以前的他。

「Boo-boo 貓咪或那個誰——去他媽的，我不在乎。」

1. "SEC Charges Marijuana-Related Company with Touting Bogus Revenues," SEC press release, March 9, 2017, www.sec.gov/news/pressrelease/2017-62.html.
2. Matt Wirz, "The Short Who Sank Valeant Stock," *The Wall Street Journal*, October 22, 2015.
3. Ben Winck, " 'No longer a stock but a full casino' : Palantir will lose one-third of its value by year-end after surging more than 300%, short-seller Citron Research says," *Business Insider*, November 27, 2020, https://markets.businessinsider.com/news/stocks/palantir-stock-price-target-short-selling-position-citron-research-pltr-2020-11.
4. "NIO – Citron Pulls the Plug on NIO – 2 Years After Our Controversial Recommendation," Citron Research report, November 13, 2020, https://citronresearch.com/wp-content/uploads/2020/11/NIO-Citron-Pulls-the-Plug.pdf.
5. Mo Samara, "Appeal to FINRA and SEC Enforcements to Investigate Andrew Left of Citron Research," Change.org petition, retrieved March 2021, www.change.org/p/u-s-securities-and-exchange-commission-sec-enforcement-to-investigate-andrew-left-of-citron-research.
6. Citron Research (@CitronResearch), "Tomorrow am at 11:30 EST Citron will livestream the 5 reasons GameStop $GME buyers at these levels are the suckers at this poker game. Stock back to $20 fast. We understand short interest better than you and will explain. Thank you to viewers for pos feedback on last live tweet," Twitter, January 19, 2021, 9:58 a.m., https://twitter.com/citronresearch/status/1351544479547760642.
7. NFTOxaile, "Response to 'Shitron Attacking Begins,' " Reddit, January 19, 2021, www.reddit.com/r/wallstreetbets/comments/l0lg6r/shitron_attacking_begins/gjv3z3x.
8. Truthposter 100, "Response to 'Shitron Attacking Begins,' " January 19, 2021, www.reddit.com/r/wallstreetbets/comments/l0lg6r/shitron_attacking_begins/gjutdfu.
9. Self-AwareMeat, "yeah, Melvin is small fodder. Citron is the one we want to fuck badly," Reddit, January 19, 2021. Response to "Shitron Attacking Begins," www.reddit.com/r/wallstreetbets/comments/l0lg6r/shitron_attacking_begins/gju7o8e.
10. Citron Research, "Citron Research discontinues short selling research to focus on long opportunities," YouTube video, January 29, 2021, www.youtube.com/watch?v=TPoVv7oX3mw.
11. Cre8_or, "Response to "GME The Wreckoning," Reddit, January 19, 2021, teddit.net/r/wallstreetbets/comments/l0hhqg/gme_thread_the_wreckoning.
12. Carleton English, "Tycoons Battle over Kids' $37K-a-Month Child Support Payments," *New York Post*, December 12, 2017.
13. Citron Research, "An update from Citron Research," YouTube video, January 29, 2021, www.youtube.com/watch?v=yS4yPsmaDDQ.

12 雪崩即將發生，他們還在高級木屋裡度假

二〇二一年一月二十二日

迷因股軋空發生於何時？多數人會說是一月二十五日開始那一周，當時 GameStop 從一個他們可能在商場裡經過或帶孩子去買最新版本的《勁爆美式足球》電玩的地方，變成了反金融精英的驚人起義的一個象徵和頭版新聞的題材。新聞搜尋工具 Factiva 的資料顯示，英文刊物那個星期提到這家公司一萬兩千七百次，之後一周提到一萬零八百次。同樣地，Google 搜尋趨勢顯示，GameStop、華爾街賭場和電影院連鎖集團 AMC（另一支迷因股）那個星期突然冒出來，成為美國搜尋次數最多的三個詞。

如我們所見，這場軋空早就萬事俱備，而到了一月第二周，整個過程很可能已經無可阻擋。但是，瀏覽之前幾周的媒體報導，會發現在軋空蓄勢待發之際，幾乎沒有媒體

報導此事。在一月十一日GameStop任命萊恩・柯恩和他的兩名Chewy老同事為董事之前，媒體對該公司的報導只有一次，不是關於如何找到搶手的PlayStation 5遊戲機或一些電玩遊戲——《巴隆周刊》（Barron's）刊出一則報導，標題是「GameStop股價在營收下滑的情況下飆升：業績最終可能追上來」。它引述了Benchmark Company的分析師邁克・希基。

他說：「我們沒有看到任何值得興奮的東西。他們是業績不如預期，而不是優於預期。」[1]

希基當時設定的GameStop目標股價是五美元，而瑞信一名分析師的目標股價更是只有三・五〇美元。

安東尼・丘康巴（Anthony Chukumba）追蹤研究GameStop多年，花了數百個小時分析其財務狀況、造訪其商店和參與電話會議，結果他更進一步，完全放棄追蹤該股。這名Loop Capital的分析師確信GameStop將走向破產，即使萊恩・柯恩加入公司力求變革。不過，丘康巴的判斷是基於該公司業務的健康狀況，而那些革命者關注的是該公司股票的短期供求。在一段時間裡，這將是唯一重要的事。

在柯恩獲任命為董事之後的兩個交易日裡，GameStop股價漲了一倍。空頭已經墜入陷阱。一月十三日，媒體第一次提到可能出現一場壓垮放空者的軋空：CNBC主持人、前對沖基金經理吉姆．克瑞莫（Jim Cramer）在他創辦的投資網站TheStreet上受訪時，讀出一名粉絲發給他的訊息，裡面說明了計畫中的軋空，並提到了梅爾文資本。克瑞莫的結論是：「理論上而言，放空者已經注定失敗。」他接著說，「非分析師」是GameStop等股票上漲的幕後推手，華爾街的分析師們必須跟上形勢。[2]

第二天，媒體上出現了第一篇將GameStop等股票上漲與華爾街賭場這個Reddit子版聯繫起來的報導，它是一直關注該論壇的《華爾街日報》市場記者凱特琳．麥凱布（Caitlin McCabe）寫的。

她寫道：「多個星期以來，Reddit上熱門的華爾街賭場論壇的成員一直在吹捧GameStop，鼓勵其他人買入這家電玩零售商的股票，並開始押注該股將上漲。論壇上有些貼文指出，放空者看空GameStop的賭注一直處於高位。」[3]

這篇報導甚至沒有進入《華爾街日報》資金與投資版（Money and Investing）當周最熱門的十篇文章中，遑論整份報紙最熱門的十篇文章。相對之下，在關於迷因股軋空的新聞報導高峰期，幾乎每一篇熱門文章都與GameStop、凱斯．吉爾或賈柏瑞．普洛金有關。《華爾街日報》對吉爾的獨家訪問是整份報紙最多人看的一篇文章。

但是，即使在麥凱布那篇報導仍不是很受關注的時候，GameStop 已經成為華爾街賭場的成員和對沖基金世界某些角落的人唯一的關注焦點。一月十三日，該股的成交量是已發行股份的兩倍，而第二天，華爾街賭場提到 GameStop 一萬六千五百一十七次。在那一天，該股的市值是去年春天時的十倍以上。史詩級軋空的所有要素皆已具備，除了一個：安德魯．萊夫特要到五天之後，也就是一月十九日，才作出他那不明智的嘲諷。

萊夫特公開挑戰華爾街賭場的成員不僅是點火燒自己的錢，還把煤油倒在了普洛金等人更大規模的賭注上。截至當時，梅爾文資本之類的基金雖然針對 GameStop 之類的迷因股建立了巨大的空頭部位，但沒有宣傳此一事實，因為它們不是那種想找到下一家安隆的基金。它們這麼做是針對一個類股中最好和最差的公司下注，而它們認為 GameStop 顯然是後者的一個例子。根據金融教科書，有一些方法可以兩全其美，吃完蛋糕還能擁有它，以相同的市場風險獲得更多報酬。普洛金擅長的零售和消費股有一些共同點，它們因此傾向在某些經濟趨勢下同漲或同跌。經濟衰退或最新的 Xbox 延後推出，對近年很成功、有賣電玩的電子產品零售商百思買（Best Buy）是利空因素，對 GameStop 是更大的利空。持有前者的股票並放空後者，有助梅爾文資本在景況不佳時穩定績效，並在景況很好時獲得更好的成績。

至少理論上是這樣。對沖基金有時會犯錯，陷入困境的公司可能扭轉逆境或吸引喜歡低接的投資人買進。但這些基金無疑想不到那些公司會在公布糟糕的業績之後，股價一個月內跳漲三五○○%。這種股價漲勢，或許只會發生在剛找到癌症解方的公司身上。

到了一月十九日，普洛金和放空 GameStop 的其他對沖基金經理肯定已經意識到事情非常不對勁。他們就像在阿爾卑斯山高級木屋裡度假的人，仍在優美的環境中享受美食，聽到遠處傳來的隆隆雪崩聲，但停在外面的 Range Rover 休旅車沒有足夠的空間載著所有人逃生。

「這些人坐在那裡，想著『我必須逃生，但只能偷偷走掉，不可以引起恐慌』，」放空分析公司 S3 Partners 的董事總經理伊霍爾．杜薩尼夫斯基說。

萊夫特公開挑戰華爾街賭場的墮落者就像發了一砲，使雪崩加快發生之餘，山上還將多掉幾噸的岩石和冰塊下來。那些宇宙主人本來就已經將受重創，現在則是有些人將被埋葬。

吉爾以咆哮小貓的身分，在他租來的三臥室房子的地下室裡，以他喜歡的比利時啤酒「震顫性譫妄」（Delirium Tremens）向他的新恩人敬酒（震顫性譫妄是酒鬼突然停止喝酒時可能發生的震顫和精神錯亂狀況）：

「為萊恩．柯恩乾杯。這真有病，這真搞笑。」[4]

當天下午，吉爾最新的 E*Trade 帳戶截圖在華爾街賭場版上吸引了數以千計的回應，版友表示打算痛擊萊夫特和普洛金，但吉爾本人並未針對使他發財的這場軋空將持續多久或發展到多大規模作出任何預測：

「我希望多數人現在都已經知道，這問題超出了我的能力範圍。」[5]

吉爾自謙的態度和只發帳戶截圖不加評論的新做法可能增強了他的影響力，但很可能還有一個更實際的原因：他仍被他的雇主萬通人壽註冊為經紀人，如果推薦高風險或不適當的投資，理論上可能被金融監管局罰款和制裁。作為一名財務健康專家，他實際上沒有客戶，但現在數以百萬計的小投資人開始下注(許多人借錢下注或運用衍生工具)推高一支股票的價格，而這將使他發大財。在一月十一日至一月十四日期間，吉爾的資產淨值從三百一十六萬美元躍升至七百三十七萬美元，然後在接下來的一周結束時再度猛增。一月十九日，媒體首度提到 DeepFuckingValue 這個名字——出現在科技新聞網站 Motherboard 上，它是少數幾家沒那麼拘謹的媒體，不會為了避免出現髒話而在提到這個 Reddit 用戶名時加上一兩個星號。這個網名與吉爾聯繫起來，還要再等一個多星期。那篇報導寫道：

「因此，實際上，華爾街賭場上的人和一些 YouTube 與 TikTok 的投資人，早在一年前就推測，如果他們低價買入 GameStop 的股票，放空者最終會被迫集體回補空頭部位，而這將推高股價。其中最值得注意的是一個用戶名為 DeepFuckingValue 的人，他貼出了他的證券帳戶截圖，顯示他在二〇一九年 GameStop 股價不到一美元時，買入了超過五萬美元的該公司股票。」[6]

那篇報導搞錯了很多細節，包括事情發生的時間，以及把選擇權與股票混為一談，但它使許多人一時間對那個神秘的投資人非常好奇。

一月二十二日，也就是迷因股軋空從股票迷暗中關注的事變成頭版新聞之前的那一個星期五，華爾街賭場的成員就像鯊魚聞到了血腥味，而他們正充分利用伽瑪擠壓這項強大的新武器。當天到期、履約價六十美元的買權是這個交易日交投最活躍的合約。買進該買權堪稱瘋狂的投機交易，結果是賺大錢：GameStop 股價在這一天最低跌至四二．三二美元，最高漲至七六．七六美元，收報六五．〇一美元。

因為標的股票的價格越波動，選擇權越值錢，GameStop 股價的這種波動使所有未到期的選擇權合約都變得更有價值，包括吉爾持有的那些，而這也推高了放空

GameStop股票或維持其空頭部位的成本。杜薩尼夫斯基表示，到了一月十九日，也就是萊夫特挑戰華爾街賭場成員那一天，GameStop的借券利率達到高昂的二四%，而絕大多數美股的借券利率僅為〇．三%。這反映放空GameStop這項不幸的交易已經擁擠到非常危險的地步。

這不再只是小投機客的玩意：《華爾街日報》那個周五最多人看的其中一篇報導，是關於梅爾文資本的慘重損失——一位匿名消息人士說，該基金年初以來損失了一五%。高盛追蹤空單最多的五十支股票年初以來大漲二五%，是美股整體漲幅的十倍。

這種效應如今蔓延到被統稱為「迷因股」的一群過氣企業上，結果近乎破產的電影院連鎖集團AMC的市值漲了九倍，一度炙手可熱的內衣公司Naked Brand股價漲七五〇%，立體聲耳機製造商Koss股價更是飆漲二二〇〇%——全都似乎突如其來。

另一家令人懷舊的公司是黑莓，這家加拿大智慧型手機先驅之於生產iPhone的蘋果公司，就像百視達之於Netflix，而且許多人認為，它就像GameStop之於日益數位化的電玩遊戲發行商，即將變得無關緊要。

黑莓公司的股價自十四日以來已經漲了一倍，而且在該公司未傳出什麼消息的情況下，還將上漲更多。陷入困境的零售商Bed Bath & Beyond是亞馬遜崛起的受害者，而且也遭對沖基金大舉放空，其股價一度漲了兩倍。奇怪的是，百視達的類比甚至蔓延至 BB Liquidating Inc 這支廉價股，它代表這家曾經無處不在、現已破產的影片連鎖店公司處置資產。該股六月二十二日漲了一倍，而且在洶湧的買賣潮中，到下周二時狂漲逾三〇〇〇%……至十分之二美分。

GameStop 股價因為萊恩．柯恩獲任命為董事而上漲一倍之後，對沖基金界一周來顯然已經非常不安。空單餘額的正式數據有所滯後，但任何一天的情況是可以估算了。S3 Partners 的資料顯示，GameStop 的空單餘額在柯恩的任命宣布前相當於該公司可用股份的一三五%，到一周後萊夫特提出挑戰時降至一二〇%，到一月二十二日市場收盤時再降至八七%。已經有許多空頭急著逃命，但空單還是太多了——雪崩即將發生。

普洛金和其他放空者遇到的壞消息，對吉爾來說是天大的喜訊。他的資產淨值躍升至千萬美元以上。他現在已成為最富有的一%美國人，而且即將成為餘下九九%人的英雄。在他以 DeepFuckingValue 和咆哮小貓的身分享受著最後幾天的匿名生活之際，吉爾已經確立了他在華爾街賭場版上的英雄地位。

「我從不曾因為別人賺錢而這麼歡喜，」一名版友寫道。

另一版友感嘆自己沒有好好利用這個機會。GameStop 股價那天收在六十五美元上方，而一年前則收在四美元下方。

「未來會有很多這種機會，你只需要留心，保持耐性，以及甚至更弱智，」另一個人寫道。

「正是！就像下個星期的大好機會：GME，」另一版友以 GameStop 的股票代碼答道。

他不知道自己說得多對。

1. Connor Smith, "GameStop Stock Has Soared despite Falling Sales: Reality Could Eventually Catch Up," Barron's, January 8, 2021.
2. "Jim Cramer: GameStop's Run Is 'Game Over' for the Shorts," *The Street*, video clip, January 13, 2021, www.thestreet.com/video/jim-cramer-gamestop-run-is-game-over-for-shorts.
3. Caitlin McCabe, "GameStop Stock Soars, and Social-Media Traders Claim Victory," *The Wall Street Journal*, January 14, 2021.
4. Roaring Kitty, "Ryan Cohen & his Chewy crew join GameStop's Board of Directors! Where does GME stock head from here?" YouTube video, January 11, 2021, www.youtube.com/watch?v=RnpoahOnLec&list=PLlsPosngRnZ1esbvs4VbjfIOk9F5QYYXS&index=59.
5. 同上。
6. Matthew Gault and Jason Koebler, "How Chaotic Redditors Made GameStop Stock Skyrocket (and Made Short Sellers Cry)," *Vice*, January 19, 2021.

13 猿族崛起

誰說涓滴經濟學（trickle-down economics）已死？在迷因股軋空發生了兩個月之後，黛安弗西大猩猩基金會（Dian Fossey Gorilla Fund）收到這個消息：Reddit 子版華爾街賭場的一名成員認養了大猩猩寶寶烏倫加諾（Urungano）。在接下來的六天裡，該論壇湧現了三千五百次這種認養，籌集了三十七萬七千美元。

「可以確定地說，Reddit 上的投資人社群不是我們向來的支持者群體。但是，他們在這個周末無疑使我們喜出望外，訝異不已，」大猩猩基金會在推特上寫道。

社群網絡的羊群行為顯然可以成為一種向善的力量。一些流向非洲中部雨林的捐款，很可能來自梅爾文資本和其他對沖基金的投資人一月份蒙受的損失。華爾街賭場新興的行動口號「猿族團結力量大」源自二〇一一年的電影《猩球崛起》（*Rise of the Plan-*

et of the Apes），它是利用這個留言板上成員之間始於迷因股軋空時期的昵稱「猿」加以發揮，涵義是強壯但不大聰明的動物團結起來可以做大事。但不是所有成員都喜歡這個口號。

「新版友請注意，『猿族團結力量大』這口號是最近幾周才出現的，」That_Guy_KC在題為「停用那個垃圾猿口號」的貼文中寫道。「它隨著眾多新成員（機器人？）出現。在此之前，我們稱版友為智障，不是因為他們人多勢眾，而是為了取笑那些以為自己很了解市場，結果受創的人。」[1]

版友 BinotheBullish 表示同意，他說這個垃圾口號是華爾街賭場成員人數達到三百萬時出現的。

根據他們的資料，這兩名老版友分別於二〇一九年八月和二〇二〇年十一月加入Reddit。

凱斯．吉爾二〇一九年九月第一次貼出他的 E*Trade 帳戶截圖時，華爾街賭場成員總數為六十五萬，二〇二〇年十月關於「梅爾文資本之死」的影片出現時增至一百六十萬，而安德魯．萊夫特嘲笑這個論壇的成員時，約有一百九十萬。然後它就真的起飛了：下一周結束時，也就是《華爾街日報》發表對吉爾的第一次採訪報導時，成員總數超過了六百萬。到了二月底，成員總數突破九百萬。

華爾街賭場可能是你唯一聽說過的 Reddit 子版，但在 DeepFuckingValue 剛出現時，它真的只是 Reddit 不甚重要的一個子版，會員總人數名列第三百七十三位。不過，就其規模而言，它是相當活躍的。以日均評論數而言，那一年它排在第七十三位，二〇二〇年隨著散戶交易暴增躍升至第十位，二〇二一年一月二十四日至二月四日期間每一天都高居第一位——那是迷因股狂熱的高峰期。[2]

不過，人氣是把雙刃劍，而且並非只是對那些懷念舊日美好時光的人來說是這樣（當時版上每一個人都只是智障或墮落者）。新成員的湧現恰逢許多人一心關注迷因股，以及有心人致力利用數百萬人四處砸錢的力量。GameStop 的漲勢開始消退之後，許多新成員鎖定新投機標的如白銀，一度征服這種貴金屬的市場（有些人懷疑這些新成員是「機器人」，看起來像真用戶，但實際上被用來製造某種結果）。

事實證明，這種關注和分心帶給華爾街賭場很多麻煩。電影公司商議拍攝相關影片時，該論壇版主之間爆發公開衝突，迫使 Reddit 介入以阻止某些人接管該子版和封鎖其他人。幾個月後，該論壇分裂出 r/GME、r/AMC 和 r/superstonk 等論壇，它們比較直接專注於延續迷因股軋空事業，每個論壇都有三十萬至四十萬名成員。[3]

但那是後來的事。在短暫的一段時間裡，華爾街賭場論壇的成員一天可增加多達一百萬人；有些人加入是出於好奇，但也有許多人是因為想參與歷史事件，藉由開設證券帳戶和買入少量股票或買權，稍稍參與一場「革命」。一群人可以使參選的政客勝出，一首歌或一部電影大受歡迎，或一段影片或一條推文瘋傳。即使人人都只有一點點錢，只要集結起來的人夠多，他們也可以使一支股票上漲——尤其是在大量交易者從社群媒體上獲取線索，並利用總是隨身攜帶的手機頻頻查看證券帳戶的年代。

歌利亞對歌利亞

不過，在迷因股軋空之前，他們的投資人同伴從不曾指出在準確的時間點推高最敏感股票的確切方法。此外，他們也從不曾做這種事來教訓某些人，藉此表達某種立場。

這正是為什麼 GameStop 傳奇使那些在華爾街工作或從事財經寫作的人感到驚訝。在一個不斷提醒你「這次絕不會不一樣」的行業裡，我們看到了完全不一樣的東西：證券帳戶被當成階級鬥爭工具使用。華爾街賭場創始人海梅·洛高真斯基二〇二〇年春天與該論壇其他版主分道揚鑣，他堅稱這從來不是該論壇精神的一部分。但是，隨著這個群體的成員迅速增加，其特質必然會有變化，而這場刺激萬分的所謂革命之中的社會氣氛就更不用說了。

至少從他們所說和所寫的看來，獲利像是數百萬新成員中許多人的次要考量；他們在聽說過 GameStop 後開了證券帳戶並買入少量股票，在軋空成為頭條新聞時激起了瘋狂的氣氛。華爾街賭場論壇成員挪用的一個迷因，是已故的希斯・萊傑（Heath Ledger）在《黑暗騎士》（*The Dark Knight*）中扮演小丑的一個片段：他在震驚的犯罪同夥面前點燃了一大堆現金。「重點不是錢，重點是傳遞一個訊息。」

這個訊息就是，競爭條件已變得均等。但它只說對了一部分。對整個華爾街來說，迷因股軋空是一次利潤大豐收。而雖然一些業餘投機客從中賺很大，有些人總是可以在市場動盪時發財。不過，作為一個群體，小散戶過度活躍使他們付出了代價。但對那些發現自己成為一群組織鬆散、非常積極的散戶的交易對手的專業人士來說，迷因股軋空敲響了警鐘，將迫使他們改變業務運作方式。

一百萬人每人掌握一千美元的購買力，無論是持有現金還是藉由保證金借款或買權取得這種財力，其影響力都與擁有一億美元的對沖基金相若。藉由協調行動，猿族並非只是強大，而是真的還可以按不同的規則行事。美國自從一九三〇年代通過現代證券法以來，串通起來買入股票以操縱其價格（例如藉此製造一場軋空）是非法的。如果三家對沖基金的經理人暗中商定聯手對付大量放空的第四家基金，事情一旦曝光，他們很快就會受到證券交易委員會調查。但是，一百萬名交易者公開這麼做卻未必違法，而且無論如何，這也是SEC不可能追究的。華爾街賭場被稱為「世上第一個去中心的對沖基金」，其成員享有獨特的行動自由。

整體而言，散戶作為市場上的一股力量，如今也遠比一兩年前強大。VandaTrack對九千支美國股票和ETF的分析顯示，在二〇一九年十月嘉信理財、TD Ameritrade和其他經紀商跟上羅賓漢的零佣金模式之前的六個月裡，散戶平均每天淨買入股票約一·三五億美元。該數字在二〇二〇年躍升至九·四二億美元。在迷因股軋空的高峰期，散戶投資人每天淨買入近十六億美元，約為所有共同基金和對沖基金的總和。這是歌利亞與歌利亞的對決。

陷阱並非密不透風

不過，猿族的觀點在兩個重要方面是天真到危險的地步。他們像懂得團結的又大又笨又憤怒的動物那樣從事金融交易，確實嚇到了許多對沖基金，但他們假定華爾街有個陰謀集團正積極試圖挫敗他們。事實是對沖基金並不關心其他人誰賺誰虧。另一方面，對沖基金非常關心限制自己的損失，以及果斷把握市場的異常狀況獲利。

猿族沒有意識到，一些新基金填補了那些被迫離場的基金留下的位置。第一批基金吃了苦頭但逃了出去，因為這個軋空陷阱並不像華爾街賭場成員所想的那麼密不透風。空單餘額之所以保持在相當高的水準，是因為新一批專業的機會主義者無法抗拒誘惑，基於與賈柏瑞·普洛金最初放空完全不同的原因，押注迷因股將下跌：他們預期迷因股泡沫將破滅。

正如我們將看到，這群新的放空者也低估了這場運動的力量，並被一些意想不到的事態弄得措手不及。但他們只是太早出手，並不是錯了——猿族也會變得貪婪。許多散戶投資人在迷因股上漲期間賣出，而不是選擇 HODL——這是一個來自加密貨幣世界的動詞，源於一個錯字，意思是拚命堅持持有。一些堅持持有至迷因股觸頂回落的人對失去財富感到遺憾，而不是對堅持理想感到滿足。在迷因股軋空的尾聲，有人開了 r/GMEbagholders 這個 Reddit 子版，其成員在那裡哀悼他們在迷因股投資上的損失。

指望猿族齊心堅持到底，迫使放空者不計代價回補空頭部位和承受無限的損失是不切實際的。隨著迷因股的價格攀升，許多散戶基於原則拒絕賣出的意志變弱了。這是那種浪漫敘事不會告訴你的，但如果你在比冰箱裡的鮮奶過期更短的時間裡賺到相當於數年工資的帳面利潤，想要獲利了結是很自然的。

一名華爾街資深人士說：「如果我連付房租都有困難，然後我的證券帳戶裡突然有了四十萬美元，我要堅持不賣是很難的。」他看到很多散戶在迷因股軋空的高峰期套現離場。

這種情況就發生在媒體報導為這群散戶的團結驚歎之際。城堡證券在迷因股軋空期間處理的散戶交易遠多於其他券商，該公司後來表示，軋空那一周只有一天是散戶買超GameStop的股票：一月二十五日周一，散戶淨買入二〇．六億美元。周二他們淨賣出一九．一億美元，周三淨賣出七．七六億美元。散戶在周四和周五的淨賣出金額比較小，但那是在羅賓漢和其他券商限制迷因股的交易之後。[4]

有買有賣才有交易，那麼是誰在買？其中一個群體是回補空頭部位的對沖基金，另一個是選擇權交易商，他們因應伽瑪擠壓展開，機械式買入股票，並將隨著選擇權合約到期迅速賣出那些股票。

當然，雖然一些鑽石手正在變成紙手，猿族的許多成員為了參與某種歷史事件，確實在買入 GameStop 的股票之後欣然堅持持有。當中許多人可能是人生中第一次持有股票。正如人們在宗教團體中常看到的那樣，最新的信教者特別熱心。吉爾每次在華爾街賭場論壇貼出他的 E*Trade 帳戶截圖，就會有追隨者合唱：

「如果他還在，我也不會走！」

社會認同

Reddit 與那些以名人和追隨者為中心的社群網絡不同，相對資淺的用戶有可能在一個論壇上貼出引人注意的東西，然後因為得到大量好評而成為版上的「頭條」。不過，Reddit 的設計可以使用戶憑自己的身分在論壇上取得某種優勢，其一是 karma 值(Reddit 用戶以網名和卡通頭像代表自己，而不是像推特或臉書用戶那樣使用真名和照片)。

DeepFuckingValue 因為加入 Reddit 不夠久，無法藉由多年的貼文互動提高 karma 值而成為這個社群網絡的尊貴成員，但華爾街賭場的其他成員送給他大量禮物。Reddit 用戶可以送禮給自己欽佩的其他用戶，這些禮物是向 Reddit 買來的，等同捐款給 Reddit 以助維持網站的運作。二〇二一年四月時，DeepFuckingValue 的 karma 值高達令人欽佩的三百萬，而他也獲得一系列徽章，以致其貼文上方的空間看起來就像著軍裝的北韓將軍胸膛。這些徽章包括畫了一堆古柯鹼的「吹獎」（Blow Award），它使獲獎者及其所屬論壇都得到一千枚 Reddit 代幣；以及「三全能獎」（Ternion All Powerful Award），它是 Reddit 上最昂貴的禮物，價值一百二十五美元。

DeepFuckingValue 贏得影響力，主要是因為他堅持自己的信念，經歷了許多起伏之後賺了大錢，但也是因為他的線上行為使那些與他差不多年紀的千禧世代覺得他很可親，例如他會巧妙地使用迷因。吉爾賺得越多就寫得越少，但他的影響力卻越來越大。「他在一段時間之後就不再發表評論，只是貼圖。他十分有趣，但他就是那麼固執，而且看來非常真誠，這很難得，」昆恩・墨里根（Quinn Mulligan）說。他是計劃中關於 Reddit 交易者的紀錄片《猿族團結力量大》（*Apes Together Strong*）的兩名製作人之一。[5]

吉爾激起的熱情也因為許多版友在 GameStop 股價攀升之際，貼出他們出色的投資績效而壯大。這些華麗的績效數據產生的效果，一如深夜時段電視上關於如何快速致富的資訊型廣告。這種廣告安排一些看來與那些容易被騙的失眠觀眾很相似的普通人出鏡，他們看來十分可親，聲稱自己在訂購了那張教人快速致富的 DVD 並遵循其簡單指示之後，終於付清了所有帳單並辭去了工作。這種概念就是所謂的「社會認同」(social proof)。

專門從事相關工作、Mavrck公司的影響力行銷專家瑞秋．希拉（Rachael Cihlar）寫道，雖然許多人認為政府、新聞媒體、金融專家之類的體制或機構不大可信，但人們對同儕的信任度還是相當高：

「隨著我們對華爾街和對沖基金（它們以前曾導致我們陷入困境）等體制的信任度繼續降低，民眾的力量已經主導了社群媒體——在迷因股這個例子中是主導了一個Reddit子版。一個人也許沒有力量改變市場，但隨著數千或甚至數百萬人集結起來，一起買入GameStop的股票，他們就影響了大眾，而這種信任和影響力推動了市場。消費者看到散戶取得可觀的投資報酬，也就加入這個行列。」[6]

公共關係公司艾德曼（Edelman）的年度調查顯示，美國二〇二〇年的「信任指數」接近該調查歷史上的最低點。例如，只有三六%的受訪者認為新聞工作者非常或極其可信，而五三%的受訪者認為「像你這樣的人」非常或極其可信。二〇一七年初，《紐約客》一幅爆紅的漫畫捕捉並嘲諷了這種時代精神。一名乘客在飛機上站了起來，要求並獲得其他乘客舉手支持：「這些自鳴得意的機師已經疏離了像我們這樣的普通乘客。誰認為應該由我來開飛機?」

尤其是對那些在成長時期遇到全球金融危機的人來說,華爾街的建議是否可信很有疑問,因為華爾街中人曾告訴他們或他們的父母,「次貸問題已經受控」、比特幣太投機了,以及他們應該滿足於藉由投資於共同基金每年賺八%的報酬。

同儕和傳統金融圈以外的富有網紅,例如矽谷高層伊隆.馬斯克和查馬斯.帕里哈畢提亞(Chamath Palihapitiya),被視為遠比券商廣告中穿著漂亮西裝的人可靠。千禧世代和Z世代的成員傾向避開傳統型專家,他們往往更願意相信在網路上使用網名的陌生人,即使那個網名是DeepFuckingValue——畢竟這個人藉由堅持信念取得了真正不凡的投資報酬。這是社會認同產生作用的一個典型案例。不過,華爾街賭場創始人洛高真斯基認為這是腐蝕性的。

「這隻咆哮小貓,這個凱斯.吉爾賺那麼多錢,是令我十分不安的事,因為他的成就比伊隆.馬斯克的一條推文危險得多,」他說。「人們會看到這種成就,看到美元的標誌,並追蹤他。相對於聽查馬斯的播客,人們因為追蹤他而跟著他操作和買在高位的可能性要高得多。」

洛高真斯基認為華爾街賭場的文化有光明的一面:這裡也歡迎所謂的「失敗春宮」,

也就是在損失很多錢之後公開這種窘事。

他說：「他們能夠感同身受地將這種經驗分享出去。華爾街賭場之所以真的是個好地方，正是拜這種誠實所賜。這就是為什麼他們會公開自己投資失敗的窘事——不是為了慶祝，而是為了坦然接受現實。」

再過四十八個小時，這個論壇的成員就會看到一些非常誇張的失敗春宮，但先出現的是有史以來最興旺的交易日。

---

1. That_Guy_KC, "Stop with the ape crap," Reddit, February 6, 2021 (post deleted), archived at https://js4.red/r/wallstreetbets/comments/ldrwvl/stop_with_the_ape_crap [inactive].
2. Page statistics for r/wallstreetbets, Subreddit Stats, accessed March 2021, https://subredditstats.com/r/wallstreetbets.
3. Jack Morse, "Reddit Swoops In to Resolve WallStreetBets Moderator Drama," *Mashable*, February 5, 2021.
4. Maggie Fitzgerald, "GameStop Mania May Not Have Been the Retail Trader Rebellion It Was Perceived to Be, Data Shows," CNBC, February 5, 2021.
5. Quinn and Finley Mulligan 2021 年 5 月 24 日經由 Zoom 受訪。
6. Rachael Cihlar, "What Brands Can Learn from GameStop and Reddit about Social Proof and Trust," Mavrck blog post, February 8, 2021.

14

伊隆・馬斯克參戰

二〇二一年一月二十六日

如果你持有的一支股票一年漲了一八%，你的投資表現可說是非常好，報酬率約為市場長期年均水準的兩倍。如果你的股票是一個月或一個星期就漲了這麼多，你應該欣喜若狂。但是，在GameStop股價一月二十五日星期一這一天漲了一八%之後，該公司股東卻突然滿是疑慮。原因是：該股這天早上有如猛虎出閘，飆漲超過一倍，但到了中午時卻已吐回全部漲幅，隨後才回升，像是小勝作收。

那天晚上，華爾街賭場版上充斥著關於帳面獲利的吹噓，以及對財富得而復失的懊悔。有個版友看著五萬美元來了又去，他聲稱自己需要這筆錢來做膝蓋和背部手術，但無法接受自己賣掉持股，使華爾街得以脫身。他想等到賺到一百萬美元，然後他就可以買間房子給他媽媽，因為「那些混蛋二〇〇八年偷走了我們的房子。」

另一個人聲稱自己早上賺到八萬美元，還有人拋出更高的數字，例如六十萬或八十萬美元。對那些買了版上推薦的那種能使對沖基金受到最大壓力的選擇權的人來說，這些獲利數字當然是可信的。這些訊息中夾雜著勸告，希望版友在 GameStop 股價升至一千美元之前不要賣出，以免安德魯．萊夫特和賈柏瑞．普洛金從軋空陷阱中溜走。

「現在！現在就是我們可以痛擊他們的時候。我們必須在今天收盤後、明天開盤前，以及明天每次他媽的下跌時買進更多。我們現在有強大的力量，而且不會失去它。請加入我們，一起發財，又或者耐心地觀察。」[1]

賈柏瑞．普洛金在他佛羅里達州的家中辦公室（他在曼哈頓中城的辦公室仍因疫情關閉）急忙結清他那些災難性的空頭部位，二十五日上午與他的前老闆史蒂文．科恩和城堡證券的肯．格里芬通了電話。數小時內，他已親自與這兩位富豪談好了條件，由後者的對沖基金大舉注資他的基金。此次注資不是一般的投資，兩家公司得到所謂的「無投票權分紅」（nonvoting revenue）股份，可以在普洛金恢復其神奇能力時獲得更多利益。科恩原本已是梅爾文資本的大投資者，這個星期也受到很大的打擊。格里芬的境況則好得多，他持有多數股份的城堡證券每天正處理數十億筆交易，而這些交易正驅動迷因股軋空。

就像兩個生意人吃完商務午餐拿出支票簿那樣，覺得自己很有錢的格里芬出了約二十億美元，科恩則拿出七．五億美元。

雖然普洛金後來堅稱這不是紓困，但這些錢將有助穩定正倉皇逃生的梅爾文資本。該基金將損失一半以上的價值，超過六十億美元，大部分損失發生在周二結束前。

有個人在一月二十五日近乎完美地把握時機，了結了部分獲利，他就是此時仍匿名、激勵墮落者們推高迷因股的凱斯．吉爾。根據他當天晚上貼出的 E*Trade 帳戶截圖，他在接近最高價時賣出兩百張四月到期的買權（原本持有一千張），袋走二百二十萬美元，而他當初買進這兩百張買權，只花了八千美元。第二天，他再賣出三百張合約，瀟灑地拿走九百萬美元。華爾街賭場論壇上可能有人堅持持有到 GameStop 股價「衝上天」，吉爾則明智地保障了自己：即使接下來出現最壞的情況，他離場時也將是個非常富有的人。版上那些把這場軋空當成一項使命而不是賺錢機會的人，似乎全都沒有責怪他，事實上也不應該責怪他，畢竟在周二市場收盤後，他仍有一千八百萬美元押在市場上。

二十五日下午，GameStop 的故事開始出現在主流新聞刊物上。華爾街賭場版上提到這家零售商的次數再次飆升，從二十二日周五的一萬六千次，增至周一的兩萬八千次，再增至一月二十六日周二的五萬多次。這個 Reddit 子版的流量如今在這個社群媒體網站高居第一，而這種情況要到第二周才改變。

一月二十六日，更大的購買潮推高 GameStop 股價至一五〇美元，而且這一次動能沒有衰減。該股這天收報一四七・九八美元，是它在迷因股軋空之前最高收盤價的兩倍有餘。去年春天，該股一度跌破三美元。

分析師安東尼・丘康巴數周前因為認為 GameStop 毫無價值而放棄追蹤該股，他惱怒地表示，他受到客戶詢問該公司情況的電話轟炸。

「我上哈佛商學院不是為了這種狗屎。」[2]

那一天，GameStop 還創造了兩個紀錄：它成為全球交易量最大的股票，而且製造出它的第一個億萬富翁。不，不是吉爾——雖然他境況極好，這天收盤時資產淨值接近兩千三百萬美元。成為身家十位數俱樂部成員的是萊恩・柯恩，他在去年夏天大筆投資在 GameStop 上，是該股和吉爾受華爾街賭場注意的關鍵人物。

關注華爾街賭場並開始投入資金的人，並非只有那些想參與歷史事件的千禧世代。很多從不曾關注 GameStop 的華爾街中人也對該股產生興趣，而他們絕大多數持懷疑態度。不止一位市場資深人士承認，他們在這一周加入華爾街賭場當觀察者。他們看到的情況使他們有理由認為 GameStop 股價已經非常接近觸頂。造反者已經找出了一些脆弱的對手並予以伏擊。

「但在股價升破一百美元之後，這故事就變成了一齣道德劇，」資深放空者吉姆．查諾斯說。

就在普洛金、萊夫特和其他放空者回補空頭部位的同時（這兩人將在周二結束前離場），另一些人藉由放空 GameStop 或買入該股的賣權加入戰團。他們的想法是正確的，因為小型股驚人的漲勢失去動能時，隨之而來的往往是暴跌。GameStop 股價周一在短短幾個小時內腰斬，看起來像是一場更大崩跌的預演。「華爾街之狼」喬丹．貝爾福在過去的黑暗日子裡曾參與許多股票操縱活動，他說他也在等著看 GameStop 崩跌。

「我認為個人投資者不可能集結足夠的購買力並長時間堅持，不在股價上漲後放棄……因為這真的很困難，而我非常了解這個市場。」[3]

但市場上有時會發生非常有趣的事。就在 GameStop 終於瀕臨失去動能，連它最大的「鑽石手」支持者 DeepFuckingValue 也已經套現了一半的籌碼時，世界上對年輕投資人影響力可能最大的一個人即將參與其中，為這場軋空注入新能量。周二股市收盤後八分鐘，特斯拉的老闆伊隆・馬斯克在推特上發出一個華爾街賭場的網頁連結，並只加上一個詞。

「Gamestonk!!!」[4]

1. Keenfeed, "To everyone who doesn't understand GME," "Response to DeepFuckingValue post 'GME YOLO Update-Jan 25 2021,' " Reddit, January 25, 2021, www.reddit.com/r/wallstreetbets/comments/l4xje1/gme_yolo_update_jan_25_2021/gkragzi.
2. Annie Minoff, Episode 3, June 6, 2021, in *To the Moon, Wall Street Journal* podcast.
3. 喬丹・貝爾福 2021 年 2 月 11 日經由 Zoom 視訊受訪。
4. Elon Musk (@elonmusk), "Gamestonk!!" Twitter, January 26, 2021, 4:08 p.m., twitter.com/elonmusk/status/1354174279894642703.

15 那些影響者

「富有當然是一種相對狀態，」美國最富有的其中一個人在一篇廣為流傳的雜誌文章中說。「以前人們認為擁有一百萬美元就算是富有，但現在因為非常多人至少擁有這麼多錢，又或者收入超過一百萬美元產生的正常報酬，百萬富翁因此已經不會引起任何評論。」

你可能大致猜到這段話的年代，主要是因為其措辭略顯陳舊，而不是因為它認為一百萬美元算不了什麼。這段話出自《婦女家庭期刊》（*Ladies' Home Journal*）對汽車業高層和股市投機客約翰・芮思可（John J. Raskob）的訪問，文章標題是「人人都應該富有」，而那期雜誌推出一周後，「咆哮的二十年代」的多頭市場就觸頂，兩個月後就發生了一九二九年大崩盤。[1]

當時美國大眾已經宿命性地深深地愛上股票市場，但多年來創立了數個投資信託的芮思可提議人們以一種非常積極的方式參與股市，以便迅速縮短自己與有閒階級的距離。他向讀者介紹了一九二三年為通用汽車公司高層設立的名為「經理人證券公司」（Managers Securities Company）的投資信託，它由投資人投入五百萬美元的現金，並借入兩千八百萬美元作投資之用——這是極其進取的做法，是現在的共同基金全都不會容許的。芮思可指出，該基金的最低投資額為兩萬五千美元，而到他受訪時已變成了「超過一百萬美元」。他提議設立沒那麼進取的基金，一名普通儲蓄者——他稱之為「湯姆」——自己拿出兩百美元的現金，再借入三百美元作投資，然後分期償還欠款，就像他借錢買車那樣。

雖然媒體已經改變（當年主要是印刷品和無線電廣播，如今則是電視和社群媒體），但芮思可掌握的人類心理至今未變。我們看到自己的同儕變得富有，會怕自己錯過致富良機。一個富影響力、已經很有錢的人如果可以為我們指出一條致富捷徑，就會吸引很多人注意，使我們忽略那些事後看來顯而易見的警訊。

芮思可在那篇訪問中一開頭就暗示美國有大量的百萬富翁（即使在一九二〇年代巨大股市泡沫的高峰期也並非如此），這可能使許多讀者覺得自己在致富方面落後於人。

當時美國人均可支配收入略高於六千美元，而一百萬美元相當於現在的一千五百多萬美元。無論如何，芮思可是在最壞的時機提出了最魯莽的建議。「湯姆」大概會在股市大崩盤初期就已損失所有資金，然後仍將必須分期償還欠債，而他很可能既沒有工作，也沒有備用的現金。道瓊工業指數到一九三二年夏天時跌了近九〇％，而在那個還沒有聯邦存款保險的年代，大量銀行倒閉，失業率達到災難性的二五％。

伊隆、查馬斯和戴夫

芮思可堪稱他那個時代的伊隆．馬斯克，外加矽谷金融家查馬斯．帕里哈畢提亞的一些元素。一如馬斯克，芮思可憑著最新的神奇科技產品——同樣是汽車——變得極其富有。馬斯克二〇一八年在推特上謊稱他已經準備好將特斯拉私有化所需要的資金，結果使該公司股價急漲和他的資產淨值激增，因此受證券監理機關處罰，但他的「GameStonk!!」推文（附上華爾街賭場的連結，以免讀者不明白其意思）並沒有違反任何法律。他慫恿那些Reddit革命者並不是希望藉此增加自己的財富（雖然這可能是一種間接結果），只是希望使自己受他們喜愛。馬斯克後來有一些推文激起人們對他擁有的狗狗幣（Dogecoin）的興趣，而如果這種加密貨幣是一種註冊的證券，這些推文就可能違法了。

另一方面，帕里哈畢提亞是臉書公司前高層和投資公司社會資本（Social Capital）的執行長，該公司曾推出幾家股票受散戶追捧的「空白支票公司」。他在馬斯克發出「GameStonk!!」推文的同一天比較直接地受惠於他在推特上的一些惡作劇。他在推特上說，他個人買了十二萬五千美元的 GameStop 買權，二月份到期，履約價為一百一十五美元：「我們積極投入吧！！！！！！！！」[2]

GameStop 股價立即上漲近一〇％，而《華爾街日報》收到的一項分析顯示，散戶典型的少量股份交易也隨即激增。帕里哈畢提亞第二天出現在 CNBC 上，聲稱他整晚都在瀏覽華爾街賭場，但他已經賣出，這導致 GameStop 股價一分鐘內重挫三十三美元。帕里哈畢提亞賺了五十萬美元，他表示他把這些錢連同他原本投入的資金捐給了與「當沖客」戴夫．波特諾伊有關的一個慈善機構。[3]

在二〇二一年四月公開的措辭激烈的一封信中，對沖基金經理大衛．艾恩宏指馬斯克和帕里哈畢提亞這兩名富豪在這場市場亂局中扮演了關鍵角色。

他寫道：「我們注意到，GameStop 軋空的真正燃料來自帕里哈畢提亞和馬斯克，他們在關鍵時刻分別出現在電視和推特上，使局勢變得更動盪。」

艾恩宏與馬斯克互不喜歡：馬斯克稱艾恩宏為「獨角獸先生」，嘲笑他的公司最近的放空操作表現不佳，並送緞面短褲諷刺他。艾恩宏在信中抱怨華爾街「沒有警察巡邏」，而馬斯克操縱自己公司的股票也只是被監理機關輕輕打了一下手板。他指出，相對之下，曾激勵 GameStop 股價上漲的價值投資人麥可．貝瑞針對市場狀況提出警告，據稱就因此受到 SEC 調查，而他也暫停使用他的推特帳戶。

艾恩宏還指出，在付費換取委託單這種運作中，年輕的散戶投資人無意中變成為了那些證券經紀商的產品。「如果你希望經紀商為你服務，你應該支付佣金。」

在對這些投資人有影響力的人物之中，艾恩宏懶得提起的是故意使自己變得像小丑的波特諾伊。他曾在推特上告訴他數百萬名追蹤者，在羅賓漢和其他經紀商被迫限制迷因股交易那一天，他持有三支交易受限的迷因股。他寫道：「我將至死持有它們，以免忘記羅賓漢的創始人必須坐牢。」短短三個交易日之後，仍然在世的波特諾伊表示已經賣掉那些股票，損失了七十萬美元，而他的追隨者似乎沒有因此很怨恨他。[4]

波特諾伊令人印象最深刻的一次影響力展示發生在二〇二〇年夏天：他從一個袋子裡隨機選出拼字遊戲的字母片，直到它們拼出一個股票代碼，然後他就號令他的「軍隊」買進這支股票。六月十九日，他拼出了國防承包商雷神公司（Raytheon）的股票代碼

RTX，你可能記得該公司的產品愛國者飛彈在第一次伊拉克戰爭中大出風頭。雷神股票那天的交易量高達正常水準的三倍，但該股未能大漲，反而下跌。這一次他同樣沒有引起很多怨恨。

魅力十足的先知型人物

雖然在芮思可的時代還沒有這個詞，而且那些矽谷富豪會否認，但這些人就是影響力巨大的所謂「影響者」（influencers）。以現代社群媒體的標準衡量，這種地位可能不如金．卡戴珊（Kim Kardashian）或巨石強森（Dwayne "The Rock" Johnson）的地位那麼明確——他們在 Instagram 上發一條貼文就能拿到至少一百萬美元的報酬。但是，如果馬斯克願意賣他的推文，而且直接付他報酬是合法的，他能拿到的報酬將是那些幫忙推銷手提包和能量飲料的名人的很多倍，因為在股票或加密貨幣市場，價值可以創造出來並立即套現。

這甚至可能使馬斯克的無心之言變成震撼市場的事件。他在電視節目《周末夜現場》（*Saturday Night Live*）上發表評論，聲稱他曾吹捧的狗狗幣是「一種騙局」，就導致加密貨幣市場蒸發了數百億美元的價值，而羅賓漢的交易系統第二天就因為交投太活躍而癱瘓。

即使是最無害的社群媒體貼文，在迷因股軋空時期也可能是爆炸性的。萊恩．科恩二月底在推特上貼出一張麥當勞冰淇淋甜筒的照片，已經大幅回落的 GameStop 股票當天就在成交量巨大的情況下勁漲一倍。科恩想說什麼呢？有個人猜這是指股票交易的技術指標 MACD（平滑異同移動平均線）。另一個人認為，這是因為麥當勞將在 GameStop 商店裡面賣食物。有個幽默的人則猜測，因為麥當勞的冰淇淋機總是壞掉，科恩是利用那張照片表示他看到 GameStop 也壞了，但他會修復它。

在 GameStop 這個故事中，影響力最大和得到最高報酬的人當然是吉爾。在最好的時候，他的資產淨值增加了一千倍，而他只是公開他還堅持持有這件事，就足以鼓勵許多陌生人買進 GameStop 的股票。但他本身不是一名影響者。他在社群媒體上的表現使他變得富有，但他無法預見這種作用。這就像嘗試把閃電捕捉到一個瓶子裡，是非常沒有把握的事。

相對之下，馬斯克、帕里哈畢提亞和波特諾伊都知道，人們會對他們的言論有反應，而且除了受人關注的心理滿足，他們往往還能間接從中得到一些東西。有些分析師和基金經理人喜歡上財經電視節目，他們的公關助理還經常聯絡媒體，替他們爭取評論最新金融局勢的機會，他們都很希望自己能像馬斯克等人那樣影響大眾，哪怕影響力小得多也好。

人們吹噓自己的專業資歷，以及提出說法力證某支股票值得追捧，一直是金融市場的一種常態。迷因股軋空前後那段時期之所以特別，而且特別容易被有心人利用，是因為在新時代思維盛行之際，許多新手進入市場。這是大約一個世代出現一次的現象。一組有用的新技術遇到一群新投資人，他們積極追捧相關資產，以致進一步上漲只能靠故事而不是確實的數據支撐，而市場新手喜歡動聽的故事遠多於枯燥的分析。

在咆哮的二十年代，新事物包括汽車、飛機和無線電廣播，以及方便人們投資的投資信託。在繁華盛世的一九六〇年代至一九七〇年代初，則有微晶片、航太科技、綜合企業集團，以及被共同基金明星經理人搶購到事後看來估值高得荒謬的「漂亮五十」(Nifty Fifty）績優股。一九九〇年代初有網路股和火爆的ＩＰＯ新股。而在迷因股軋空發生之前的一段時間裡，新事物包括電動車、社群媒體，以及「空白支票公司」的股票發行——它們使散戶得以立即投資於一些還未通過華爾街慣常審查程序的公司。

如果當年已經有社群媒體或電視，芮思可和他那個年代的其他啦啦隊員可以產生的影響力，很可能將大得多。直到一九九〇年代初，美國電視界高層都還沒真正想出如何使關於投資的節目吸引大眾。一九八〇年代雷根多頭市場期間的主要財經節目是路易斯．盧凱瑟（Louis Rukeyser）主持的《華爾街一周》（*Wall Street Week*），它在周末股市休市時在公共電視頻道上播出，由一群嚴肅的分析師和基金經理人輪流出鏡。如今僅稱 CNBC 的消費者新聞與商業頻道（Consumer News and Business Channel）創立於一九八九年，但要到一九九〇年代中期在羅傑．艾爾斯（Roger Ailes）領導下才成功，而這個富爭議的媒體高層後來帶領勢力強大的保守派媒體福斯新聞（Fox News）創出佳績。隨著科技泡沫成形，高談闊論的財經評論者崛起，而無論是當年還是現在，只有幾個人具有真正巨大的影響力。

「一九九〇年代有亨利．布洛傑，現在有上 CNBC 節目的查馬斯。了解內情的似乎總是那種魅力十足的先知型人物，」研究矽谷的學者瑪格麗特．歐瑪拉說。

正確的有錢人類型

現在要影響最新和最活躍的那群投資人，西裝革履和在華爾街工作都不是什麼優勢。有些人會認為，對怨恨不平等加劇的新世代來說，本身已經很有錢可能不利於影響這些年輕人，但事實是這看來完全不是問題。畢竟在投資理財方面，誰會想聽窮人的高見呢？一項研究著眼於截至二〇二一年二月大疫期間富豪的財富增長，結果顯示馬斯克獨占鰲頭，資產淨值增加了近一千五百八十億美元，增幅高達六四二％。這頗大程度上可說是拜新世代投資人所賜，因為他們非常積極地追捧特斯拉這支股票，使它升至許多資深投資人認為嚴重偏高的水準，而許多人還因為看空該股而虧大錢。

仿效白手興家的有錢人不是年輕世代才做的事，它其實是美國人的典型行為。既然如此，為什麼要貶低年輕一些的普洛金但為馬斯克歡呼呢？

歐瑪拉解釋，這是因為人們認為對沖基金經理是比較典型的壞人。查德．明尼斯——那個對券商限制迷因股交易憤怒不已，為此發起了一個政治行動委員會的散戶投資人——表示，相對於直言無諱的矽谷富豪，多數企業高層和政客使他和他這一代人覺得很疏離。

「他們用那種方式說話——使用很多字詞，但沒有說出很多東西，」明尼斯說。「這顯得不真誠。相對之下，伊隆與人交談就像是一般人與朋友交談。」

帕里哈畢提亞受年輕投資人注意要比馬斯克晚一些：二〇二〇年春天美股暴跌時，

他在 CNBC 節目上抨擊對沖基金經理人，並且反對政府援助陷入困境的企業。「我們是在講……為一些富豪的家族帳房服務的對沖基金？誰在乎呢？」他說。「他們在夏天無法到長島漢普頓度假？誰在乎呢？」

那天他贏得很多粉絲。

「過去幾個星期裡，看著我們的投資組合付諸一炬，真的很痛苦，然後這個混蛋出來為我們所有人講話，真的使我笑了出來，」華爾街賭場一名版友當時寫道。[5]

後來，在迷因股狂熱的高峰期，在羅賓漢等券商限制投資人買入某些股票的那一天，帕里哈畢提亞在推特上發言支持那些想把 GameStop 股價推上天際的散戶：

「在不確定的時刻，在需要勇氣和力量的時候，你會發現誰是真正的社團主義人渣。」[6]

「SPAC 耶穌」

這或許就是五十步笑百步吧。帕里哈畢提亞是數家特殊目的收購公司（SPAC）的發起人，這種空白支票公司當時大受歡迎，散戶投資人的熱情對他非常有利。他嘲諷高級金融業，是宣傳他與支持其 SPAC 的投資人團結一致的高招。SPAC 的條款對帕里哈畢提亞這種發起人非常有利，他們在順利時能以很低的成本控制多達五分之一的股份。

放空者卡森．布洛克（Carson Block）曾寫報告批評帕里哈畢提亞藉由合併推出市場的一家公司，他對帕里哈畢提亞道貌岸然的表現非常反感，嘲笑他是「SPAC 耶穌」。另一方面，艾恩宏在他那封信中指責帕里哈畢提亞試圖藉由打擊羅賓漢，使他自己的一家公司間接得益：

「帕里哈畢提亞先生控制著與羅賓漢競爭的 SoFi，他使我們產生這種印象：藉由引起 GameStop 的震盪，他可以損害一個競爭對手。」

帕里哈畢提亞還從大型金融機構那裡籌集了大量資金，而他也享受著金融家一些典型的生活方式。一如普洛金，他也是一支職業籃球隊的主要東主，而他的球隊是金州勇士隊。

波特諾伊也很快接受那隻他剛咬過的手餵食。在矢言與散戶投資人同進退但迅速食言數天之後，他宣布與 ETF 公司 VanEck 合作，推出股票代碼為 BUZZ 的基金，希望藉由追蹤社會情緒創造出色的績效。VanEck 表示，該基金將利用人工智慧技術每月追蹤一千五百萬條社群媒體貼文。[7]

該基金立即大獲成功：彭博行業研究（Bloomberg Intelligence）的資料顯示，該基金一推出吸引到的資金幾乎比以往任何一支ＥＴＦ都要多，並創下了史上第三高的開盤量。波特諾伊這個影響者利用他的影響力，幫助一家華爾街公司利用社群媒體影響者的力量，藉由將這種影響力賣給最容易受影響的人來賺錢。該基金的行銷資料宣稱：「社群媒體和行動技術已經根本改變了我們與股票互動的方式。網路上每天都有許多人喋喋不休。不斷變化的情緒和我們的集體觀點顯然會影響股票的價值。」

它強調了財經影響者在多頭市場中的重要性（迷因股軋空只是這波多頭中最瘋狂的部分），然後指出，該基金的基準指數在基金推出前的一年裡上漲六八%，漲幅遠高於股市大盤的二〇%。關於歷史績效無法預示未來表現的法定提醒，則在下方以比較小的字體呈現。

散戶投資人當中也出現零星的懷疑。一名華爾街賭場的成員在題為「這些富豪不是我們的朋友」的貼文中寫道：

「他們鼓勵我們投資和持有，是因為他們可以從漲勢中獲利更多；他們這麼做不是因為他們看到了不公正的事，而是因為這符合他們的最大利益。」[8]

那些不是火箭飛船表情符號或與交易有關的回應，則對那些富豪友善得多。

「這個子版喜歡馬斯克。他為我們許多人賺了很多錢，」有個回應這麼說。

「他們不是我們的朋友，但也有一些是我們的盟友。如果你只是因為他們非常富有就對同一陣線的人不敬，最終將不會有任何人與你並肩作戰，」另一回應寫道。

富豪的 Clubhouse

除了提升品牌形象和提高自己的資產淨值，聲援那些因為無法繼續買入 GameStop 的股票而憤憤不平的交易者，也可能是矽谷富豪避免被一群歸根結柢對經濟不公平非常不滿的人攻擊的一種方式。在迷因股狂熱的高峰期，來自紐約的進步派眾議員歐加修寇蒂茲（人稱 AOC）邀請帕里哈畢提亞參加流媒體直播平台 Twitch 上的對話。這場對話因為無法解決時間安排問題而沒有成事，但如果成事，對話氣氛是否友善實在令人好奇。AOC 過去曾抨擊有錢人，包括摩根大通執行長傑米．戴蒙（Jamie Dimon）和亞馬遜創始人傑夫．貝佐斯。

「從來沒有人真的賺到十億美元，他們只是拿走了十億美元，」AOC 二〇二〇年一月與作家塔奈希西．科茨（Ta-Nehisi Coates）對談時說道。一年前，也是在與科茨對談時，AOC 表示，一個社會在有人生活貧困時「容許富豪存在」是「不道德的」。[9]

甚至連七十一歲的華爾街對沖基金富豪雷・達里歐（Ray Dalio），也似乎試圖討好那群交易者。他顯然對許多人謾罵有錢人相當不安。

「我比較憂心的是，我們國家現在幾乎每一方面都瀰漫著一種憤怒，以及近乎仇恨的情緒，還有那種希望打倒某些人的想法，」達里歐接受《華盛頓郵報》訪問時表示。但他接著就說：「他們使我想起我在那個年紀的許多事情。我很年輕就開始投資，當時很叛逆，想以自己的方式去做，也想打倒舊事物。」[10]

波特諾伊因為自己損失了一大筆錢，被華爾街賭場那群交易者視為盟友，他在推特上說弗拉基米爾・特內夫「從我這裡偷了錢，應該入獄」。

他還與最富有的其中一個華爾街業者發生了糾紛。有別於其他對沖基金老闆，普洛金的導師史蒂文・科恩在軋空事件發生時，自己的推特粉絲人數相當可觀，約有二十萬。科恩的推文通常是談他身為大股東的職棒球隊紐約大都會，而不是講投資，但他犯了一個錯誤：在他幫助他的門生的消息曝光之後，他回應了那些辱罵他的革命者。

「今晚推特上許多人很刻薄。嘿，股票騎師們，繼續努力吧。」[11]

那個星期晚些時候，當羅賓漢和其他經紀商限制股票交易時，波特諾伊錯誤指控科恩這個六十四歲的富豪是幕後黑手。科恩說他的家人收到恐嚇訊息，他因此暫停使用他的推特帳戶。[12]

馬斯克也繼續發難。「為什麼人們不能買入 GameStop 的股票？人們要求一個答案，」他一月三十日在語音應用程式 Clubhouse 上受訪時這麼說。

那場對談的主持人之一是另一富豪馬克．安德森，他是羅賓漢的早期投資人，也是 Clubhouse 的投資人。Clubhouse 辦這場對談，但無法滿足那些想聽馬斯克講話的人的巨大需求。這個應用程式在私募市場的估值當時剛達到十億美元。馬斯克那個星期在推特上談到 Clubhouse，結果使不相關的上市公司 Tongji Medical（同濟醫療）的股價飆漲，市值連續幾天達到高於 Clubhouse 估值的二十五億美元——不久之前，Tongji Medical 更名為 Clubhouse Media Group（Clubhouse 媒體集團）。圈子裡有圈子，人人都發財，除了那些買錯 Clubhouse 的可憐散戶。

「我只知道我在賺錢」

Reddit 是在迷因股軋空中扮演了主要角色的社群媒體網站，但它不是年輕人在投資資訊或想法方面的唯一線上來源，甚至不是最主要的來源。LendingTree 旗下媒體公司 MagnifyMoney 二〇二一年一月底訪問了超過一千五百名Z世代和千禧世代，發現接近一半的人在之前一個月裡曾在社群媒體上尋找「投資研究」資訊。他們喜歡的媒介看來是影片和圖片，而不是枯燥的文字：遙遙領先的最主要資訊來源是 Google 旗下的 YouTube，四一%的受訪者曾利用它尋找投資資訊，而 TikTok 和 Instagram 分別以二四%和二一%居第二和第三位。然後是臉書群組和推特，而 Reddit 以一三%排在後面。[13]

中國的字節跳動公司擁有的 TikTok 特別受年輕世代中的年幼者歡迎，而截至二〇二一年七月，該平台上加上 #FinTok 或 #investing 主題標籤的影片已經積累了近七十五億次觀看。[14] 該平台上的影響者只要能吸引到大量的觀看次數和粉絲，則無論他們的建議是好是壞，都能賺大錢。當過數學老師的 Steve Chen 就利用他的帳戶 calltoleap 轉型成為一名「投資大師」，他說他一個月能賺到約一萬美元。其貼文的標題包括「買入 GME 的買權」和「買進熱門股票！」[15]

TikTok 上也有人提供一些比較令人尷尬的投資建議。例如有段影片跨界瘋傳，二〇二一年一月獲得數百萬次觀看，並在推特上受到大量嘲諷。在這段影片中，帳戶名為 @chadandjenny 的年輕伴侶 Chad 和 Jenny 解釋了他們如何靠投資所得全心旅行，不再工作。

「我看到一支股票在上漲，我於是買入，然後我就看著它，直到它停止上漲，然後我就賣掉它，」Chad 解釋道。「我一次又一次地這麼做，賺到的錢足夠支付我們所有的生活費用。」[16]

幽默大師威爾．羅傑斯（Will Rogers）比他早約一個世紀打趣道：「不要賭博；拿你所有的積蓄去買一支好股票，一直持有到它上漲，然後賣掉它。如果它不漲，就不要買它。」

值得一讚的是，Chad 靈活應對嘲笑，利用他新得到的名氣開了全新帳戶 @crappy-wallstreetadvice（帳戶名稱的意思是「糟糕的華爾街建議」）。

你到底是不是機器人？

說到這一點，有心人利用社群媒體操縱股價，「拉高倒貨」（pump and dump），坑殺不知情投資人的情況越來越多。這種手段有悠久而骯髒的歷史，但隨著網際網路和股票留言板的出現而有了新發展。早期一些比較重要的案件，或至少是那些成功起訴的案件，涉及非常年輕的主謀。例如當年十七歲的科爾．巴蒂羅莫（Cole Bartiromo）買入十五家公司的股票，然後在雅虎和 RagingBull 留言板上貼出關於這些公司的假新聞公告。更年輕的喬納森．李柏（Jonathan Lebed）當年只有十五歲，採用了類似手段，最後被 SEC 充公獲利。

有別於當年的青少年犯案，二〇二一年這種案件的主謀很可能是資源多得多和老練得多的人。華爾街賭場的許多成員懷疑，隨著 GameStop 的故事成為頭條新聞，這個論壇已經被有組織的犯罪分子利用「機器人」（bots）——演算法或收錢利用多個帳戶替人貼文的人——滲透了。其他人則認為，迷因股軋空，或至少是當中一些元素，已經顯露機器人活動（bot activity）的跡象。這種機器人不但創作貼文，還利用社群媒體網站的運作規則宣傳其他人的貼文，使它們更引人注目。這當然會令人擔心華爾街賭場等論壇上的投資建議是否可靠。

且以並非由帕里哈畢提亞發起的空頭支票公司 Churchill Capital IV 為例（沒錯，這個公司名字已經有後附羅馬數字一、二、三的版本）。二〇二一年二月，該 SPAC 的股價因為散戶大量買入而飆升至六三．二〇美元，這非常奇怪，因為它還沒有注入任何資產，基本上就是持有一堆資金，每股的價值最多只是其首次公開發行價十美元。不久之後，它與還沒有營收的特斯拉競爭對手 Lucid Motors 達成合併協議。Churchill 的股價數天內跌了一半，結果 Reddit 上有人指控有心人在搞放空陰謀。到了那個周末，尋求伸張正義和懲罰空頭的一個 Reddit 子版已經吸引了超過三萬名成員。[17]

Madmax212121 在該論壇上寫道：「來建立一個 Lucid Wall Street Bets（LWSB）群組，全力做多吧——Churchill Capital IV（CCIV）被協調行動的群體和操縱者大量放空。為什麼我們不能建立一個 LWSB 群組來捍衛它呢？你願意加入嗎？」

這篇貼文是由一個接近一月底才加入 Reddit 的用戶發出的，到第二天早上已經累積了近七千條評論和超過八千個好評，還有支持者矢言買入更多 CCIV 的股票，並設法防止股票落入放空者手上。但是，只要迅速查一下資料就會發現，CCIV 這家 SPAC 的空單餘額僅為其股份的二%左右，而且它只是宣布了合併案但尚未完成合併。CCIV 股價下滑引起憤怒，要麼是代表那些堅持認為十美元的鈔票價值六十美元的發文者完全誤解了情況，要麼是因為有心人操弄網友民意，企圖借助迷因股軋空的能量操縱股價。例如，Socaltexasgirl 對原始貼文的以下回應在一些人看來就十分可疑。

「沒錯！！！這支股票我要全力買進！！！我一有餘 $$$，就會買入 CCIV 的股票，這樣我就能以這種低價蒐集一大袋。」[18]

不止一個發文者說，從遣詞用字看來，該回應不像是英語母語人士寫的，而是像來自俄羅斯或中國的網軍農場。這個只有兩個月歷史的帳戶貼出的東西，全都是關於迷因股的。在受到質疑時，該用戶以更笨拙的文字聲稱她真的就是一個從南加州搬到德州的女孩，一如她的用戶名所暗示。核實這個人的身分涉及認真的偵查工作，但無論如何，懷疑機器人或網軍活躍於社群媒體上看來是合理的。華爾街賭場一名發言人對哥倫比亞廣播公司新聞網（CBS News）表示，確實發現這個 Reddit 子版上出現大量的「機器人活動」，包括許多貼文內容相似。[19]

如果研究公司 Epsilon Theory 的負責人班・亨特(Ben Hunt)說的並不離譜，那麼「大量」就是太輕描淡寫了。在接近迷因股軋空高峰期的二〇二一年一月二十九日，他觀察了華爾街賭場八個小時，發現在這段時間裡，三萬個貼文有九七%後來消失了，因為它們被版主和篩檢程式刪除或封鎖了。他說，很難知道這當中有多少是自動發出的，又有多少是來自還沒有資格發文的新用戶。Reddit 發言人 Sandra Chu 說，那些在得到好評之前就被刪除的貼文，不會得到很多注意。

「我認為重要的是，所有向華爾街賭場發出的貼文，無論是否來自機器人，都是為了影響人類讀者的行為，」亨特說。他指出，他的公司並不是想做相關研究，也不是想從這個群組獲得投資構想。「不管是不是自動的，九九．九%的貼文都是希望為其作者想要滾下山的雪球增加雪量。」[20]

Reddit 共同創始人暨執行長史蒂夫．霍夫曼在國會關於 GameStop 的聽證會上被問到網路機器人問題，他否認這種機器人發揮了「重要作用」，但沒有詳細說明。Sandra Chu 表示，Reddit 將機器人活動定義為「內容操縱」。

在迷因股軋空期間，機器人活動似乎也出現在其他地方。網路安全公司 PiiQ Media 的一項研究著眼於推特、臉書、Instagram 和 YouTube（但沒看 Reddit），發現那段期間出現圍繞著迷因股的可疑跡象，包括反映機器人活動的「啟動和停止形態」。[21] 該研究補充道，數百美元就可以在網路上買到數千個假帳戶。

但即使是非常有說服力的網路機器人，如果它們想操縱大公司的股票，也會很吃力。操縱廉價股就容易得多，而且往往非常有利可圖。訣竅是先引誘人們投資於監理寬鬆的高風險股票類別。因為有零佣金交易帳戶可用，而且往往不知道場外交易市場與主要交易所的差別，散戶投資人在迷因股軋空期間無疑非常勇猛。二〇二〇年十二月，廉價股的交易量達到令人難以置信的一兆股。

無牙的監理機關

散戶因為機器人活動而蒙受的損失，並不是落入華爾街公司的口袋——賺走這些錢的是法律往往鞭長莫及的操縱者，他們通常能精明地躲避追查。不過，華爾街也有間接責任，而且有責任的並非只是那些使交易變得非常輕鬆的經紀商和批發商。那些壞人能行惡，也有賴其他公司予以方便。私人控制的證券交易所渴望企業在它們那裡掛牌和收取費用，往往連最低限度的市場監理也不做。例如，艾恩宏就在他那封信中指出，有家公司只是在紐澤西州擁有一家熟食店，該店在過去一年大部分時間裡都沒有營業，但該公司股票市值達一億美元。這家公司由一名曾被指控詐欺的金融業者控制，他在澳門和香港擁有位於同一辦公室的一系列公司。

新聞報導往往引發美國證券監理機關的一系列行動。散戶投資人的廉價股交易量創出歷史新高數周之後，SEC 表示，由於出現「有問題的交易和社群媒體活動」，暫停十五支股票的交易。Wisdom Homes of America Inc. 是這些公司當中典型的一家，它看來連一個可以正常運作的網站都沒有。其執行長似乎與形形色色的其他公司有關，包括一家大麻公司，而且他最近成為民事詐欺案的被告。該公司股價異常飆升，在股票停牌前從十分之一美分上漲逾一倍至超過十分之二美分。[22]

當局確實有提醒投資人要注意些什麼，但是，如果從社群媒體上的反應看來，SEC和其他機構雖然在反詐欺或只是引導投資人遠離網路炒作方面有所作為，但面臨嚴重的信任和行銷問題。例如SEC有個相當活躍的推特帳戶致力於投資人教育，但它的追蹤者只有馬斯克帳戶的〇．二%左右。它有一條推文這麼說：「正在考慮投資最新的熱門股票嗎？請務必認識基於社群媒體的短期交易的重大風險。」幾乎每一個回應都是挖苦的。[23]例如：

「正在考慮擁有最新的熱門股票嗎？要知道，我們會因為人們敢於談論一支股票，並有買／賣的自由意志而暫停／凍結其交易，但富豪放空該股和券商僅容許客戶賣出則是完全沒問題的。」

「他們精通如何在制度內作弊。然後SEC（@sec）還不明白為什麼九九%的人憎惡華爾街。因為他們總是踩著小人物爬上去。」

「權勢者改變規則坑殺別人時，散戶投資人理應像銀行那樣得到救助。你們欠我們一次救助。」

諸如此類。

俗話說，魚是從頭部開始腐爛的。比較認真地審核新證券，或對那些很酷很有錢的影響者可能別有用心的行為處於較重的懲罰，很可能不會受最新、最年輕的投資人歡迎，但美國證券監理機關拒絕這麼做則是辜負了他們。政府不能，也不應該限制言論自由。但是，許多影響者經由他們自己的公司得益於公開市場，而且直接或間接地得益於他們經由社群媒體發表的影響市場的言論。利用公眾的儲蓄是一種特權，而不是一項權利。矽谷在許多方面對華爾街產生了正面影響，但它對美國資本市場的自由放任態度，加上華府在這方面的懦弱無為，已經使這個年代成為對普通人來說最危險的年代——而資本市場能夠運作，正是有賴普通人的儲蓄。

1. John J. Raskob, “Everybody Ought to Be Rich,” *Ladies Home Journal*, August 1929.
2. Chamath Palihapitiya (@chamath), “Lots of $GME talk soooooo. . . . We bought Feb $115 calls on $GME this morning. Let's gooooooo!!!!!!!!” Twitter, January 26, 2021, 10:32 a.m., twitter.com/chamath/status/1354089928313823232.
3. Matthew J. Belvedere, “Chamath Palihapitiya Closes GameStop Position but Defends Investors’ Right to Sway Stock Like Pros,” CNBC, January 27, 2021.
4. Dave Portnoy (@stoolpresidente), “I own $amc $nok $nakd. I bought them with the understanding we live in a free market where people can buy and sell stocks fair and square and at their own risk. I will hold them till the death as a reminder that @RobinhoodApp founders must go to prison,” Twitter, January 28, 2021, 11:42 a.m., twitter.com/stoolpresidente/status/1354832177498873860.
5. Peter Rudegeair and Maureeen Farrell, “When SPAC Man Chamath Palihapitiya Speaks, Reddit and Wall Street Listen,” *The Wall Street Journal*, March 6, 2021.

6. Chamath Palihapitiya (@chamath), "In moments of uncertainty, when courage and strength are required, you find out who the true corporatist scumbags are," Twitter, January 28, 2021, 12:14 p.m., twitter.com/chamath/status/1354840270064377858.
7. VanEck, "VanEck Social Sentiment ETF Overview," retrieved August 2021, www.vaneck.com/us/en/investments/social-sentiment-etf-buzz.
8. Repfam4life, "These billionaires are not our friends," Reddit, January 29, 2021, www.reddit.com/r/wallstreetbets/comments/l7sx16/these_billionaires_are_not_our_friends.
9. Eliza Relman, "Alexandria Ocasio-Cortez Thinks Billionaires Shouldn't Exist as Long as Americans Live in Abject Poverty," Business Insider, January 22, 2019.
10. Alan Mirabella, "Dalio Says GameStop Drama Reflects Growing Intolerance in U.S.," Bloomberg, January 29, 2021.
11. Steven Cohen (@StevenACohen2), "Rough crowd on Twitter tonight.Hey stock jockeys keep bringing it," Twitter, January 26, 2021, 8:47 p.m., twitter.com/StevenACohen2/status/1354244563670601728.
12. Kevin Draper, "Mets' Cohen Deletes Twitter Account after Threats," *The New York Times*, January 30, 2021.
13. Julie Ryan Evans, "Nearly 60% of Young Investors Are Collaborating Thanks to Technology, Often Turning to Social Media for Advice," *MagnifyMoney* (blog), February 22, 2021, www.magnifymoney.com/blog/news/young-investors-survey.
14. Sophie Kiderlin, "Gen Z Investors Are Taking More Risks, Picking Up Bad Investing Habits in the Race to Get Rich Quick, Survey Finds," *Markets Insider*, June 27, 2021.
15. Laila Maidan, "Math Teacher Went from $5,000 a Month to $28,000 Thanks to 6 Strategic Money Decisions," *Insider*, March 15, 2021.
16. Justina Lee, "Robinhood couple in viral TikTok discover momentum trading, net 2,000% return in one month," *Financial Post*, January 21, 2021.
17. Will Daniel, "Churchill Capital Corp. IV Retail Investors Stung by the Steep Drop following the Lucid Motors Deal Are Banding Together on Reddit to 'Defend' the Stock," *Markets Insider*, February 26, 2021.
18. Socaltexasgirl, "Response to 'LWSB : Lucid Wall Street Bets , all longs - CCIV heavily shorted by coordinated groups and manipulators. Why can't we have a LWSB and defend . Are you IN ?" Reddit, February 25, 2021, www.reddit.com/r/CCIV/comments/lsfnhm/comment/gor6o2v.
19. Stephen Gandel, "WallstreetBets Says Reddit Group Hit by Large Amount of Bot Activity," *MoneyWatch*, CBS News, February 2, 2021.

20. 班・亨特 2021 年 2 月 27 日經由 Twitter Direct Message 受訪。
21. Michelle Price, "Bots Hyped Up GameStop on Major Social Media Platforms, Analysis Finds," Reuters, February 26, 2021.
22. Securities and Exchange Commission, "SEC Suspends Trading in Multiple Issuers Based on Social Media and Trading Activity," press release, February 26, 2021.
23. SEC Investor Ed (@SEC_Investor_Ed), "Thinking about investing in the latest hot stock? Don't let short-term emotions disrupt your long-term financial objectives. . Take the time to do your homework first. Tools + resources that can help: https://go.usa.gov/xHsPD," Twitter, February 25, 2021, 2:10 p.m., twitter.com/SEC_Investor_Ed/status/1422256225207607297.

16 我們已經正式打爆了市場

二〇二一年一月二十七日

短短四十八小時內，迷因股軋空已經從密切關注市場的人可能會有預感的一件事，變成了重大國際新聞。到了周三早上，隨著 GameStop 成為每一個人的談資，許多交易者都在尋找具有類似特徵的股票（也就是規模較小、空單餘額很高的公司），並且全力買進。

股價飆漲的公司名單，會使人覺得時光倒流至二〇〇五年。除了已經過氣的 GameStop，曾經主導市場的手機先驅諾基亞股價上漲超過一倍，交易量是正常水準的許多倍。立體聲耳機製造商 Koss 的股價更是狂漲至周五水準的二十倍，交易量約為正常水準的三百倍。黑莓和 AMC 也飆升。

這一天的買權交易量創出歷史新高，因為散戶積極買入——他們希望賺取最大利潤，又或者助長伽瑪擠壓。當天全世界最受歡迎的買權是履約機率非常低的合約——它押注 GameStop 股價將在數天內升至八百美元，也就是該股當天收盤價的兩倍有餘。由於交投極其活躍，數家經紀商的系統不時當機。

「我們已經正式打爆了市場，」華爾街賭場版上一名自豪的版友寫道。[1]

Reddit 革命在這一周稍後將成為更大的新聞，但一月二十七日周三這天標誌著市場本身的一個高潮——S3 Partners 的伊霍爾．杜薩尼夫斯基估計，光是 GameStop 放空者這一天就損失超過五十億美元。[2] 許多基金是在過去幾天才放空 GameStop，因為他們認為 GameStop 已經漲過頭。那是在伊隆．馬斯克那條推文和其他影響者的影響進一步推高 GameStop 股價之前。

「率先出手的人製造了第一次軋空，」杜薩尼夫斯基說。「然後在股價接近七十美元時，又出現一次巨大的軋空。」

有一些人認為這沒什麼大不了。CNBC 的邁可．桑托利（Michael Santoli）觀察到，空單餘額超過已發行股份五分之一的所有公司，總市值只有四百億美元，僅占美國所有上市公司的千分之一。[3]

但是，他的雇主整天不停報導這場軋空，彷彿世上已經沒有其他重要的事。而雖然迷因股的價格飆升至它們在自身鼎盛期過後不曾達到的高位，有些甚至創下歷史新高，美國另外九九．九%的上市公司股票並沒有突然變得非常火爆。美股周三出現幾個月來的最大跌幅，有些人當時認為這是因為華爾街專業人士被這場散戶起義嚇到了。借了最多錢給對沖基金的高盛後來提出了一種比較有說服力的說法。

絕大多數放空是對沖基金做的，它們樂見股市大盤上漲，而即使它們放空的股票小漲，它們也不會很沮喪——只要這些股票的漲幅小於它們做多的股票。但它們現在因為以極快的速度虧損，在積極回補空頭部位之餘，還被迫賣出它們做多的股票。高盛的資料顯示，這些對沖基金周三的股票拋售量是全球金融危機以來最多的一天。因此，雖然這場軋空表面上是幫助小人物的一次革命，但它暫時壓低了構成美國人絕大多數退休儲蓄的股票的價值。

不過，至少凱斯．吉爾看來可以安心退休。他的資產淨值在這天結束時達到四千七百萬美元，其中近一千四百萬美元是已經安全入袋的現金。這一天，《華爾街日報》記者朱麗亞安布拉．維萊恩（Julia-Ambra Verlaine）冒著大雪從紐約開車到波士頓郊區，訪問了吉爾的母親。

「他總是喜歡錢，」伊蓮．吉爾（Elaine Gill）說。這個《華爾街日報》的讀者確保記者聯絡到她兒子。[4]

其他記者也在嘗試聯絡她，他們已經將吉爾在網路上的角色與他本人聯繫起來。六年前，吉爾在新罕布夏州解散了咆哮小貓有限責任公司（Roaring Kitty LLC），而註冊資料上的名字與萬通人壽保險理財諮詢部門「好同伴」（In Good Company）網站上一名員工的資料一致。在該網站上的照片中，吉爾是個比較整潔的專業人士。因為他十二月曾以DeepFuckingValue的身分，在華爾街賭場版上貼出他一段影片的截圖，追查他身分的記者得以確認他是誰。第二天，維萊恩在波士頓一家飯店的大廳獨家訪問吉爾，當晚攝影師卡亞娜·齊姆扎克（Kayana Szymczak）在吉爾昏暗的地下室裡拍下他如今標誌性的照片：他以紅色頭巾束著他的棕色長髮，多個電腦螢幕發出的藍光照亮了他的臉。維萊恩小心核實吉爾的身分和他的交易狀況，要求他登入他的E*Trade帳戶，並且在華爾街賭場版上以DeepFuckingValue的身分發了一篇貼文。

可惜不是每一名記者都如此小心。在人們對普通人發小財興奮不已之際，媒體開始尋找窮人發大財的故事——越瘋狂越好。《紐約郵報》記者瑪麗·雅各（Mary K. Jacob）周三看到以下推文，然後就上當了：

「剛剛趁我父母在工作，拿他們的房子辦了二胎房貸，好讓我可以買入更多AMC和GME。我們衝吧！！」

雅各私訊聯絡該推文的作者、二十二歲的傑克．韋斯特（Jack West），第二天報導了他講述的故事：他在關掉鏡頭的情況下利用Zoom聯絡所在地區一家銀行，順利取得房貸。但即使是最粗心的銀行業者，也不會落入如此笨拙的圈套，而且兩天內錢就存入交易帳戶是不可能的。福斯新聞轉載了該報導，然後韋斯特才說他們被騙了。[5]

毫無疑問，那個星期在社群媒體上為自己發大財而歡呼的魯莽賭徒和一夜暴富者當中，還有很多其他偽裝者。不過，許多故事是真的，因為害怕錯過的心態促使許多人投入這波熱潮，而有些人是在迷因股接近見頂時投入。其中一個在不當時機冒險的人是薩爾瓦多．維加拉（Salvador Vergara），他是維吉尼亞州一名二十五歲的保全，在此之前在理財方面做對了很多事。他和父親住在一起，吃「很多米飯」，開一輛和他差不多年紀的本田思域，存了五萬美元投資在指數基金上。但他是華爾街賭場的成員，而他在這裡看到的東西促使他以高昂的利率借了兩萬美元的個人貸款，用這些錢以每股二百三十四美元的價格買入GameStop。

「我認為它可以漲到一千美元，當時我真的相信這種誇張的說法。這真的很糟糕。」[6]

為什麼是一千美元？因為那是華爾街賭場版上的人不斷提到的目標價。這是個令人嚮往的大整數。但是，從來沒有人提出令人信服的理由，說明為什麼目標價不應該是一百美元或一萬美元，也不曾有人確切說明在那些邪惡的對沖基金破產之後，大家要如何處理手上的 GameStop 股票——這家虧損的零售商的股價如果漲到一千美元，將是其不久前股價的兩百五十倍。在買入 GameStop 之前，維加拉一直投資在保守的基金上，而因為這些基金持有非常多支股票，他不必理會某支股票的價格是否合理。

但突然間，他自信到願意借錢作一場豪賭。金融民主化即使做到極致，而且積極推廣理財教育，多數人仍將沒有能力估算股票的合理價值。甚至是擁有 MBA 學位和多年經驗的分析師，在估算目標股價方面也做得很差。在網路股的榮景期，他們經常提出離譜的目標股價，傷害了許多信任他們的散戶，結果導致整個行業受整頓。但至少他們必須提出可受檢視的盈利預估。現在，證券或加密貨幣的價格只是一個與符號或名稱掛鉤的數字，而西裝革履的專家一次又一次地錯失良機。GameStop 和許多其他投資標的已經不再是 stocks（股票）——它們現在是「stonks」。

1. Anonymous, "We've officially broken the market," Reddit, January 27, 2021, original post deleted, www.reddit.com/r/wallstreetbets/comments/l662z0/weve_officially_broke_the_market.
2. 伊霍爾・杜薩尼夫斯基 2021 年 4 月 6 日經電話和電子郵件受訪。
3. Michael Santoli, "It's Likely Going to Take a Constant Stream of Excited Buyers to Keep the GameStop, AMC Rally Going," CNBC, February 1, 2021.
4. Julia Verlaine and Gunjan Banerji, "Keith Gill Drove the Reddit GameStop Mania: He Talked to the Journal," *The Wall Street Journal*, January 29, 2021.
5. Reed Richardson, "NY Post Deletes Story after Getting Duped by Post by Random Twitter User Who Pushed Absurd Story about Buying GameStop Stock," *Mediaite*, January 28, 2021.
6. Rachel Louise Ensign, "GameStop Investors Who Bet Big and Lost Big," *The Wall Street Journal*, February 15, 2021.

17 哈哈哈，什麼都不重要

「人人都把它歸類為雪茄煙蒂，然後置之腦後……但這不是那種已經完全過時的狗屎，」咆哮小貓邊說邊把一支未點燃的雪茄放進口中。「它的最後一口〔誇張的乾咳聲〕，真的是自我改造成頂級遊戲中心的好機會。」

尚未成名的凱斯・吉爾二〇二〇年八月發表的關於 GameStop 的 YouTube 影片，當時可能只有不到五十個人看，而這些人當中很可能沒有幾個知道，他提到的雪茄煙蒂，是指價值投資之父班傑明・葛拉漢（Benjamin Graham）青睞的那種還剩下一點生命力的落魄公司。葛拉漢最好的學生華倫・巴菲特將他的方法稱為「雪茄煙蒂」投資法。

「雖然煙蒂可能髒兮兮又濕漉漉，但那口煙是免費的。」[1]

巴菲特後來從追尋深度價值標的，轉向以合理的價格投資於可口可樂、蓋可（GEI-

CO）和美國運通等優質公司，並且發了大財。吉爾在那段影片中想說的是，GameStop這家當時他已經關注了超過一年的電玩零售商，在股價便宜之外還有其他誘人之處。撇開喝啤酒、抽雪茄和說髒話，八月那段影片和吉爾發表的許多其他影片，在說明某些標的為何值得投資方面，表現不遜於專業的基金經理人向投資委員會所作的報告。

短短幾個月內，這個特許金融分析師不必等待時間證明他的論點站得住腳，就將積累絕大多數專業投資人終其一生都賺不到的財富。價值投資往往需要驚人的耐性，但股票投資人有時很幸運。吉爾的運氣某程度上是他自己創造的：他鼓動多方力量追捧GameStop，使該股升至他的目標價，然後再狂漲至該目標價的好幾倍。諷刺的是，他花了一年半的時間提出完全合理的論點，說明他為何看好 GameStop 這支股票，但他的成功最終說服了以新手為主的數百萬名投資人去買賣「stonks」。

Stonks 崛起

Stonk 這個詞用在投資方面是新事物，新到你去查《韋氏詞典》(*Merriam-Webster*)，會發現它還只是收入了「密集的炮火」這個意思，不會告訴你 stonk 可以是指那種看來只有蠢人才會買入但不知為何還是上漲的股票。[2] 有關一支股票是不是stonk，許多人會想說出關於何謂色情的名言「你看到就知道」，然後不再探討。美國最新的一代投資人普遍對金融業反感，但只經歷過一個幾乎不間斷的漫長多頭市場；對他們來說，買入一支stonk並且賺到錢（很可能比穩健的投資好賺得多，而且快得多），是兩全其美，吃完蛋糕還能擁有它。這意味著投資這件事根本不必那麼認真看待。正如喬丹．魏斯曼（Jordan Weissmann）在線上雜誌Slate寫道：

「這符合當沖客的心態，他們視自己為與華爾街作對的派對破壞者，創作迷因把自己比作是小丑或復仇者，並可能吹噓自己在一家公司即將崩潰時故意買入其股票，就像《蠢蛋搞怪秀》（*Jackass*）中的人故意被踢蛋蛋那樣。」[3]

不過，這種瘋狂投資的訣竅，是在蛋蛋被踢之前賣掉股票。一支乏味的老股票最終可能帶給你不錯的穩定報酬，但在二〇二〇和二〇二一年，一支stonk即使價格已經高達具有金融觸覺的認真投資人認為合理的股價的五倍，仍大有可能繼續飆漲，升至合理股價的十倍或二十倍。

「市場上有一組已經走下坡的股票，」投資社群論壇Stocktwits的創始人、前對沖基金經理、羅賓漢的早期投資人霍華德．林德森解釋道。他舉起他的智慧型手機說：

「如果人人手上都有這東西，就會出現一種金融懦夫遊戲。」

二〇二〇年和尤其是二〇二一年初，在這種懦夫遊戲中先認輸的是那些職業和財富受威脅的專業人士。不過，那些以年輕的新投資人為主、幫助將一些股票變成 stonks 的人並非全都一樣。有些人看到某個數字，例如華爾街賭場版上許多貼文提到的 GameStop 目標股價一千美元，並認為這有一定的根據，是比較有見識的人已經知道的。另有許多人只是看到一條向右上升的線，並認為他們能夠跳上去搭便車，然後在股價停止上漲之前下車——這是「比傻理論」（greater fool theory）。年輕的羅賓漢客戶和資深的華爾街賭場成員賽斯．馬霍尼就屬於後者。他說，在二〇二〇年和尤其是二〇二一年初，他不斷瀏覽社群媒體，不時積極買進一些他基本上一無所知的股票，因為他有預感許多人將開始推高其股價。

「我真的會在推特上看到一些東西，而這些東西會漲一倍或兩倍——我很害怕錯過這種好機會。」

他說，他常因為買得太晚或賣得太慢而虧錢。有些 stonks 只要能夠保持動能，避免被新的熱門標的搶走風頭，可以抵抗地心引力多個星期或多個月。但地心引力最終還是會發揮作用。請容我改寫班傑明．葛拉漢最著名的那句話：短期而言，市場是一集《美國達人秀》，長期而言你會被踢蛋蛋。（葛拉漢的原話是：「短期而言，市場是個投票器，長期而言是個稱重器。」[4]）

「沒有可信的故事」

如果你在迷因股軋空的高峰買入 GameStop，而且相信它總有辦法升到一千美元，並維持該價位直到人人都能獲利，你無疑將受到慘痛的教訓。交易限制很可能破壞了該股的動能和加快了它的逆轉，但實際作用有多大則不可能知道。

這家零售商的股價一月二十八日觸及四百八十三美元的高位時，公司市值高達樂觀分析師對其估值的四十多倍，而當時 FactSet 調查的分析師沒有一個人給予該股「買入」的評級。紐約大學金融學教授阿斯沃思·達莫達蘭寫過一本講解企業估值的書，而吉爾也曾表示自己的想法受他影響；他試著設想一種最樂觀的情況：GameStop 不但能夠持續經營下去，還在接下來十年裡提高營收一倍，並且取得它歷來最好的利潤率。但即使如此，達莫達蘭發現，「不可能講出一個可信故事告訴大家，以每股一百美元的價格買入 GameStop 是合理的。」[5]

同樣地，我們也不可能講出這種故事：諾基亞與黑莓公司合作，發明一台時光機，然後在史蒂夫．賈伯斯還是嬰兒時殺死他，以免蘋果日後主宰智慧型手機市場，然後把這台時光機借給百視達影視，以便其高層改變主意，在二十年前以便宜得可笑的五千萬美元收購 Netflix。迷因股確實使一些人發了財，但那些公司所經營的根本不是什麼好生意。

華爾街與個人投資者隔了一兩層，比較傳統的「機構」部分也會害怕錯過好機會，但因為事關事業前途，它必須提出合理的說法支持自己的作為。它曾為一些不可靠的公司籌得大量資金，幫助它們變成穩定的企業，使這些 stonks 變成了正常的上市公司。但二〇二一年一月的迷因股對高盛或摩根士丹利的投資銀行家來說太危險了，他們不可能押上自己的名聲支持這些公司。

與此同時，華爾街的另一部分——負責執行交易或提供委託單以換取報酬的公司，例如城堡證券、Virtu Financial、羅賓漢和 Webull——根本沒有設法勸阻像薩爾瓦多．維加拉那樣的人借錢以離譜的高價買入 GameStop。客戶的委託單就是可以出售的商品，金融民主化則是一塊方便的遮羞布。即使是華爾街負責籌資的機構，部分也從散戶造就的榮景中得到一些好處：那些主要靠天真的散戶投資人支持的空白支票公司，在二〇二〇和二〇二一年為投資銀行貢獻了非常可觀的承銷費。

選了壞股票也可以賺到好報酬

新投資人如果認為一家公司的股價與它的實際業務關係不大，可說是情有可原，因為他們的經驗告訴他們，選到賺錢的股票實在太容易了。《華爾街日報》投資專欄作家傑森．茲威格（Jason Zweig）指出，美股受疫情衝擊暴跌後展開新的多頭市場滿一年時，涵蓋最多美股的威爾夏五千指數高達九六%的成分股上漲了。這種成功率是史無前例的。

「即使選了壞股票，也可以賺到好報酬，」他寫道。「這就像被邀請在輪盤遊戲中不受限制地押注黑色，而輪盤上三十八格有三十七格是黑色的。」[6]

而且，與賭場不同的是，股市裡每一支賺錢的股票提供的報酬並不一樣。在迷因股軋空之前的幾個月裡，最好的報酬來自最差的股票，也就是那些最不可能賺錢和股票最可能被放空的公司。過去幾個月裡，認真的金融專業人士曾提出警告的投資標的——包括開玩笑的加密貨幣、破產的租車公司，以及氫動力垃圾車新創企業——使許多人賺了很多錢。

正如經濟史學家查爾斯．金德柏格（Charles Kindleberger）在其一九七八年的經典著作《瘋狂、恐慌與崩盤》（*Manias, Panics and Crashes*）中指出，這是泡沫即將破滅的一個典型症狀。

「在後期階段，投機活動傾向脫離真正有價值的東西，轉向以虛幻的東西為標的，」他寫道。「越來越大的一群人試圖在並不真正了解相關過程的情況下發財。」[7]

這種形態會自我強化一段時間，但最終會重創沒什麼經驗的投資人。而且，與網路股榮景期不同的是，迷因股上漲並沒有得到華爾街典型啦啦隊員——基金經理人和分析師——的打氣。他們可說是變成了迷因股追捧者的敵人。

二〇二一年春季和夏季，某些迷因股再度大漲，一些分析師表達了他們的懷疑，此時社群媒體上的反駁落入了陰謀論，聲稱「他們」受那些不想某些公司成功的對沖基金控制。資深媒體分析師里奇．格林斐因為家人受恐嚇而不得不報警，他可是一點也不孤單。多數人選擇不與暴民對抗。

「對不起，我不想與那些人猿打口水仗或做數學分析，」一個選擇匿名的受訪者對CNBC說。「而且似乎沒有人會改變想法。他們的思路沒有靈活性。」[8]

華爾街分析師在選股方面是出了名的表現不佳和涉及利益衝突，但這些以評價股票為職業的人往往錯在過度看好，而不是反過來。《華爾街日報》一項研究著眼於分析師對績優股的投資建議，結果發現一萬一千個評級中只有六%是建議「減持」或賣出。分析師薪酬的一個重要部分是付給所謂的企業聯繫（corporate access）——安排所屬券商的客戶與上市公司管理層會面。這種聯繫往往與正面的研究報告掛鉤，分析師因此陷入利益衝突。但有些股票因為價格實在太高，分析師無法坦然推薦。[9]

即使是與此沒有財務利益關係的記者，也被說成參與了打壓散戶的陰謀。MarketWatch有個不幸的科技類記者二〇二一年三月某天寫了一篇關於GameStop股價暴跌三〇%的報導，另一網站轉載該文時，軟體問題導致該文的時間戳記比真實時間早了幾個小時，而那時候股價尚未暴跌。結果許多網民拒絕接受解釋，指控該記者事前就知道對沖基金將製造這次暴跌。他們不斷騷擾該記者，並將他逐出社群媒體。

即使投機客傾向射殺或無視信使，股市也有自己的自我糾正機制，最終有助市場從投票器變成稱重器。很多股票是由公司高層或基金經理持有，他們比較了解情況，對公司的價值往往心裡有數。如果公司股價突然漲到遠高於他們認為合理的水準，他們就會賣出，而這些賣盤將使股價受壓。但在二〇二〇和二〇二一年，因為散戶非常積極地買入，許多股票無論如何都不斷上漲。

一旦一支股票完全受那些對公司業務不感興趣的散戶投資人支配，該股的交易就會像一群豆豆娃愛好者在其他人認為他們很傻的時候，互相買賣這些公仔——它們曾是可收藏的珍品，現在已經沒有價值。你可以笑這些人，但這對買賣沒有影響，直到價格高到再也沒有人願意多付一點點。然後，那些倒霉和天真的人就會變成「大閘蟹」，被價格暴跌的投資標的綁住。沒有人知道這種情況何時會發生。

理論上還有一種操作可以煞住不合理的股價漲勢，那就是放空股票。Bronte Capital 的對沖基金經理人約翰·漢普頓（John Hempton）表示，在市場出現嚴重的泡沫時，例如在許多公司的股價顯然太高的二〇二一年初，尋找放空標的就像在一個桶裡打魚。他對彭博說，但突然間，「那些魚開始反擊。」[10] 由於許多股票會無規律或無理由地飆漲，從事這種理論上可能造成無限損失的操作變得太冒險了。隨著放空者逃走，市場上已經沒有人幫助促使股價反映基本經濟價值。

在 stonks 的表現遠優於正常股票、人氣高漲遠比會賺錢重要的這種環境下，戴夫·波特諾伊可以直截了當地說，他不知道自己在做什麼，然後從一個袋子裡隨機選出拼字遊戲的字母片，拼出一個股票代碼，然後就有成千上萬人搶著買進該股。這可能很有趣，但它既不正常也不健康。茲威格委託的一項研究著眼於華爾街賭場版上的言語，結果顯示迷因股飆漲正好發生在版友頻頻在貼文中嘲笑自身智力的時候。「智障」在這裡是一種榮譽的身分。

一段時間以來，許多年輕人的投資績效遠優於較為年長和明智的投資人，此時教導他們一支股票的價值不過是公司未來現金流的總和，是不太有成效的。那或許是金融教科書告訴你的道理，但在二〇二一年一月，華爾街賭場和其他論壇上許多人可以用他們的資產淨值告訴你他們有多聰明，又或者提醒你注意社群媒體上其他人可能經過美化的投資績效。正如他們所說，成功是最差的老師。

即使是那些賠錢的人，當時的股市對他們來說就像是處於這種狀態的賭場：賭廳監督外出用餐，不知何時回來，而莊家似乎不再占有優勢。為什麼不在他回來之前持續試運氣呢？也許他永遠不會回來？

但他總是會回來的。即使是保守投資的人，例如買入並持有指數基金的人，也會遇到股市下滑造成重大損失的情況。正是這種損失導致的心理折磨和有時令人不安的市場波動，使股票成為非常好的長期投資標的——因為報酬率必須高到足以補償你因為堅持投資而承受的壓力。新手投資人如果聽從最有哽的迷因製造者的建議，就是在財務上自掘陷阱。

就像賭馬那樣

表面看來，數以百萬計的美國年輕人在二〇二〇年和二〇二一年初開始投資於股票是好事。為自己的未來儲蓄和投資的美國人太少了。但是，金融民主化要造福這些人是有前提的：他們必須能夠在數十年間善用市場創造財富的力量，而不是在投機泡沫破滅時淪為持有不值錢股票的大傻瓜，然後確信自己賠錢是因為有人不知如何操縱了市場——這可能導致他們不願意長期投資於股票。只有一五％的美國家庭直接擁有股票，近一半的家庭沒有投資，而這種情況助長了不平等和迫在眉睫的退休金短缺危機。

此外還有個關鍵問題：引導他們進入股市、說他們「天生就是投資人」的券商做了符合自身利益的事，也就是鼓勵他們積極投機。這並不難：潛在客戶無論什麼年紀，原本就已經很容易接受任何考驗運氣的遊戲。特內夫在為使他發大財的業務辯護時寫道，「創造財富應該是有趣的，不應該是複雜和困難的」——說得兩者相互排斥似的。事實不然，但把投資變成一種使人成癮的電玩，與照顧客戶的最佳利益則可能是相互排斥的。或許是有史以來最偉大投機客的喬治．索羅斯（George Soros）就曾說：「如果投資很好玩，使你得到很多樂趣，那你很可能完全沒有賺到錢。好的投資是無趣的。」[11]

證券經紀公司因為客戶買賣證券而立即賺到錢，不必理會客戶的儲蓄是否長期增長，它們因此只關心如何吸引客戶和使客戶盡可能積極買賣。在瘋狂的多頭市場中，散戶經紀商的商業主張證實比那些要靠耐心經營多年來賺錢的公司誘人得多。例如在迷因股軋空期間，羅賓漢一天吸引到的客戶人數就超過經營了十三年的 Betterment 公司的客戶總數，後者以千禧世代為目標客戶，提供機器人理財顧問服務，鼓勵客戶投資於低費用和有助節稅的指數基金。

Betterment 負責行為金融和投資事務的副總裁丹・伊根說：「這些券商正在做的，是把風險民主化。他們自己正在賺取不錯的穩定報酬。」

在吉爾和特內夫等人出席國會聽證會後不到一個星期，巴菲特九十七歲的生意夥伴查理・蒙格（Charlie Munger）在出版公司每日期刊（Daily Journal Corporation）的股東大會上被問到羅賓漢這家經紀商。他的評論沒有伊根的話那麼圓滑。

「如果你設法使一大堆人利用高流動性的股票市場像賭馬那樣賭博，就可能發生這種事，」他說。「那些從這群新賭徒身上獲得佣金和收入的人助長了這種狂熱。而當然，情況變得極端時，就會發生像那場軋空這樣的事。」[12]

羅賓漢迅速回應了蒙格。

「一整個世代的投資人一下子全都被批評了，而此一評論忽略了我們國家現正發生的文化轉變。我們創立羅賓漢，是為了使那些沒有財富可以繼承、因此欠缺資源的人能夠開始投資於美國股市。」[13]

該公司的聲明接著指蒙格的賭馬類比「令人失望和精英主義」。要找到比蒙格更年長而且更富有的評論者可真是困難，但要找到比他更有智慧的評論者也不會比較容易。我們這本書大可不斷引述他對人類愚行的洞見——事實上，已經有很多書完全以此為內容。蒙格回應羅賓漢時可說是毫無保留。

「我厭惡這種引誘人們參與投機狂歡的行為，」他說。羅賓漢「或許會說這是投資，但那完全是扯淡。」[14]

同樣出了名成功的價值投資人賽斯．卡拉曼（Seth Klarman）寫過一個經典的「交易用沙丁魚」寓言，指出投資於純粹投機標的之瘋狂。

「有個古老的故事談到沙丁魚從加州蒙特雷的傳統水域消失之後，市場出現沙丁魚交易狂熱現象。商品交易商推高了沙丁魚的價格，沙丁魚罐頭的價格隨之飆升。有一天，有個買家決定花大錢吃一頓好的，他真的開了一罐沙丁魚罐頭並開始吃。他馬上覺得不舒服，並告訴賣家沙丁魚不好吃。賣家說：『你不懂。這些不是給人吃的沙丁魚，是交易用的沙丁魚。』」[15]

無論是投資於一支正常的股票還是 stonk，你都有可能賺十倍或虧損九〇%，但你必須像那個不知情的沙丁魚買家那樣，才會分不清兩者。精準把握時機或敏銳洞察群眾心理可能幫助你藉由買賣 stonk 賺錢，除非你不幸對所投資的公司產生一種宗教般的虔誠——在 GameStop 的故事中，這正是開始發生在某些人身上的事。

那些針對這一切提出警告的人，很容易被說成是錯失了獲利良機的老頑固。但是，即使是一年半之前協助啟動 GameStop 狂熱並且賺了很多錢的麥可·貝瑞，也對他看到的情況感到不安。他在迷因股軋空期間發了一條推文，但隨即刪掉：

「如果我使你注意到 $GME，然後你賺了不少，我是真的為你感到高興。但是，現正發生的事，應該會有法律和監理方面的後果。這是不自然的，瘋狂的，也是危險的。」[16]

有關愚蠢投資的多頭市場，定義性的一句話借用自社群媒體對政客不端行為的觀察：「哈哈哈，什麼都不重要。」但是，如果什麼都不重要，問題將接踵而至。

「如果我們接受一件東西的價值就只是別人願意為它支付的價格，完全沒有真正的價值，那麼我們就是在玩一種危險的遊戲，」致力保護投資人的芭芭拉·羅珀警告說。

任何一支股票的價值都是某程度上可爭論的，這正是市場會有交易的原因——有買有賣才有交易。羅珀提到的危險，在於金融市場最終是企業籌集資金和人們投資於企業的一個管道。投資如果只是與股票代碼掛鉤的一些數字，完全不必考慮它們背後的公司的健康狀況，那麼這個仍可以相當有效地為下一家蘋果公司籌資的系統就有成為笑柄之虞。

揭發安隆弊案的放空者吉姆．查諾斯解釋，市場狂潮消退發生在那些行為不端的公司暴露無遺的時候。這種企業作弊的故事除了導致大量資金化為烏有，還使普通儲蓄者認為市場被操縱了。

「人們對網路股時代的詐欺非常憤怒，部分原因在於散戶投資人遭坑殺。人們說：『你看，美國企業界非常不誠實——我要把我的錢投資在房地產上。』」

而我們全都知道結局如何。

---

1. Berkshire Hathaway Inc., 2014 Annual Report, 26.
2. *Merriam-Webster*, s.v. "stonk (n.)," accessed April 1, 2021, www.merriam-webster.com/dictionary/app.
3. Jordan Weissmann, "What We Talk about When We Talk about Stonks," *Slate*, January 28, 2021.
4. 波克夏哈薩威公司致投資人年度信件引用了這句話，1994 年 3 月 1 日，www.berkshirehathaway.com/letters/1993.html。
5. Aswath Damodaran, "The Storming of the Bastille: The Reddit Crowd Targets the Hedge Funds," *Musings on Markets* (blog), January 29, 2021.
6. Jason Zweig, "Robinhood Trader's Battle Cry—'It's All Just a Game to Me,'" *The Wall Street Journal*, March 26, 2021.

7. Charles P. Kindleberger, *Manias, Panics, and Crashes: A History of Financial Crises*, 3rd ed. (New York: John Wiley and Sons, 2011), 14.
8. Sarah Whitten, "AMC's Apes Gave It a Lifeline: Now Its CEO Wants to Use the Meme Frenzy as a Springboard for Growth," CNBC, June 1, 2021.
9. Serena Ng and Thomas Gryta, "New Wall Street Conflict: Analysts Say 'Buy' to Win Special Access for Their Clients," *The Wall Street Journal*, January 19, 2017.
10. Joe Weisenthal and Tracy Alloway, "John Hempton on Greensill, Archegos and What It's Like to Short Right Now," *Odd Lots* (Bloomberg podcast), April 18, 2021, www.bloomberg.com/news/articles/2021-04-19/john-hempton-on-greensill-archegos-and-what-it-s-like-to-short-right-now.
11. Colin Twiggs, "Good Investing Is Boring, George Soros," *Patient Investor* (blog), July 1, 2019, https://thepatientinvestor.com/index.php/2019/07/01/good-investing-is-boring-george-soros.
12. Alex Veiga, "GameStop Is Surging Again, but Why?" Associated Press, February 25, 2021.
13. Caitlin McCabe and Jason Zweig, "Charlie Munger Renews Robinhood Criticism," *The Wall Street Journal*, February 25, 2021.
14. 同上。
15. Seth A. Klarman, Margin of Safety: Risk-averse Value Investing Strategies for the Thoughtful Investor (*New York: HarperBusiness*, 1991), 60.
16. Heejin Kim, "Michael Burry Calls GameStop Rally 'Unnatural, Insane,' " *Bloomberg*, January 27, 2021.

18 讓人們交易！

二〇二一年一月二十八日

許多公司非常努力地推廣自己的行銷訊息，希望它們像病毒一樣瘋狂傳播，但很少能成功。不過，羅賓漢二〇一六年的推文「讓人們交易」（Let the people trade）在隔了近五年之後，諷刺地出現在標語牌、T恤和諷刺迷因上時，其公司高層卻無法高興起來。

但當然，他們有重要得多的事要處理——例如半夜裡為公司籌措三十億美元。太平洋時間一月二十八日星期四凌晨三點三十分，弗拉基米爾．特內夫接到一個電話，是他公司手忙腳亂的營運團隊打來的。在紐約股市還有三小時就要開始交易時，羅賓漢的結算所（確保參與業務的各方都能獲得支付的組織）通知該公司，它必須拿出這筆巨額保證金才能繼續營運。

它不可能做到這件事。因此，羅賓漢不得不激怒其客戶，並使自己成為政治上的出氣筒：它限制一些股票的交易，它們是那些最多人炒作、最常被用來取得保證金借款、最波動的股票，因此大大降低了結算所的保證金要求，但也在這過程中嚴重打擊了迷因股軋空。一開始被限制交易的是這八支股票：AMC、黑莓、Bed Bath & Beyond、Express、GameStop、Koss、Naked，以及諾基亞。名單後來擴大，納入另外幾家公司的股票和選擇權，但限制稍微寬鬆一些。

「我們持續監測市場，並在必要時作出改變，」羅賓漢在一篇部落格文章中寫道。「考慮到最近的波動，我們正限制某些證券的交易，只容許結清部位……我們也提高了某些證券的保證金要求。」[1]

羅賓漢藉由確保其客戶不會進一步買進主要迷因股，以及間接迫使一些利用保證金借款買入這些股票的人賣出股票或拿出更多現金，將它必須立即滿足的保證金要求縮減至七億美元。不過，它還是必須用盡銀行提供的信用額度，並在當天稍後迅速向其投資人籌資十億美元。在接下來的一段日子裡，它還將籌資數十億美元。同業如TD Ameritrade和盈透證券（Interactive Brokers）也被迫執行限制措施，但不像羅賓漢那樣必須籌集資金。這進一步證明了這件事：羅賓漢的客戶是最有可能推高迷因股和利用保證金借款去做這件事的人。

對那些原本已經不滿金融建制、認為它本質腐敗的華爾街賭場成員來說，羅賓漢的舉措證實了他們的懷疑。到處都有人錯誤指控對沖基金業者介入以迫使羅賓漢限制迷因股交易。這種指控不但反覆出現在向來流行陰謀論的社群媒體上，還被政客和電視名人一再提起，他們在令人震驚的國會山莊襲擊事件發生三周後，抓住羅賓漢限制交易這件事侃侃而談——眼前有一個各政治派別的人全都認為是壞人的角色。當天晚上，投入資金到自己的 E*Trade 帳戶做當沖剛滿八個月的戴夫・波特諾伊應福斯新聞主播塔克・卡森（Tucker Carlson）的邀請，為該新聞台最高收視率的節目評估 GameStop 軋空和羅賓漢的斷然措施。

他說：「我從來沒有像今天這麼確信市場被操縱和事情受對沖基金控制。」

資產管理公司城堡幾天前注資梅爾文資本，而城堡證券處理了羅賓漢最大比例的交易，此一事實激起了更多陰謀論和混淆。這兩家公司都以「城堡」為名，控股股東都是肯・格里芬，而城堡證券在那個星期處理了散戶巨量的股票和選擇權交易。一再有人提到，對沖基金仍可以買賣但一般人不能是極其不公平，說得彷彿那些基金急著買入股價已嚴重偏高的迷因股似的。

很多評論者像波特諾伊那樣，或是不明白發生了什麼事，或是選擇不去明白，以便他們可以藉由為弱勢者說話來提升自己的品牌形象。客觀的新聞媒體沒有放大那些陰謀論，但絕大多數文章聚焦於好鬥的革命者和另一邊被嚇到的華爾街人士。這些才是多數人想看的故事。只有少數煞風景的人指出，革命者自己幾乎摧毀了整個系統——這些人都小心翼翼，希望避免使人覺得他們在指責受害者。俗話說，記者寫下歷史的初稿，而多數人只記得這個初稿，不知道塵埃落定之後更細緻和知情的版本。但事實是，到那個時候，迷因股軋空背後的力量已經默默醞釀了一年多。社群媒體和免費交易應用程式是個強有力的組合，使華爾街突然發了大財——只是在迷因股軋空期間，它們運作得有點太好了。即使是世上最成熟的金融系統，有多強健也取決於其最弱環節，而羅賓漢根本沒有足夠的資金或組織力量可以駕馭它幫助釋放出來的巨獸。

這個系統受到考驗——雖然沒有垮掉，但一度岌岌可危。另一件事則告訴大家，美國法律體系與金融市場一樣高效：很快就有人提起集體訴訟控告三十五名被告，包括幾個散戶經紀商和已經結清 GameStop 空頭部位的梅爾文資本。

「這些被告沒有利用他們的金融觸覺去競爭和把握市場上的好機會以彌補放空的損失，又或者承受他們高度投機的錯誤押注造成的損失，而是策劃了一個反競爭的計畫來限制相關證券的交易，」律師喬瑟夫・薩福瑞（Joseph Saveri）說。「如果沒有違反反托拉斯法的一致行動，經紀商不大可能如此廣泛地禁止某些證券的交易。」[2]

在交易受限制之前，華爾街賭場的成員其實就已經憤憤不平。周三稍晚，這個Reddit子版曾短暫關閉，這是其版主為了處理大量新用戶而做的事。此後不久，該論壇的伺服器被Discord公司關閉——該公司表示，此前已經針對該論壇的成員使用種族歧視言語辱罵人，一再提出警告。這使人想起該論壇一些成員的陰暗傾向。華爾街賭場的創始人海梅・洛高真斯基是個與墨西哥女性結婚的猶太人，他在當天早上發表的一篇訪問中提到，論壇上偏執和恐同的言論是他在二〇二〇年春天遠離它的一個原因。

他說：「有幾個版主是貨真價實的白人至上主義者。」[3]

在華爾街賭場被關閉的消息傳出後，GameStop股價在盤後交易中暴跌三〇%，但該論壇一夜間增加了超過一百萬名新成員。但在一月二十八日星期四，即使交易受限制，GameStop仍一度飆升至四八三美元的歷史新高。它一度成為羅素兩千中小型公司指數中最高市值的成分股，而這意味著一群永遠不會參與針對對沖基金的軋空起義的被動投資人，經由安全和乏味的指數基金，對這支迷因股有了可觀的曝險。但這種情況沒有維持很久：在除了廉價股很少發生的波動中，GameStop股價在短短一個半小時內暴跌至一一二美元。

當天GameStop股價觸頂時，凱斯．吉爾——一些新聞報導開始提到，他就是咆哮小貓和DeepFuckingValue背後那個人——的資產淨值顯著超過五千萬美元，但在那天結束時已降至三千三百萬美元。他在華爾街賭場版上的許多追隨者那天雖然賠了錢，但損失遠遠沒有他那麼多。

他們看到自己的英雄堅守陣地，莫不欣喜若狂：

「他的部位絲毫未變。DFV向該死的達賴喇嘛示範了耐性。」[4]

在此之前，迷因股軋空的「我們對他們」的階級鬥爭面向，基本上是在一些華爾街賭場成員的腦海裡。只有安德魯．萊夫特曾直接指出它們，而他與賈柏瑞．普洛金在一月二十六日之前均已結清空頭部位，承受了慘重損失（普洛金明智地保持沉默）。

就在這時候，一名對沖基金富豪站出來扮演了那種「不知民間疾苦」的壞人。Omega Family Office的七十八歲經理人萊昂．庫珀曼（Leon Cooperman）周四午間對CNBC發表了他的看法。

「市場之所以出現眼下這種情況，是因為人們待在家裡，拿到了政府開給他們的支票，」他說。「那種認為有錢人應該公平地承擔納稅義務的言論是扯淡，不過是攻擊有錢人的一種方式。」[5]

達拉斯獨行俠隊老闆馬克・庫班（Mark Cuban）是比較年輕和酷得多的富豪，也是CNBC的常客。他的態度與庫珀曼相反，周三晚間在一條推文中說他十一歲的孩子是華爾街賭場的成員，藉由買賣股票賺到錢：「不得不說，我好愛好愛#華爾街賭場眼下的情況。高頻交易者多年來搶在散戶前面交易，如今資訊和散戶交易的速度和密度正使小人物占得優勢。」[6]

丹・納森（Dan Nathan）也常出現在CNBC上，是為基金經理人提供諮詢服務的RiskReversal Advisors的負責人。在許多人對小人物在金融遊戲中打敗華爾街興奮不已之際，他回應了庫班的推文，提出了他對真相的敏銳觀察。

「我估計，在即將出現的蘑菇雲塵埃落定時，高頻交易者和選擇權批發商將是真正的贏家，他們將在漲和跌以及波動的過程中賺到錢。莊家總是贏家……且為他們的成功歡呼，但『沒有擁有金錢的人，只有花錢的人。』」[7]

Reddit革命像是那種迫切需要政府介入的事，但政府不確定該做什麼或說什麼。白宮新聞秘書珍・莎琪（Jen Psaki）上任一周後被問到新政府對這場軋空的看法，當時她說拜登總統的經濟團隊正「密切關注情況」。[8] 記者大聲喊出關於GameStop的問題時，拜登沒有聽到，或明智地假裝沒有聽到。

在拜登就職僅一周時，證券交易委員會（SEC）在沒有一位活躍的負責人的情況下發表了一份平淡的聲明：「我們注意到選擇權和股票市場眼下持續的波動，並正密切關注情況。根據我們保護投資人和維護公平、有序和高效市場的使命，我們正與其他監理機關合作以評估情況，並審視受規管實體、金融中介機構和其他市場參與者的活動。」[9]

迷因股交易受限是經紀商自律管理組織金融業監管局（FINRA）管轄範圍內的事，但它奇怪地對此事保持沉默。第二天，它發表了一篇看來是針對華爾街賭場現象的部落格文章，標題為「跟隨群眾：投資與社群媒體」。

「無論你從哪裡獲得你的交易見解，無論你是正按照建議買入股票、債券、選擇權或其他東西，都要知道：哪裡有機會，哪裡就有風險。」[10]

SEC的投資人教育推廣處在同一天發出了類似的忠告。這種指引本身完全沒問題，但教育最新投資人的這兩項嘗試出現的時機絕非偶然：在這一天，這些投資人在這兩個機構沒做任何事去防範的這場狂熱中損失了數十億美元。

「教育是一種維持現狀和使人覺得你正在幫助人的手段，」機器人理財顧問公司Betterment的董事長喬恩．史坦（Jon Stein）嘲笑道。該公司不容許客戶買入個別股票。

迷因股軋空和羅賓漢資金短缺，是當局和幾乎所有人沒有料到的。不過，在事情發生時，散戶活動和冒險行為激增已有一年之久，期間有數十則新聞報導談到以年輕人為主的投資人從事高風險操作，而當中許多人顯然不清楚自己在做什麼。這些投資人閱讀一家公司的破產聲請文件或詳述選擇權風險的一百八十三頁資料的可能性，甚至還低於你在手機上安裝 iOS 最新版本時細閱短得多的同意聲明。

FINRA 或政府監理機關應該不難明白，被廣泛複製的羅賓漢商業模式在一些客戶超級活躍且不成熟的情況下會非常成功，而最熱門的「交易洞見」看似可行，正是因為許多人同時採納這些建議。如果有採取減速措施的合適時機，那就是遠在迷因股軋空和交易限制使散戶成為英雄和受害者之前。現在經紀商被說成是壞人，但不是因為他們助長了不明智的投機。政治光譜兩邊的政客都在大喊「讓人們交易」。

要求夜店的狂歡者安靜一點，絕對是不受歡迎的。不過，特別不高興的是夜店老闆。在美國，金錢等於影響力，而金融業者的總政治捐獻遠多於任何其他行業。因為散戶交易激增而得益的並非只有經紀商和批發商：幾乎不與公眾直接往來的投資銀行也因此得益，因為交易收入激增，而且證券監理機關繼續空前快速地核准空白支票公司的發行案——它們大受散戶歡迎，但非常有利於主導發行案的金融業者。二〇二一年第一季的 SPAC 發行案就超過了本身創紀錄的二〇二〇年全年。

在近乎完全無所作為之後，監理機關在事情白熱化之際還能做什麼？這可實在難說。事態變動不定，而除了可能有一些人或組織滲透社群媒體網站並試圖操縱市場，事件當中並沒有明顯的不端行為。在這個故事中，羅賓漢不幸成為大眾眼中的惡棍，但原因卻是它不容許客戶繼續買入迷因股。特內夫可以解釋他們為何無辜，但政客們看清了風向。有別於監理機關，他們不怕先開槍後提問，而他們多數問錯了問題。

1. Robinhood, "Keeping Customers Informed through Market Volatility," blog post, January 28, 2021, https://blog.robinhood.com/news/2021/1/28/keeping-customers-informed-through-market-volatility.
2. Joseph Saveri Law Firm, "Short Squeeze Stockbrokers and Hedge Funds Face Proposed Antitrust Class Action," press release, February 1, 2021, www.saverilawfirm.com/press/short-squeeze-stockbrokers-and-hedge-funds-face-proposed-antitrust-class-action.
3. Akane Otani, "WallStreetBets Founder Reckons with Legacy amid Stock Market Frenzy," *The Wall Street Journal*, January 28, 2021.
4. Theseyeahthese, "Response to GME YOLO Update-Jan 28 2021," Reddit, January 28, 2021, www.reddit.com/r/wallstreetbets/comments/l78uct/gme_yolo_update_jan_28_2021/gl5dab8.
5. "Leon Cooperman on GameStop Reddit speculators: 'I'm not damning them' but it will 'end in tears'," CNBC, January 28, 2021, https://www.cnbc.com/2021/01/28/leon-cooperman-on-gamestop-reddit-speculators-im-not-damning-them-but-it-will-end-in-tears.html.
6. Mark Cuban (@mcuban), "I got to say I LOVE LOVE what is going on with #wallstreetbets. All of those years of High Frequency Traders front running retail traders,now speed and density of information and retail trading is giving the little guy an edge. Even my 11 yr old traded w them and made $," Twitter, January 28, 2021, 9:14 p.m., twitter.com/mcuban/status/1354613692239925249.
7. Dan Nathan (@RiskReversal), "I suspect when the dust settles from the impending mushroom cloud, high-frequency traders & options market makers will be the real winners, they'll make money on way up & down and in vol. House always wins. . cheers to their success, but 'money ain't got no owners, only spenders,' " Twitter, January 27, 2021, 9:59 p.m., twitter.com/RiskReversal/status/1354625166270197760.
8. "White House Monitoring Situation Involving GameStop, Other Firms," Reuters, January 27, 2021.
9. "Joint Statement regarding Ongoing Market Volatility," SEC press release, January 27, 2021, www.sec.gov/news/public-statement/joint-statement-ongoing-market-volatility-2021-01-27.
10. FINRA, "Following the Crowd: Investing and Social Media," blog post, January 29, 2021, www.finra.org/investors/alerts/following-crowd-investing-and-social-media.

19 羅賓漢也瘋狂

俗話說，受大眾關注總是好事。

二〇二一年一月二十九日，一名年輕的社群媒體行銷者可能決定性地證明了這一點：他雇了一架飛機，拖著一條橫幅飛過舊金山，上面寫著「吸我的蛋蛋吧，羅賓漢」（SUCK MY NUTS ROBINHOOD）。卡斯帕．波維蘭斯卡斯（Kaspar Povilanskas）額外給了機師一些錢，請他在羅賓漢位於舊金山以南門洛公園市的總部上方繞了幾圈。[1]

與此同時，約十萬名用戶在社群媒體上的怒氣慫恿下，前往 Google Play 給羅賓漢的 Android 應用程式留一星評價，使該程式的整體評價大降。截圖顯示，Google 後來刪除的許多評論有一條寫道：

「它會阻止你買入他們不想你買的股票，這是實實在在操縱市場的不法行為。無論如何都要遠離這個應用程式。」

最令人尷尬的則可能是麥可・伯特恩（Michael Bolton）——沒錯，就是那個麥可・伯特恩——在YouTube上發表了一首歌，曲子是他一九八九年很紅的那首〈失去你我怎麼活下去〉（*How Am I Supposed to Live without You*），改寫的歌詞則是關於富爭議的付費換取委託單作業。這是規模小得多的羅賓漢同業Public.com贊助的，該公司在接下來的周一表示，它將停止付費換取委託單這種運作，並為新客戶支付從其他經紀商轉移帳戶過來的費用。

「你可能在想，我怎麼能再去相信人？」在許多羅賓漢客戶出生前就已經登上軟搖滾流行曲榜首的伯特恩說。「嗯，關於分手，我略有認識。」他的新歌詞寫道：

「我簡直不敢相信，我今天在Reddit上看到的
我希望能澄清這些事
他們告訴我委託單的事，所以我上網Google，現在明白了
我想我得找個新的人
所以全都告訴我吧
告訴我你把我的委託單賣給了誰」[2]

怒火迅速從網路和空中蔓延到法院。在經紀商限制迷因股交易的同一天，有人在紐約南區提起集體訴訟。訴訟書寫道：「羅賓漢的行為是有目的、有意識地操縱市場，圖利那些並非羅賓漢客戶的人和金融機構。」[3] 到了第二周初，類似的訴訟已經超過三十宗。根據一份監理文件，六周內出現了四十六宗訴訟。Reddit 上出現了為有意興訟者設立的子版「羅賓漢集體訴訟」(r/ClassAction RobinHood)，截至三月底有超過四萬四千名成員。

名字類似的其他組織也收到大量的仇恨郵件。紐約慈善基金會 Robin Hood 剛好主要仰賴對沖基金的支持（賈柏瑞・普洛金的前老闆史蒂文・科恩是它的榮譽董事），被迫一再向人們澄清。[4] 英國諾丁漢的世界羅賓漢協會（The World Wide Robin Hood Society）是由十名羅賓漢傳奇的愛好者組成的團體，它決定利用此一狂潮開開玩笑。「我們恐怕只知道以前的 stocks，」該組織一條推文寫道。Stocks 在這裡不是股票，而是枷這種中世紀用來懲罰人的刑具，而許多散戶投資人應該不介意用它來懲罰弗拉基米爾・特內夫。[5]

說唱歌手傑魯 (Ja Rule) 等名人和一些深夜脫口秀主持人都抨擊羅賓漢這家經紀商。深夜秀主持人史提芬・荷伯 (Stephen Colbert) 這麼嘲諷華爾街：「哦，你們都支持不公平的資本主義，除非你們輸了？拜託，老兄，根本沒有什麼操縱。這不過是市場的無形之手向你們伸出一根無形的中指。」[6]

政界立即察覺到風向，而此時他們往往還沒有停下來了解實際發生了什麼事。在政治仇恨深重之際，抨擊羅賓漢和邪惡的對沖基金，是美國左右兩派似乎都沒有異議的一件事。

「這是不可接受的，」來自紐約的自由派眾議員歐加修寇蒂茲一月二十八日在推特上說。「我們現在必須進一步了解 @RobinhoodApp 為什麼阻止散戶投資人買入股票，而對沖基金卻可以自由地按自身意願買賣股票。」[7]

數分鐘後，來自德州的保守派參議員泰德．克魯茲（Ted Cruz）轉發了她的推文，並加上這個按語：「完全同意。」

「這看來像是犧牲一般民眾和一般交易者的利益，圖利少數有錢、有影響力的參與者，」他後來對記者說。[8]

川普長子小唐納．川普也發表了看法：「大科技公司、大政府和企業媒體用了不到一天就展開行動，並開始串通起來保護他們在華爾街的對沖基金夥伴。老兄，被操縱的系統就是這種樣子！」[9]

左翼方面，伯尼・桑德斯在那個周末對美國廣播公司的晨間談話節目表示，此一事件印證了他對高級金融業的負面看法：「長期以來，我一直認為華爾街的商業模式是詐欺。我認為我們必須非常認真地審視對沖基金和華爾街其他參與者的那種非法活動和離譜行為。」[10]

羅賓漢在推文和部落格文章中解釋了它不得不採取行動的技術細節，強調它當時面臨監理資本要求大增的問題。雖然事情發生的時機很可能有利於一些對沖基金，但如果容許客戶不受限制地進一步買進迷因股，將導致羅賓漢破產，並使其他人蒙受慘重損失。無論如何，這種事幾乎發生了。

來自密蘇里州的共和黨籍參議員喬許・霍利（Josh Hawley）是沒有指責羅賓漢限制交易以拯救對沖基金的少數人之一，儘管他在他慷慨激昂的文章〈戳破華爾街的牛皮〉(*Calling Wall Street's Bluff*) 中弄錯了許多事實。在這篇文章中，他把保守派對沿海精英和被指對右派不公平的社群媒體平台的憤怒，與羅賓漢事件混為一談。

「而精英們也樂於幫忙。此時羅賓漢出現了，彷彿要劫富濟貧。羅賓漢是小人物的交易平台，不收費，免麻煩。這是大科技公司又一次據稱將美國人生活中又一個被精英控制的領域民主化。但是，一如那些科技平台，羅賓漢並不是真的為它的用戶服務。它有奶油可以塗麵包，是靠出售用戶的交易資料給大玩家（像城堡公司那種精英），使他們獲得關於散戶投資人資金流向的內線資料。」[11]

撇開種種誤解不談，霍利和幾乎所有其他批評者最初都沒有認識到羅賓漢的資金危機有多危險。若不是該公司迅速採取行動，若不是它聰明的商業模式非常吸引拿得出數十億美元的潛在投資人，這本書討論的很可能將是雷曼式的市場恐慌，而不是圍繞著迷因股的大衛與歌利亞之戰。經濟學家穆罕默德·伊爾艾朗（Mohamed El-Erian）表示，羅賓漢的危機導致市場非常接近發生一場可能迫使另外幾家金融公司陷入困境的「事故」。[12] 他是劍橋大學皇后學院的院長，也是全球最受敬重的金融專家之一。

但是，糾正國會議員，或糾正推特上憤怒的二十五歲年輕人，既不明智也並不有用。對羅賓漢來說，這似乎是一場徹頭徹尾的災難，而它本來應該享受著它歷來最美好的一個月。這家以傳說中劫富濟貧的英雄命名的公司，被指責做了相反的事，擾亂了美國資本市場以幫助民眾最鄙視的一群財閥——對沖基金經理。十餘年前的全球金融危機對羅賓漢的年輕客戶影響深遠，而人們在不斷擴大的所得不平等中仍感受到其漣漪，而此時羅賓漢據說在背後捅了這些年輕人一刀。

數以百萬計的新客戶

羅賓漢一月二十八日限制迷因股的交易之後，許多用戶在社群媒體上表示，他們將就此與該公司斷絕關係。不過，人們的所言與所行大有不同。就在迷因股交易受限那一天，羅賓漢應用程式歷來第一次升至 iOS 應用商店下載量的榜首（Reddit 排名第二，同樣是第一次升至該位置，受華爾街賭場這個子版的英雄事跡激勵；該論壇的成員人數一周內增加了三倍）。[13]

JMP Securities 的資料顯示，在一月二十九日星期五，也就是拖著那條粗言橫幅的飛機在其總部上方盤旋、迷因股交易仍受限制的那一天，羅賓漢應用程式的日下載量創出六十萬次的歷史新高，是喧囂的二〇二〇年三月最好那天的四倍。整個一月而言，它在 iOS 和 Google 的下載量加起來有三百六十萬次，而規模大得多的經紀商嘉信理財只有九萬三千次。在接下來一個月裡，取消文化（cancel culture）也沒有困擾羅賓漢，即使特內夫在二月十八日的國會聽證會上受到嚴厲批評：羅賓漢二月的下載量有兩百一十萬次，比二〇二〇年二月猛增五五%（後者本身也是羅賓漢和其他散戶經紀商生意興旺的一個月）。同樣主攻年輕人市場的競爭對手 Webull 和 eToro 也經歷了業務的大幅成長。幾個月來，沒什麼人知道多少年輕人真的註冊成為用戶，或多少既有客戶因為厭惡而離去。到了七月，羅賓漢消除了投資人的疑慮：它公布在 GameStop 狂飆的那一季，公司增加了超過五百萬名客戶，隨後一季的情況也差不多。在短短一年半的時間裡，羅賓漢的客戶人數增加了三倍。迷因股軋空的興奮效應遠遠超過了限制交易的負面影響。

競爭對手如 eToro 在社群媒體上大賣廣告，渲染「YOLO 交易者」的刻板印象，而與此同時，羅賓漢有本錢展現比較好的格調。它的行銷支出主要用來宣傳新客戶和介紹新客戶的人可免費獲贈一股隨機選出的股票這一點——這種類似送彩券的攬客招數非常有效，而隨著新客戶開始交易，羅賓漢幾個月內就收回了成本。

羅賓漢表示，它在限制交易數天後播出、友善感性的超級盃廣告，是事前就規劃好的。那年冬天和春天，它的行銷重點仍是為那些剛接觸投資且害怕投資的人賦權。二〇二一年三月，在該公司申請首次公開發行後不久，其網站上的宣傳資料寫道：

「每個投資人都有自己的故事。來看羅賓漢如何改變了人們對財務和自己的看法。」

該網頁呈現了種族多樣化的羅賓漢客戶，包括二十五歲的安吉麗娜（Angelina）。她說：「我印象中的投資人是穿西裝打領帶的。羅賓漢改變了我的想法。」

三十歲的卡蒂亞（Kathyria）則是沒有時間接受「冗長的投資人教育」，但還是可以積極投入。「因為有羅賓漢，她能夠掌握基礎知識，熟習管理投資組合。一段時間之後，她逐漸掌握比較複雜的交易方法，這有助她覺得財務狀況更受自己控制。」

唯一的白人男性是六十歲的大衛（David），他也是出場的客戶中唯一超過三十三歲的人。大衛不是那種想把迷因股推上天際的客戶，而是希望利用羅賓漢「去認識志向遠大，希望藉由環保和社區工作使世界更美好的新企業。」

這一切都很健康，但那年夏天的IPO對羅賓漢的估值為三百三十億美元，相當於每一名客戶價值約一千五百美元，而這顯然不大可能是靠安吉麗娜、卡蒂亞和大衛之類的客戶貢獻其價值。對羅賓漢最有價值的客戶，主要是年輕、男性、活躍，而且信心強到會買賣選擇權和利用保證金借款的客戶。而如果他們買入股票是因為放空者瞄準這些股票，那就更好了，因為羅賓漢可以藉由借出他們的股票賺很多錢。那些在二〇二〇年註冊的客戶是最有利可圖的，比之前幾年加入的客戶帶給羅賓漢更多收入。他們也是特內夫必須在半夜籌措巨額資金的主要原因。

羅賓漢羅賓漢了羅賓漢

羅賓漢竭力淡化其 YOLO 形象。它在二〇二〇年十一月表示，它九八%的客戶不是「典型當沖客」(pattern day trader)。[14] 這是經紀商自律管理組織 FINRA 界定的一個名詞，它要求所有經紀商標記可能過度投機的客戶，在客戶於五個交易日內完成超過四次短時間內的買賣交易（round-trip trade），而交易的價值超過客戶資產某個百分比時，考慮暫停客戶的交易。

羅賓漢的客戶當中，顯然至少有相當數量的少數人能夠超級活躍地買賣證券。例如，Alphacution Research Conservatory 一項驚人的資料就顯示，在二〇二〇年第一季，羅賓漢客戶帳戶裡每一美元涉及的股票交易量是嘉信理財客戶的四十倍，選擇權交易量更是高達八十八倍。[15]

更大的問題是：我們或許根本不應該稱他們為「客戶」。嚴格來說，他們多數不是，因為他們不是向羅賓漢購買商品或服務——交易是免費的，而他們是向市場裡的其他人買入證券。除非他們向羅賓漢支付保證金利息或五美元的羅賓漢金帳戶月費，他們比較像臉書或推特的用戶。社群網路的客戶實際上是它的廣告主，而最有價值的用戶則是那些最頻繁參與社群網路的人——他們創造內容並留下許多個人識別資訊，方便業者向他們展示廣告主希望他們看到的廣告。同樣地，羅賓漢的收入主要來自城堡證券和 Virtu Financial 等公司（它們付錢給羅賓漢，換取替羅賓漢的用戶執行交易的權利），以及大型投資銀行（它們借入羅賓漢用戶的股票，轉借給梅爾文資本等對沖基金）。它最有價值的用戶是那些超級活躍的用戶——那些最有可能成群結隊地行動，以及利用衍生工具或保證金借款的用戶。這種商業模式運作得非常好，對羅賓漢極其有利，直到它運作得有點太好了。

由銀行家變成部落客的帕基．麥柯米克想出了這句絕妙的話描述這種情況：「羅賓漢羅賓漢了羅賓漢（Robinhood Robinhooded Robinhood）。」羅賓漢慫恿客戶冒險，因為它從客戶的冒險行為中獲利——羅賓漢所做的，是為了羅賓漢自己。[16]

但是，如果你促成越來越多人大膽冒險，市場本身也會受影響。這會製造大量的波動和古怪的價格變化，而且如果你鼓勵人們借錢操作，最終會有一些人被追繳保證金，而他們很可能將被迫賣出證券以償還欠款，承受全軍覆沒的結果。如果這種情況發生在羅賓漢個別用戶身上，那麼是他倒霉——他理應已經了解具體規則。請拿出更多現金來，否則我們只能清算你的投資組合。

但是，經紀商也可能被追繳保證金，而且他們的債權人更謹慎，不會等到經紀商真的面臨資金短缺的困難。這可能導致整個行業像一列骨牌那樣倒下。在迷因股軋空期間，羅賓漢本身突然變得像一個典型當沖客。當它有太多用戶借錢操作，過度投資在他們從 Reddit 或 TikTok 上聽說過的那些正在飆升、極度波動的股票上時，警鐘就響了。這種市場走勢無可避免地逆轉時，羅賓漢可能損失慘重，而如果它因此崩潰，許多人將受拖累。

沒有陰謀

這就是為什麼羅賓漢不得不阻止其用戶進一步買入數家公司的股票或選擇權（但不阻止賣出），並迅速籌集大量現金，以便顯著減少曝險，進而降低它自己被追繳的保證金。羅賓漢用盡銀行給它的信用額度，但還是遠遠未能滿足必須達到的保證金要求。對那些覺得自己已經快要摧毀對沖基金的散戶來說，限制迷因股交易的時機似乎是刻意安排的。但是，此舉要拯救的就只是那些使散戶能夠買賣證券的公司而已。

經紀商將交易委託單轉給批發商或交易所。他們仰賴不同於經紀商的結算所來處理支付事宜，確保各方都拿到應得的款項。為了確保一家公司的困難絕不會造成支付危機，結算所安排所有經紀商共同承擔風險，要求他們交出足夠的擔保品——可以是現金或超安全的國庫券。在金融危機之後的改革中，結算所被視為「具系統重要性」，必須遵守更嚴格的規則。

如果許多有風險的交易相互抵銷，則問題不大，但如果結算所看到一家經紀商有許多客戶做類似的有風險交易（例如買入他們確信將「衝上天際」的少數迷因股的股票和買權），結算所會很擔心。

他們買入股票但往往還沒有付錢。股票交易結算採 T＋2 方式，也就是需要兩個工作天才能拿到錢。在一篇部落格文章中，特內夫將因此產生的風險說成是系統的缺陷，完全迴避羅賓漢促成高風險交易狂歡的責任。他把解決這問題說得像是呼籲治好癌症：

「現行的兩天交易結算期導致投資人和整個行業面臨不必要的風險……世上最好的金融系統沒有理由不能即時結算交易。我認為我們現在可以而且應該採取行動，動用我們的智慧資本和工程資源，轉為採用即時結算制度。」[17]

但他知道，羅賓漢在這個系統裡運作。想一下這種情況：一名散戶投資人周四早上用借來的錢，以每股四八〇美元的價格買入 GameStop 的股票，而在周一結算前該股崩跌至二一二美元。此時這個散戶面臨擔保品不足的情況，因此如果他不能立即拿出現金，他的經紀商將必須賣掉那些股票。就迷因股而言，它們的股價在飆漲後顯然即將大逆轉，而且羅賓漢有許多客戶持有這些股票，因此產生的損失可能造成嚴重後果。結算所看到了這一點。

不是人人都利用保證金借款買入迷因股，但羅賓漢在之前一年裡成長迅猛，其保證金放款隨之大增——這種放款是它在沒有佣金收入的情況下賺錢的方法之一。二〇二一年三月羅賓漢提交的一份監理文件顯示，該公司的有擔保放款大增。在二〇二〇年底，它對客戶的放款餘額接近三十四億美元，是二〇一九年底的五倍。[18] 僅在這年下半年，該金額就增加了二十億美元，然後僅在二〇二一年頭三個月又增加了二十億美元。雖然保證金放款是以客戶帳戶裡的股票為擔保品，但有時還是會發生意外，而那些客戶往往因為個人財力不足，無法滿足經紀商的保證金追繳要求。在二〇二〇年，羅賓漢註銷了超過四千二百萬美元的客戶借款。[19]

正如特內夫在另一篇部落格文章中解釋，一月二十五日周一至一月二十八日周四之間，結算所風險公式算出來的羅賓漢每日保證金要求增加了九倍。為了滿足新要求，它突然必須減少曝險和增加現金——大量的現金。一周之後，它總共已經籌得三十四億美元的新資本，超過該公司在此之前自創立以來的總籌資額。其他經紀商也需要更多資金，但它們多數有規模較大的金融業者支持，而且沒有一家的客戶像羅賓漢的用戶那麼迷戀迷因股。畢竟羅賓漢的用戶多數也是華爾街賭場的成員。所有經紀商的整體保證金要求只是增加了三〇%。[20]

但問題還是圓滿解決了，不是嗎？令伊爾艾朗氣餒的是，「市場對逃過一場事故的反應，是整體承擔更多風險。」[21]市場對羅賓漢的籌資需求反應熱烈。雖然他們很憤怒，但羅賓漢多數用戶還是留了下來，而且每周都有許多人登記成為新用戶。有別於陷入困境、尋求救助的銀行，有別於堅稱其籌資交易不是接受紓困的梅爾文資本，羅賓漢籌資時得到的估值對出資者來說並不便宜。該公司的業務相當賺錢，而且剛剛因為Reddit革命新增了數百萬名用戶。新資本幫助推高了羅賓漢在私募市場的估值，在它限制迷因股交易數周後和特內夫出席國會聽證會前一周達到四百億美元。不過是五個月前，該公司在它上一輪籌資中的估值僅為一百一十七億美元。[22]

付費換取委託單

但是，在迷因股軋空之後的幾周裡，沒有人對羅賓漢驚險逃過一劫這件事指手畫腳。考慮到大眾的憤怒，國會議員和記者沒有著眼於一場沒有發生的事故，可說是情有可原。

到了二月十八日國會召開聽證會時，眾議院金融服務委員會的成員已經不再聚焦於經紀商限制交易以拯救對沖基金這個謠傳。他們花大量精力探究那種使羅賓漢和其他經紀商得以提供免費交易、似乎很可疑的安排，這使他們至少向核心問題邁進了一步。羅賓漢暫停迷因股的交易時，付費換取委託單忽然從經紀商業務一項晦澀的技術性安排，變成了證明業者行為不當的所謂確鑿證據。肯定是某個很壞的人想出這種運作。嗯，至少這一點說對了。這種做法是已故的龐氏騙徒柏納・馬多夫（Bernard Madoff）在一九九〇年代初開創的。

在不是很久以前的二〇〇四年，有個知名律師向證券交易委員會（SEC）具體申訴，敦促SEC禁止選擇權交易方面的付費換取委託單運作。他寫道：「這種做法扭曲了委託單轉送決策，是反競爭的，並導致經紀自營商與其客戶出現明顯且重大的利益衝突。」[23] 這個人受雇於誰？答案是肯．格里芬的城堡投資集團。格里芬擁有多數股權的城堡證券後來成為散戶交易熱潮中的幕後大贏家，也是羅賓漢最大的收入來源。

時代顯然已經變了。如果這種做法現在被取締，證券經紀業者多數將活得好好的，但像羅賓漢這樣的公司將難以繼續提供免費的交易——它迎合沒有很多錢的客戶，並仰賴一些超級活躍的客戶貢獻收入。SEC 主席加里．詹斯勒（Gary Gensler）二〇二一年八月某次受訪時表示，禁止付費換取委託單已經上了議程，結果羅賓漢股價應聲下跌逾八%。[24] 競爭對手 Public.com 之前放棄了這種做法，並請來麥可．伯特恩拍片宣傳，希望挖走羅賓漢憤怒的客戶。它表示將把客戶的委託單直接轉給交易所，但將請求客戶打賞；由此看來，經紀商如果放棄這種做法，真的會很難賺錢。

Public.com 在一份聲明中表示：「委託單直接轉給交易所的成本比較高，因此我們是在把一個收入流（revenue stream）變成一個成本中心（cost center），而我們有信心客戶自願打賞將可抵銷此舉的影響。」[25]

此舉證實受歡迎：該公司約半個月後宣布，它的客戶總數增加了一倍，達到一百萬。Public.com 表示，它不鼓勵當沖交易，也不向新投資人推銷保證金借款。

這聽起來很好，不鼓勵當沖交易也值得稱讚，但付費換取委託單本身並沒有什麼不好。問題在於它有助降低進入門檻，使華爾街得以吸引一批沒有很多錢的新投機客，同時吹噓自己正藉由促進「金融民主化」做一些崇高的事。如果沒有付費換取委託單，迷因股軋空很可能不會發生，但隨之而來的指責最終卻是在追逐影子。

委託單轉給為此付費的批發商如城堡或 Virtu 是「暗的」：委託單流入和流出批發商的大黑箱，你能看到的只是結果。委託單轉給實際的證券交易所則是「明的」。明單市場比較透明，似乎比較好，但成本往往高一些。如果委託單是轉到交易所，經紀商的責任是幫客戶以「全國最佳買價或最佳賣價」成交，視客戶是買還是賣而定。這個詞是 SEC 界定的，顧名思義就是交易所出現的最佳買價或賣價。但是，一如汽車推銷員在與他的經理談過之後報出的最好價格，它不是你能得到的真正最佳價格。

現代金融市場並不是像 eBay 那樣運作，並不是收取費用直接撮合想要錢的人和想要股票的人。例如，一個想買二十二股 Netflix 的人和一個想賣二十二股 Netflix 的人同時出現在市場上的機率非常小。現在散戶投資人都期望能利用智慧型手機下單並立即成交，而造市商或批發商為了滿足這種期望，每次都要承擔少許風險——尤其是在迷因股軋空這種瘋狂時期。一般來說，造市商或批發商能賺到錢。城堡證券由肯・格里芬持有約八五%的股份，是一家非上市公司，我們因此不知道它在迷因股軋空期間績效如何。

但彭博取得的一份外洩的簡報資料顯示，城堡證券二〇二〇年的淨交易收入增加了接近一倍，達到至少六十六億美元，而且它的息稅折舊攤銷前利潤（EBITDA）達到四十一億美元的新高紀錄。

城堡及其競爭對手提供的買賣價差通常窄於交易所公布的最佳買賣價差，這被稱為「更優價格」（price improvement），而如果委託單買賣的股票數量超過某個門檻，它們就不可以給你比較差的價格。諷刺的是，正是在付費換取委託單這種備受質疑的運作中，散戶投資人比專業人士獲得更好的待遇。批發商會提防那些聰明的基金，不大願意給它們同樣的價格，因為這些基金可能在快速變化的市場中占批發商便宜。

「把矛頭指向一種似乎很邪惡、因為太複雜而多數人難以明白的做法，是一種非常輕鬆的行銷伎倆，」All of Us Financial 的創始人艾爾．格魯吉（Al Grujic）寫道。這家散戶經紀商採用付費換取委託單的做法，但將它從批發商那裡得到的部分收入回饋給客戶，而它從客戶身上賺到的其他收入，例如借股票給放空者的收入，也會與客戶分享。[26]

把委託單直接轉給交易所的 Public.com 必須承擔較高的成本，它希望靠客戶自願打賞抵銷這種影響。少數散戶交易者可能對此沒有意見，但他們很可能不是那種一年做幾千次交易的人。比較公平和有益的做法，是藉由適度收費或課徵金融交易稅，對所有交易統一徵收小額費用，使多交易的人多付一些費用。

隱形的扒手

付費換取委託單的問題在於它幫助促成免佣金交易，進而慫恿許多人過度交易。即使是免佣金，每一筆交易其實都不是沒有代價的，因為散戶投資人經常作出錯誤的決定，結果就像被隱形的扒手偷走了一些錢。反對金融交易稅的人指出，如果課徵少許交易稅，買賣價差會擴大，成本會增加。他們很可能是對的，但是每年謹慎地買賣少量股票或共同基金的人，僅將因此損失微不足道的錢，而沒那麼踏實的投資人則不會被引誘去瘋狂追捧 stonks，很可能因此省下不少錢。

對羅賓漢來說，這當然不是好事。它在招股說明書的風險因素部分指出，如果付費換取委託單被禁止，它將比其他經紀商受到更大的影響。雖然限制交易是羅賓漢的一次瀕死經歷，似乎使這家經紀商受到重大打擊，但此事引發眾怒實際上可能有利於該公司。突然間，幾乎每一名政客和社會影響者都站在小人物那一邊，認為不應該妨礙他們拿他們的錢做哪怕是再瘋狂的事。在交易限制宣布後第二天，《華爾街日報》刊出特內夫的專訪，他在訪問中完美地總結了這一點。

「我覺得很諷刺的是，在某些方面，我們與批評者的對話和以前常見的情況恰恰相反，」他說。「直到大約一個月前，他們是在質疑我們對客戶的交易限制太少，現在則是質疑我們為什麼要設定這些限制。這真是一種奇怪的情況。」[27]

---

1. "Banner High above San Fran Headquarters. . 'Suck My Nuts,' " *TMZ*, January 31, 2021.
2. Michael Bolton, "Michael Bolton: Break Up With Your Brokerage: Public.com," YouTube video, updated February 23, 2021, www.youtube.com/watch?v=xiuMuvqCoXA.
3. Nadia El-Yaouti, "Robinhood Revolt: App Faces Lawsuit after Halting Trade on GameStop and Other Securities," *Law Commentary*, February 1, 2021.
4. Spencer Jakab, "Will the Real Robin Hood Please Stand Up," *The Wall Street Journal*, January 28, 2021.
5. James Hookway, "Angry Robinhood Traders Take Aim at the Wrong Robin Hood," *The Wall Street Journal*, February 8, 2021.
6. Clemence Michallon, "Stephen Colbert tears into Wall Street Traders: You're all for unfettered capitalism unless you lose!" *Independent*, January 29, 2021.
7. Alexandria Ocasio-Cortez, "We need to know more. . ," Twitter, January 28, 2021, https://twitter.com/aoc/status/1354830697459032066.
8. Jordan Fabia, Erik Wasson, and Daniel Flatley, "Ocasio-Cortez Urges Scrutiny of Robinhood Curbs on GameStop," *Bloomberg*, January 28, 2021.
9. Kathryn Krawczyk, "Donald Trump and Alexandria Ocasio-Cortez Agree on This 1 Thing," *The Week, January* 28, 2021.
10. Egberto Willies, "Senator Bernie Sanders and Politics Done Right Agrees: The Business Model of Wall Street Is Fraud," *DailyKos*, February 1, 2021.
11. Josh Hawley, "Calling Wall Street's Bluff," *RealClear Politics*, February 3, 2021.
12. Mohamed El-Erian, interview by Sara Eisen, *Closing Bell*, CNBC, February 2, 2021.
13. Sarah Perez, "Robinhood and Reddit top the App Store as trading apps surge following GameStop mania," *TechCrunch*, January 28, 2021.

14. Bob Pisani, "Attention Robinhood power users: Most day traders lose money," CNBC, November 20, 2020.
15. Paul Rowady, "Alphacution Press: New York Times and Robinhood," Alphacution press release, July 8, 2020, https://alphacution.com/alphacution-press-new-york-times-and-robinhood.
16. Packy McCormick, "Robinhood Robinhooded Robinhood," *Not Boring* (blog), February 1, 2021, www.notboring.co/p/robinhood-robinhooded-robinhood.
17. Vlad Tenev, "It's Time for Real-Time Settlement," Robinhood blog post, February 2, 2021, https://blog.robinhood.com/news/2021/2/2/its-time-for-real-time-settlement.
18. Robinhood Form X-17 A-5, full year 2020.
19. Stephen Gandel, "Ahead of IPO, Robinhood Expands Risky Stock Market Lending," CBS News, March 25, 2021.
20. Annie Massa, Viren Vaghela, and Yalman Onaran, "What's the DTCC and How Did It Stop GameStop Mania?," *Bloomberg*, January 29, 2021.
21. Mohamed El-Erian, "Market Insouciance Means the Reddit Rebellion Will Be Back," *Financial Times*, February 4, 2021.
22. John Detrixhe, "Robinhood shares are soaring just like the stocks that trade on Robinhood," *Quartz*, February 11, 2021.
23. Jonathan G. Katz to SEC, "Competitive Developments in the Options Markets," April 13, 2004, www.sec.gov/rules/concept/s70704/citadel04132004.pdf.
24. Avi Salzman, "SEC Chairman Says Banning Payment for Order Flow Is 'On the Table,' " *Barron's*, August 30, 2021.
25. Public.com, "Aligning with Our Community," *Medium*, February 1, 2021, https://medium.com/the-public-blog/aligning-with-our-community-300885799d03.
26. iainclarke7, "Mythbusting: Payment for Order Flow & Tipping," All of Us blog post, March 13, 2021, www.allofusfinancial.com/post/mythbusting-about-payment-for-order-flow-tipping.
27. Peter Rudegeair and Orla McCaffrey, "Robinhood Raises $1 Billion to Meet Surging Cash Demands," *The Wall Street Journal*, January 29, 2021.

20 我就是喜歡這支股票而已

二〇二一年一月二十九日

「我做這些事，不是為了任何人。」

一月二十九日周五股市剛開盤時，《華爾街日報》對凱斯．吉爾的專訪報導上線了。此時 GameStop 軋空已經是整個美國最關注的事，讀者蜂擁而至，想要知道這個 Reddit 革命的核心人物說些什麼，這個「資金與投資版」的故事因此為《華爾街日報》網站帶來巨大的流量。吉爾原來是個非常有同情心的人——一個中產、住在郊區的顧家好男人，晚間在地下室錄製他當時很受歡迎的 YouTube 影片，以免吵醒他年幼的女兒。[1]

但他不是革命者。他也不是操縱者，雖然監理機關和民間原告很快就將斷言他是。他在他的許多 Reddit 或推特貼文或 YouTube 影片中，從不曾像許多人那樣，呼籲人們買入某支股票，或甚至慫恿人們「堅守陣線」，以便藉由軋空痛擊放空者。

迷因股軋空發生後幾天，吉爾這個前大學田徑明星利用他的推特帳戶發表了電影《阿甘正傳》經修改的一個片段。那是阿甘留著過長的鬍子，慢跑經過一座橋時，被拿著麥克風的記者追著訪問的那一場。（在電影中，阿甘決定「出去跑一跑」，結果在全美各地慢跑了三年半，吸引了大批追隨者。）吉爾的版本是這樣的：

記者：「你為什麼要買 GME？你這麼做是為了世界和平嗎？你這麼做是為了無家可歸的人嗎？你買入 GME 是為了婦女的權利嗎？還是為了保護環境？還是為了動物？」

阿甘旁白：「他們就是無法相信有人會買入那麼多 GME 而沒有特別原因。」

記者：「你為什麼這麼做？」

阿甘：「我就是喜歡這支股票而已。」[2]

真的是這樣。一年半前，吉爾將他很大一部分身家押在 GameStop 上。二〇一九年九月，他在 Reddit 發出關於這件事的第一篇貼文，遭遇普遍的懷疑。他的投資在二〇一九年價值倍增，二〇二〇年再增加二十九倍，然後在二〇二一年一月又增加了十四倍。這個月最後一個交易日結束時，他的 E*Trade 帳戶餘額為四千六百零四萬又三千五百四十五美元。此時吉爾在Reddit上極受關注和崇拜，只要他隨便再選一支股票買入並公開這件事，都將可以再發一次財——這種影響力是連伊隆．馬斯克、戴夫．波特諾伊或查馬斯．帕里哈畢提亞都可能會羨慕的。但吉爾沒有這麼做。

在一月二十九日周五的交易時段，GameStop股價最後一次飆升至四百美元上方。這似乎是對羅賓漢等經紀商略微放寬交易條件的反應，也是因為該股出現又一輪空頭回補，而不是因為吉爾說了或寫了些什麼。

這是GameStop和華爾街賭場連續第四天成為新聞焦點。這個Reddit子版的成員人數比一周前增加了兩倍多，而這一周有數十萬人在羅賓漢和其他經紀商開了散戶交易帳戶並投入資金——許多人只是想參與重大事件，但也有為數不少的人認為他們可以利用一支仍有上漲空間的熱門股票賺錢。

「想要賺錢，現在才買入是不是太晚了？」這是當時在吉爾的咆哮小貓推特帳戶上，追蹤者對其推文的一條典型回應。

即使獲得新進場者的助力，因為種種原因，GameStop越來越難維持動能。首先是技術面原因：當時GameStop的股票市值已經超過兩百億美元，顯著推升股價需要的資金因此大增。此外，空單餘額對已發行股份的比率已經從月初的一四〇%降至五〇%左右，借入股票建立新空頭部位的成本也開始降低。

與此同時，之前幾天該股波動驚人，利用選擇權製造新一輪伽瑪擠壓的成本因此變得極高。隨著舊選擇權到期（許多選擇權在那個周五到期），選擇權交易商所做的第一件事，就是賣出他們之前為了保護自己而買入的股票。

GameStop 漲勢開到荼蘼也有幾個心理面的原因。當你有敵人時，動員部落成員奮戰是可行的。但 Reddit 革命者現在最氣的，是他們的主要經紀商，而不是邪惡的對沖基金。賈柏瑞·普洛金幾天前尋求注資，據稱已結清空頭部位，承受了慘重損失——第二天就有消息指出，其損失非常驚人，高達其基金資產的五三%。他被徹底打敗了。安德魯·萊夫特也已退場，而他甚至在周五發表了一段 YouTube 影片，解釋他為什麼從此不再發表放空報告。從現在開始，他是隊友了——某程度上。

「年輕人想買股票。這是時代潮流。他們不想放空股票，所以我將幫助他們買股票，」他說。[3]

然後是 DeepFuckingValue，他不再是某個貼出自身帳戶截圖的神秘人了。出人意表的是，他是有執照的金融專業人士，不是那種想摧毀這個體制的人。

整個情況是弔詭的。對亟欲教訓惡棍的年輕世代來說，被阻止買入迷因股像是被扇了一記耳光，但現在所有人——政客、名人，以至父母——似乎都認同他們。不過，這其實不是一個代際和解的時刻。

「只要越過那些刻薄的言語，你會看到那些不想被欺騙或施恩的人，」昆恩．墨里根說。他與一名夥伴打算製作一部關於迷因股軋空的紀錄片。

最新、最年輕的這一群交易者在十一個月前面臨世紀大疫來襲，對他們這一代人的經濟困境憤怒不已，現在是更生氣了。他們這場運動最突出和可量化的目標——把 GameStop 股價推上天際——如今是越來越難達成，而且拜他們所賜，很多有錢人即將突然大發一筆。

「這一切的背後是一種巨大的不平等感，」社會氣氛專家彼得．艾華特說。「而資本家找到了一種方法將不平等貨幣化以自肥。」

1. Julia Verlaine and Gunjan Banerji, "Keith Gill Drove the Reddit GameStop Mania: He Talked to the Journal," *The Wall Street Journal*, January 29, 2021.
2. Roaring Kitty (@TheRoaringKitty), video, Twitter, March 9, 2021, 10:21 a.m., twitter.com/TheRoaringKitty/status/1369307339568873473.
3. Gregory Zuckerman and Geoffrey Rogow, "After GameStop Backlash, Citron Research Will Stop Publishing Short-Seller Reports," *The Wall Street Journal*, January 29, 2021.

21 如何獎勵惡棍

「如果在街上遇到陌生人跟我說，他的魔豆或許可以毀掉一個富豪的生活，我是會向他買的，」約翰．莫特（John Motter）在被《洛杉磯時報》問到他為什麼在迷因股軋空的高峰期，拿政府給他的經濟刺激支票買入 GameStop 股票時這麼說。這個失業的社區組織者對二〇〇八年的金融危機仍耿耿於懷，他穿著西裝、戴一頂高帽、腳踏一對運動鞋，像個千禧世代的大富翁先生（Mr. Monopoly），在所在地一家鄉村俱樂部的大門外拍照留念，那裡有一塊銅匾提醒會員必須穿合適的高爾夫服裝。在此之前，莫特從不曾擁有股票，但他矢言至少將持有到下周，即使賠錢也沒關係，因為他「靠它發財會不舒服」。[1]

他沒有這麼做。不過，就在莫特對著鏡頭打哈哈時，有個真的不缺錢的人做了反向的交易。

「華爾街最愛市場波動」

當時七十六歲的比爾・葛洛斯（Bill Gross）已退休，住在洛杉磯以南自成一格、以豪華著稱的新港灘。他在這裡與夥伴共同創立了資產管理公司 PIMCO，成為一名富豪。這個廿一點前職業選手綽號「債王」，多年來他那些獨樹一格的意識流市場評論，是金融圈人士必讀之作。評級公司晨星（Morningstar）評選他為十年最佳債券經理人時表示：「沒有其他基金經理比葛洛斯為投資人賺了更多錢。」[2] 葛洛斯職業生涯中會使莫特覺得不舒服的傑出表現，包括投資於抵押貸款巨頭房利美和房地美發行的債券，二〇〇八年九月在它們獲聯邦政府拯救之後獲利十七億美元。

GameStop 軋空期間，葛洛斯忍不住中止退休生活，撰寫了一系列的公開備忘錄，指出這件事：在這家電玩零售商的股價已經漲了那麼多和變得那麼波動之後，購買更多該股的買權是徒勞的。他解釋，根據選擇權定價公式，要證明該股買權高漲的權利金合理幾乎是不可能的。他寫道，買家「被伊隆・馬斯克之類的幾個著名投資人慫恿（這些名人理應比較了解情況），是撲克桌上的凱子，而不是受過教育的投資暴民的一部分。」[3]

葛洛斯還說，他同情一般民眾，但他還是忍不住在交易中選擇了與群眾對立的立場。他後來透露，他以大幅偏高的價格賣出買權，瀟灑地賺了一千萬美元。[4] 這些錢幾乎肯定是直接來自成千上萬名個人投資者，他們徒勞地試圖維持伽瑪擠壓的動能。

華爾街賭場的一些成員堅稱，這場軋空完全是為了賺錢。但許多人——尤其是在二〇二一年一月最後一周加入該論壇，使其成員總數增加兩倍的數百萬人——顯然有莫特那種感想，認為最重要的是教訓惡棍。一切塵埃落定之後，革命者在這兩方面都做得不好。這個使華爾街賭場舉世矚目的事件，令許多有錢人變得更有錢了。

當然，不是所有有錢人。例如普洛金的梅爾文資本就在一月份受重創，而另一多空並用（long-short）的對沖基金 Maplelane Capital 也近乎同樣悲慘，損失了四五％。安德魯．萊夫特太早押注 GameStop 股價回落，而他雖然不願透露投入了多少錢，但表示他這次放空操作的損失是一〇〇％。還有一些人受打擊，但就多空並用對沖基金這整個類別而言，即使在軋空白熱化之際，損失也不是災難性的。摩根大通的分析師寫道，這些基金整體而言在那個周二和周三只是損失了約二％的價值，而且「這個領域的嚴重損失極有可能集中在若干對沖基金上」。[5]

許多人與葛洛斯所見略同，賺了一大筆。S3 Partners 的資料顯示，僅計 GameStop，放空者在一月二十八日那天就賺了三十六億美元。在二月份頭兩天，他們又賺了四十七億美元。與此同時，選擇權交易商絕對是賺得盤滿缽滿。

許多人以為美國金融業者在這件事中被小蝦米教訓了一頓，但事實根本不是這樣。如果廣大散戶被某些事情煽動起來，金融業整體而言幾乎一定可以得益。我們來聽一個利用小人物的天真發了財的人怎麼說。

「我想一般投資人不明白的是，華爾街最愛市場波動——無論漲跌，市場波動、交投活躍都有利於他們賺錢，」被稱為「華爾街之狼」的喬丹．貝爾福說。「市場走多頭是好事，但如果量能枯竭，市場上沒什麼動靜，那就是華爾街最慘的時候。」

造市商

很多人說，市場是某種意義上的「零和遊戲」——你的獲利很可能是別人的損失，反之亦然。但是，把市場上的智力較量——例如熱門美劇《金融戰爭》（*Billions*）中鮑比．艾瑟羅德（Bobby Axelrod）與泰勒．梅森（Taylor Mason）之間的鬥爭——說成是零和遊戲，會使事情顯得像是發生在真空中。就在吉爾與普洛金因為同一支股票分別變得相當有錢和沒那麼有錢的同時，許多金融業者發現自己渴望迷因股之戰可以多打幾個回合。這是金融業常態的加強版：華爾街大賺一筆，一般民眾為此埋單。

有些散戶交易者也賺了很多，但他們多數是以過度冒險的方式做到的。有些金融業者造就了免佣金交易，因此獲利甚豐，他們就不會像散戶那麼冒險。肯．格里芬的城堡證券處理散戶的交易委託，在此過程中下了無數次精心計算的小賭注，假以時日累積出以十億美元計的利潤。二〇二〇年，該公司處理了接近一半的散戶股票交易委託。在迷因股軋空期間，它甚至發揮了更大的力量：格里芬在國會聽證會上誇耀道，在競爭對手「沒有能力或不願意處理大量交易」時，城堡證券「挺身而出」。他說，在二〇二一年一月二十七日周三那天，僅計散戶投資人，他的公司處理的交易量就多達七十四億股。

這比二〇一九年零佣金模式普及前，整個美股市場通常的散戶日交易量還要大。因為城堡證券沒有公布相關數據，我們不知道迷因股軋空使它賺了多少錢。其競爭對手 Virtu Financial 則公布了數據，當季盈利創出該公司史上最高紀錄。二〇二〇年底，格里芬與史蒂文．科恩並列美國富豪榜第三十七位，而作為最大批發商城堡證券和價值三百四十億美元對沖基金的大股東，他很可能至少保住了他在富豪榜上的排名（在梅爾文資本受壓之際，他的對沖基金以便宜的價格入股了梅爾文）。[6]

羅賓漢

羅賓漢理論上處於最安全的位置，因為它主要只是收取「過路費」，收入取決於客戶做多少交易。諷刺的是，在迷因股軋空期間，它實際上最接近破產，因為它成功過頭，以致無法處理客戶巨量和高度集中的押注。但它最終還是度過難關並且發了大財，而兩位創始人特內夫和巴哈特也是。隨著他們持有的羅賓漢股份價值上升，截至二〇二一年七月，兩人的資產淨值已經增至每人約二十六億美元。[7] 在這個月，羅賓漢因為準備 IPO 而揭露了公司不曾公開的業務細節，許多觀察者大感驚訝：該公司的新增客戶極多，而且雖然他們帳戶裡的資金比羅賓漢競爭對手的客戶少得多，但在交易方面非常活躍。光是二〇二一年頭三個月，它的總收入就幾乎是二〇一九年全年的兩倍。世紀大疫和迷因股軋空帶給了羅賓漢一筆驚人的意外之財。

大投行

大型投資銀行也很愛這場 Reddit 革命。摩根士丹利自二〇二〇年收購 E*Trade 以來，經由其「財富管理」部門為吉爾和數百萬名小散戶提供證券經紀服務，該公司二〇二一年第一季的淨利增加了一倍，達到四十一億美元。財務長喬納森．普魯贊（Jonathan Pruzan）二月份談到散戶經紀部門的業績時，顯得非常興奮。他說，「客戶增加了，參與增加了，活動增加了，現金增加了」，而且客戶的交易量達到令人驚喜的水準。[8]

高盛的業績甚至更好，令其投資人驚嘆不已。該公司第一季賺了六十八億美元，股東權益報酬率（ROE）是十二年來最高的。執行長大衛．所羅門（David Solomon）說：「我會說第一季是不尋常的一季。」

機會主義者

迷因股軋空中有個大贏家食髓知味，忍不住要再來一次。傑森．穆德里克（Jason Mudrick）當時四十五歲，看起來就像 Reddit 革命者容易憎恨的那種華爾街人——他聰明、學院風、英俊，而且非常富有。十年前，穆德里克在財經新聞網站 Business Insider 的「最性感對沖基金經理」選舉中排名第六，而他曾為了籌措他就讀哈佛法學院的學費，在大學講授本科生經濟學課程。[9]

不過，穆德里克曾短暫成為了華爾街賭場成員的英雄，因為他三十億美元的對沖基金曾與他們站在同一陣線。這個財困公司專家在十二月為掙扎求存的AMC提供了非常昂貴的資金，使它得以維持運作。穆德里克的債權可以轉換為大量的AMC股份，而他在AMC股價大漲時做了這件事，套現獲利近兩億美元。不過，他也是把握機會看空迷因股的對沖基金明星之一：在他認為迷因股漲過頭時，他像葛洛斯那樣賣出迷因股買權，又賺了約五千萬美元。結果他的基金穆德里克資本管理（Mudrick Capital Management）創出歷來最好的月度績效。[10]

四個月後，「猿族」再度促成AMC股價飆漲，呼應最初的迷因股軋空，此時穆德里克又想趁機大賺一筆，但這一次就沒那麼如意了。數百萬名散戶新股東造就AMC股價急漲，該公司亟欲藉機籌資，於是賣了二．三億美元的新股給穆德里克。許多AMC股東不明白或不在乎自己的股權剛剛被稀釋了，當天推升該股至多年來的最高水準，而穆德里克立即將他新買的股票賣給了散戶，估計獲利四千一百萬美元——此舉很不尋常，但並不違法。

穆德里克的罪過據稱是告訴一名客戶，他賣掉股票是因為AMC「價值被高估了」。[11] 他的公司在維基百科上的條目很快就被插入粗言辱罵。此外他也受到教訓：他的基金利用衍生工具保護自己免受價格波動影響，結果在這方面有所虧損。他低估了猿族的熱情，沒有想到 AMC 會跳漲。[12]

與此同時，有些金融業者把握了絕佳的獲利時機。他們與那些從華爾街賭場獲得買賣提示的散戶不同，不可能在一支股票在沒有基本因素支持仍上漲了數十倍之後「堅守陣線」。Senvest Management 二〇二〇年初對 GameStop 產生興趣，並且隨著萊恩．柯恩的出現，在九月和十月買入該公司五%的股份。Senvest 的經理人過去曾在軋空中受挫，這次則在事情發生時果斷套現，獲利七億美元。[13] 韓國對沖基金 Must Asset Management 的時機拿捏也近乎完美，在迷因股狂熱接近觸頂時賣出四．七%的 GameStop 股份，估計套現十億美元。[14]

即使是相對呆滯的共同基金公司，也會迅速採取行動把握市場給予的黃金機會。基金巨頭富達投資長期以來是 GameStop 的最大股東，持有近一三%的股份，而它在二〇二一年一月幾乎賣掉了所有股份。富達低價股基金（Fidelity Low-Priced Stock Fund）和富達系列內在機會基金（Fidelity Series Intrinsic Opportunities Fund）通常青睞那些投機散戶忽略的過氣但穩健的公司，曾是富達旗下持有 GameStop 股票的兩個大戶。

這兩支基金都是由保守的喬爾．提靈赫斯特（Joel Tillinghast）負責管理，他在羅賓漢多數用戶還沒出生時就已經加入了富達。在他賣出 GameStop 股票之前，華爾街賭場版上關於 GameStop 的數萬條訊息完全不曾提到他，當時該論壇的成員痴迷於 DeepFuckingValue、萊恩．柯恩和麥可．貝瑞。這真的太可惜了，因為提靈赫斯特（他的基金在二〇二〇年表現不如強勁的股市大盤，但長期表現顯著優於基準指數）寫過值得注意的個人理財著作《大利從小》（*Big Money Thinks Small: Biases, Blind Spots, and Smarter Investing*），直接談到類似迷因股軋空的情況。例如，他警告投資人，試圖猜測在市場狂潮中「其他人將保持短視多久」，比較像賭博而不是投資。

> 「如果你像多數投機客那樣，幻想派對何時結束會有明確的跡象，你肯定會被捲入發出轟隆巨響的羊群中，雖然你知道無可避免的結果。」[15]

散戶投資人並不明白的另一個微妙情況，是梅爾文之類的基金蒙受的損失並非只是發生在迷因股上，甚至並非只是發生在空頭部位上。梅爾文也被迫結清一些多頭部位，而因此短暫出現的撿便宜機會落入了其他對沖基金手上，並未嘉惠 Reddit 革命者。

內部人士趁機獲利

迷因股軋空也惠及相關公司的高層和董事會成員。他們如果得知會影響公司股價的消息，無論是好消息還是壞消息，通常不可以買賣股票，因為那是違法的內線交易。但迷因股軋空是外生事件，許多內部人士因此沒有面臨這種限制。這或許可稱為局外人交易（outsider trading）吧。

例如，Hestia Partners 的行動派投資人庫特．沃夫（Kurt Wolf）為了進入 GameStop 的董事會而努力了好幾個月。二〇二〇年六月他如願以償時，說得像是將為 GameStop 長期努力似的。

沃夫在一篇新聞稿中寫道：「GameStop 是遊戲產業一個獨特的參與者，我們很高興成為公司新一代領導層的一部分。我們對經改組的新董事會很有信心，認為它有合適的人員和技能組合去釋放 GameStop 的巨大潛在價值。」[16]

他很有信心，但信心沒有強到足以支持他長期持有 GameStop。Hestia 的投資報酬率二〇二〇年為一六二%，二〇二一年第一季為二二三%，主要就是靠這筆幸運的投資。有別於其他基金經理人，他是 GameStop 的董事，因此不可以在軋空熾熱時賣出股票。證券監理文件顯示，沃夫在四月辭去董事職務，然後迅速套現獲利。[17]

約翰．布羅德里克（John Broderick）也是行動派投資人，他經營的 Permit Capital 是以難以捕捉的鐮鰭鯧鯵魚命名的基金。他也投資於 GameStop 並對該公司施壓，但選擇支持沃夫進入董事會，而不是自己成為董事，而這一步最終證實對他非常有利。沃夫的 GameStop 投資雖然獲利甚豐，但與布羅德里克相比遜色得多，因為後者能夠在 GameStop 股價接近觸頂時賣掉手上所有股票。

「這有點像超級盃比賽結束後，他們問某人感覺如何，而那人說感覺不真實，」布羅德里克對《華爾街日報》說。「我想我可以去迪士尼世界了。」[18]

另一名董事在把握時機方面不如沃夫。萊恩．柯恩及其夥伴在一月中進入 GameStop 董事會時，董事長凱西．弗拉貝克是同意退位的人之一。她立即賣出五萬股 GameStop，套現一百四十萬美元。但她只要再等兩個星期，這些股票的價值將高達兩千四百萬美元。

隨著柯恩矢言改造 GameStop，在軋空之後的幾個月裡，該公司有若干高層離職，當時有人並非被迫下台。例如，GameStop 財務長在軋空發生後數周就辭職，當時公司股價仍處於高位。他拿到了超過一千五百萬美元的報酬，而據說包括遞延報酬在內可能多達三千萬美元。[19] 或許更值得注意的是，執行長喬治・薛爾曼（George Sherman）在軋空之後賣出二十六萬三千股 GameStop，套現逾三千萬美元，然後同意在四月份下台，換取公司加速解除對他那些受限股份（restricted shares）的限制，而按當時的價格，他拿到約一・七九億美元的報酬。這種黃金降落傘在任何公司都會引人側目，發生在 GameStop 更是不尋常，因為薛爾曼是這家公司不到四年時間裡的第五個執行長，而這家零售商在此期間一毛錢都沒賺過。[20]

這種事並非只是發生在 GameStop。在股價突然膨脹的其他迷因股公司，內部人士也在合法的情況下積極套現。在陷入困境的智慧型手機先驅黑莓，公司高層在軋空期間賣出價值一百七十萬美元的股票——如果他們是在數周前賣出這些股價，所得會少一百萬美元左右。黑莓財務長賣出了他的全部持股。[21]

立體聲耳機製造商 Koss 的股價從一月初的略高於三美元飆漲至最高逾一二七美元，其高層和董事也把握了絕佳時機，賣出股票套現四千四百萬美元——這比整家公司數周前的市值還要高。這當中約三千一百萬美元的股票是本已富有的高斯家族成員賣出的。[22]

「銀背」奪得桂冠

但最投機的企業高層顯然是在電影院連鎖集團AMC。這家公司原本已經遇到困難，面臨世紀大疫更是受到重擊。雖然疫苗接種已經展開，放空者大有理由懷疑AMC能否生存下去。一些專家認為，因為該公司燒錢速度很快，而且為了生存下去欠下許多高風險債務，估計再過幾個月就會破產。迷因股軋空期間，AMC四名高層賣出了他們的股票，套現約三百萬美元。[23]

與此同時，私募股權巨頭銀湖（Silver Lake）因為持有AMC的可轉換債券而深陷困境。這是加了甜頭的債券，相當於普通債券加上股票的買權：債權人可以把債券換成股票，但公司股價必須達到某個水準，才值得把債券換成股票。這個股價在一月初是遙不可及的，但在一月二十六日星期二，因為散戶買進和空頭回補，AMC一度跳升至該股價上方。銀湖立即出清手上的可轉換債券，套現七．一三億美元，在瀕臨失敗的情況下贏得意外的勝利。[24]

中國頂級富豪王健林擁有的中國公司大連萬達也抓住這個機會，把賦予它AMC控制權的股份換成比較容易賣出的形式。它賣出價值數億美元的股票，在五月前完成了退出計畫。[25]

AMC本身在迷因股軋空期間賣出了逾三億美元的新股，然後在那個春天，在它成為華爾街賭場的新寵一段時間之後，向熱情的散戶出售了數億股新股。該公司執行長亞當・阿倫（Adam Aron）直接在社群媒體上接觸猿族，希望藉此重新創造迷因股的魔力。他抱怨AMC遭放空者「攻擊」，而他與公司各自捐了五萬美元支持拯救大猩猩，追隨華爾街賭場許多成員的做法。這個論壇的多數成員年紀不到阿倫的一半，他們親切地給他起了「銀背」（指成年的雄性大猩猩，因其背毛會變成銀灰色）這個綽號，並團結起來支持他。[26]

阿倫自己不可以賣掉價格飆升的AMC股票，但他藉由贈予他兒子五十萬股AMC來規避此一限制。他是根據公司調降過的分紅目標獲得這些股票，而該目標得以達成，完全是有賴迷因股軋空。[27] 在六月份，阿倫的兒子們如果還持有那些股票，其價值約為三千萬美元，而AMC的一份文件顯示，阿倫手上的股份和公司未來將送給他的股份總價值超過兩億五千萬美元。[28] 約莫與此同時，該公司數名董事賣出了價值近四百萬美元的股票。[29] 至於AMC的散戶新股東，他們除了股票，還得到什麼？那年夏天，這些股東第一次到AMC的戲院看電影時，可以獲得一份免費的大爆米花。

雖然他們在策劃軋空方面展現了驚人的老練，但華爾街賭場這群人沒有意識到，

ＡＭＣ及其內部人士大量賣出股票會使放空者得以逃出陷阱，然後使這個論壇的成員滿手都是價值被高估的ＡＭＣ股票。ＡＭＣ賣給他們那麼多股票拿到的錢，落入了ＡＭＣ債權人、被拖欠租金的房東、基金經理人、公司高層或董事會成員的口袋。二〇二〇年六月，在ＡＭＣ董事大量賣出股票的消息傳出後，ＡＭＣ股價急跌，一些人因此看清了真相。有人在華爾街賭場版上寫道：

「教訓惡棍？笑死了，追捧ＡＭＣ的白痴們什麼都沒做，只是令惡棍變得更有錢。ＡＭＣ董事和高層全都在五十美元上方賣出他們的股票，堅持長期持有（HODL）的智障們則淪為賠錢的魯蛇（L）。他們甚至以折扣價賣了八百五十萬股給一家對沖基金，然後該基金就轉賣給這裡的白痴，賺了一筆。」

諷刺的是，像約翰．莫特這樣的人——他們大有理由對金融業者在金融危機期間獲政府拿出公帑救助，不必承受任何嚴重後果感到憤怒——竟然去拯救那些經營不善、瀕臨倒閉的公司，以及做了錯誤選擇的債權人和基金經理人。迷因股軋空不但沒有導致任何百萬富翁或億萬富翁破產，還使一些有錢人因為純粹的狗屎運而變得更有錢。

塵埃落定之後，美國頂層的一％人在二〇二一年開了個極好的頭。他們的意外之財來自小人物的口袋。

1. Daniel Miller, Suhauna Hussain, and Hugo Martín, "GameStop Investors' Motives: Take a YOLO Bet: 'Ruin a Billionaire's Life,' " *Los Angeles Times*, January 29, 2021.
2. John Gittelsohn, "Bill Gross, the Bond King That Racked Up One of the Longest Winning Streaks of Any Money Manager, Retires," *Financial Post*, February 4, 2019.
3. Bill Gross, "Bill Gross Releases Investment Outlook: Game(Stop), Set, Match," PR Newswire, January 29, 2021.
4. Bérengère Sim, "How Billionaire Bill Gross U-turned and Made $10m Shorting GameStop," *Financial News*, March 17, 2021.
5. Telis Demos, "GameStop Stock Frenzy May Not Be So Bad for Wall Street," *The Wall Street Journal*, February 1, 2021.
6. Kerry Dolan, Chase Peterson-Whithorn, and Jennifer Wang, "The Forbes World's Billionaires List," *Forbes*, April 6, 2021.
7. Ari Levy, "Fintech Keeps Minting Billionaires as Robinhood Co-founders Prepare for IPO," CNBC, July 19, 2021.
8. Elizabeth Dilts Marshall, "Client Activity on Morgan Stanley's E*Trade Is 'Off the Charts' : CFO," Reuters, February 25, 2021.
9. Leah Goldman and Dina Spector, "The Sexiest Hedge Fund Managers Alive," *Business Insider Australia*, December 23, 2010.
10. Katherine Burton and Katherine Doherty, "Mudrick Capital Gains $200 Million on AMC, GameStop Bets," *Bloomberg*, February 2, 2021.
11. Katherine Doherty and Bailey Lipschultz, "Hedge Fund Flips 'Overvalued' AMC, and Shares Keep Surging," *Bloomberg*, June 1, 2021.
12. Katherine Doherty, "Mudrick's AMC Bet Backfires after Meme Frenzy Wrecks Hedges," *Bloomberg*, June 11, 2021.
13. Juliet Chung, "This Hedge Fund Made $700 Million on GameStop," *The Wall Street Journal*, February 3, 2021.
14. Tomi Kilgore, "GameStop Shareholder Sells Off Stake Valued at over $1 Billion," *MarketWatch*, January 30, 2021.
15. Joel Tillinghast, *Big Money Thinks Small: Biases, Blind Spots, and Smarter Investing* (New York: Columbia University Press, 2017), 31.
16. Connor Smith, "Activist Investors Join GameStop's Board: What That Means for Investors," Barron's, June 12, 2020.
17. Svea Herbst-Bayliss, "Exclusive: GameStop's Strong Stock Performance Triggered Board Director's Exit," Reuters, April 8, 2021.
18. David Benoit, "Two Small-time Investors Were Buying GameStop Stock before It Was Cool," *The Wall Street Journal*, February 2, 2021.
19. Nina Trentmann and Mark Maurer, "GameStop CFO Resigns Weeks after Reddit-fueled Stock Market Frenzy," *The Wall Street Journal*, February 24, 2021.
20. Jessica DiNapoli, "How a Sweetheart Deal Gives GameStop CEO a $179 Million Goodbye Gift," Reuters, April 21, 2021.

21. Stephen Gandel, "Corporate Executives Reap Millions from Reddit Stock Frenzy," *MoneyWatch*, CBS News, January 30, 2021.
22. Robert Frank, Nick Wells, and Pippa Stevens, "Koss Family and Company's Execs Cash in $44 Million in Stock during Short Squeeze Frenzy," CNBC, February 4, 2021.
23. Ed Lin, "AMC Executives Sell Large Amounts of Stock," *Barron's*, January 29, 202`1.
24. Joshua Franklin, "Silver Lake Cashes Out on AMC for $713 Million after Reddit-fueled Rally," Reuters, January 29, 2021.
25. Rebecca Davis, "China's Dalian Wanda Sells Remaining AMC Stake for $426 Million," *Variety*, May 21, 2021.
26. Sarah Whitten, "AMC CEO Adam Aron Raved about Its New Investors Who Are at Odds with Wall Street," CNBC, May 7, 2021.
27. Rachel Layne, "AMC's Meme Stock Soared into Orbit: So Did CEO Aron's Wealth," CBS News, June 7, 2021.
28. Kelly Gilblom, "AMC CEO's Stock Gift to Sons Balloons to More Than $30 Million," *Bloomberg*, June 2, 2021.
29. Tomi Kilgore, "AMC Board Members Sold Nearly $4 Million Worth of Stock This Week," *MarketWatch*, June 10, 2021.

22 雪球開始滾下山了

二〇二一年二月

二〇二〇年十二月，在被問到他將如何以及何時將帳面獲利落袋為安時，凱斯．吉爾打趣地答道：「什麼是退場策略？」雖然他不是高薪專業人士，但他把握了絕佳時機，將他押在GameStop上的長期賭注套現了一大部分，而金融精英普洛金卻笨拙地墜入了陷阱。但是，這種有利於小人物的一面倒結果，並不是華爾街賭場成員整體而言相對於華爾街的操作結果。

且以伽瑪擠壓為例。雖然它成功地把梅爾文資本炸出一個大洞，並且促成迷因股飆升，但它動用的資金多得驚人，使去年夏天納斯達克巨鯨的投機操作顯得很保守。研究公司SentimenTrader的執行長傑森．高福特（Jason Goepfert）指出，截至一月底，小交易者在之前四個星期裡花了令人難以置信的四百四十億美元在買權權利金上——其中大部分是浪費掉了。在二〇一八年之前，該數字通常是二十億美元左右。

在這個過程中，有些人幸運地獲利甚豐並且打擊了對沖基金，有些人則當了過度冒險的大傻瓜，而參與者屬於前者還是後者，取決於他們多早上車，以及是否傾向中途跳車退出。只要看一下股票和選擇權的交易情況，就會知道許多人是當了傻瓜。

正如廿一點前職業選手葛洛斯一邊從 Reddit 革命者身上賺錢，一邊解釋道，Reddit 大軍已經製造出極大的波動性，選擇權價格暴漲已反映這種波動，結果是他們能夠獲利的機會變得極小。在二〇二一年一月二十九日周五的最後一次歡呼之後，GameStop 的股價開始急跌，光是在隨後的周一就暴跌一百美元，或三一%。一個重要原因是隨著伽馬擠壓解除，選擇權交易商迅速拋售他們被迫買入的股票。雖然華爾街賭場的一些成員在策劃痛擊對沖基金的行動方面非常聰明，但他們沒有顧及如何使每一名散戶都可以獲利離場，或至少不會損失很多。

Reddit 革命者買入更多選擇權，但這只是徒勞。他們所做的，就像試圖將一個已經變大變重了很多的雪球推上山。這件事要繼續下去，需要的人力已經大大增加：新買的每一股股票或每一張選擇權合約可以產生的效果已經大為減弱，而且當雪球開始滾下山時，它很快就會壓垮仍在使勁推它上山的每一個人。

「這真的就是漲上去的都會跌下來，」衍生工具專家彼得．塞奇尼描述伽瑪擠壓的終結時這麼說。

周二的情況更糟，GameStop股價崩跌一百三十五美元，跌幅高達六〇%，然後股價穩定了一天。在成員已暴增的華爾街賭場版上，到處都是勸人停止賣出的貼文，以及關於GameStop股價下跌真正原因的天真理論。版上流行的一種理論認為軋空仍未結束，但對沖基金正在操縱GameStop的股價，使情況看起來像是軋空已經結束。該理論認為，對沖基金正在操作所謂的「空頭階梯式攻擊」（short ladder attack），以某種方式相互買賣，人為地壓低迷因股的價格。但現實中根本沒有這回事。

參與迷因股軋空的數百萬名墮落者有多少賺了錢，幾乎是不可能知道的事，但此一事件使他們的論壇變得具有巨大的影響力。現在華爾街賭場必須應對此一驚人成就的負面影響。它在短短一個星期內吸引了極多新成員和極多關注，一些成員因此開始尋找新的高山來征服。

許多新成員開始在版上鼓吹買入白銀時，有些人懷疑他們是外部操縱者。在迷因股軋空的那個周四（也就是一些股票的交易受限制的那天），一支白銀ETF的交易量開始激增。買氣隨後蔓延至實物白銀，而到了周末，幾家銀條和銀幣交易商在其網站上貼出公告，聲稱他們已經出清存貨，暫時無法再接買單。華爾街賭場的一名「老兵」警告版友不要被這個白銀軋空（#silversqueeze）趨勢迷惑；他寫道，這是對沖基金的伎倆，旨在「使你對我們眼下這場正義和光榮的戰爭袖手旁觀」。

我們無法知道誰是幕後推手，但幾乎可以肯定的是，這不是對沖基金為了使革命者分心而策劃的一個狡詐計畫。這可能是職業投機客為了賺快錢，利用網路機器人做的。不過，在白銀這個例子中，推動力也大可能來自希望討個公道的個人投資者。長期以來，有一種陰謀論聲稱大銀行串通起來壓低白銀價格，欺騙小人物。美國政府甚至在二〇一〇年召開聽證會審視這種說法。諷刺的是，白銀在一九八〇年經歷了史上最著名的其中一次軋空。當年建制勢力真的團結起來終止了軋空，導致兩名試圖囤積白銀以壟斷市場的德州富豪破產。

隨著迷因股從天上掉回地上，華爾街賭場在維持革命方面突然面臨另一個問題：它的大英雄將暫時消聲匿跡。吉爾在SEC到訪之後，二月三日如常貼出他在市場收盤後的證券帳戶截圖，並加上一句話：「注意，現在開始將暫停每日更新。」

根據那天的E*Trade帳戶截圖，吉爾短短幾天內帳面損失了超過兩千五百萬美元。

從大賺變成大虧使他更受 Reddit 革命者愛戴，這些人試圖動員足夠多的人「堅守陣線」，但未能成功。吉爾堅持不退的每一天都激勵這些革命者，但從現在開始，再也無法知道他將如何處理他帳戶裡已經大幅縮水但仍然可觀的兩千兩百萬美元資產。

紀錄片《猿族團結力量大》製作人之一的芬利．墨里根（Finley Mulligan）回想他看到吉爾那個貼文時的反應時說：「嘩，天哪，那絕對是『啊，這可糟了』。」

雖然吉爾從不曾敦促華爾街賭場的版友堅持持有以維持軋空動能，但他可能在不更新帳戶狀況的情況下套現離場，這一點使那些一直堅持到現在的人相當不安。吉爾消聲匿跡促使 GameStop 股價第二天進一步下滑四二%。

版友對此沒有怨恨，許多人還藉此機會向吉爾致敬。有人寫道：

「在人人都認為他是個白痴時，DFV（DeepFuckingValue）賺了五千萬美元，然後在人人都認為他是個天才時，他損失了三千萬美元。」[1]

有些深思的人指出，國會議員一年前在聽取關於 COVID-19 大流行的機密簡報之後拋售股票，財政部長葉倫身處民間部門期間向金融業者城堡集團作了一系列演講就收了數十萬美元的報酬，在這種情況下，吉爾面臨監理機關的調查真的很可笑：

「什麼，他們接下來要對長者和高中生的股票俱樂部下手嗎？他們還協調他們的行動。他們甚至可能親身參與『秘密會議』，以免留下電子蹤跡。」[2]

「我想你不明白這一切是如何運作的。法律是給小人物——像你、我和DFV——遵守的。我們有一些寫得很好的條文，表面看來像是沒有人可以凌駕法律，但只有住在西伯利亞山洞裡的人才會相信是這樣。年輕天真的人也可能會相信。我記得我年輕和理想主義的時候。後來我長大了，認識到政府最擅長兩件事：盜竊和謀殺。」

「SEC很可能正在等待DFV犯錯，然後控告他操縱市場。但是，那些在COVID-19開始流行時公然做內線交易的參議員卻沒有被起訴。」

結果吉爾沒有就此從華爾街賭場消失。在二月十八日的國會聽證會過後，他恢復更新他的動態，而在此期間，他動用他的一些現金買入了更多GameStop股票。他真的「喜歡這支股票」。他最後一次更新是在四月十六日，也就是他的選擇權到期那一天。他堅持不退，將選擇權轉換為更多股票，使他對GameStop的投資達到三千萬美元，而如果這項投資沒有好結果，他還持有略多於三百萬美元的現金。

華爾街賭場的創始人海梅．洛高真斯基表示，他對像吉爾這樣的市場大贏家藉由貼出證券帳戶截圖，影響該論壇的成員相當不安。這無疑激發了一些不明智的冒險行為，而這些行為主要嘉惠專業人士。那些強調「你只活一次」的YOLO交易者並非真的模仿吉爾，因為吉爾的行為和他的績效一樣罕見：他研擬出自己的理論，而不是聽從專業人士的共識或網路上隨機出現的懷疑，而且他堅持持有了至少一年半。雖然他的交易金額以百萬美元計，但他的經紀商 E*Trade 很可能沒有從中賺到多少錢。無論輸贏，真正可以教訓惡棍的正是這種堅定。

1. Anonymous, "Response to DeepFuckingValue post, 'GME YOLO Update-Feb 3, 2021 – heads up gonna back off the daily updates for now,'" Reddit, February 3, 2021, www.reddit.com/r/wallstreetbets/comments/lbykxg/gme_yolo_update_feb_3_2021_heads_up_gonna_back/gmb06of.
2. 同上。

23 同一個老遊戲

「一天的交易結束後，他們拿出所有錢並把它們拋向空中。黏在天花板上的全歸客戶所有。」

在他令人捧腹的著作《客戶的遊艇在哪裡？》（*Where Are the Customers' Yachts? or A Good Hard Look at Wall Street*）中，小弗雷德．史維德（Fred Schwed Jr.）狠狠地批評了股票經紀商。雖然這本書已經是逾八十年前的作品，但那些批評放在今天幾乎完全沒有過時。史維德曾從事證券經紀工作，在一九二九年的大崩盤中損失了他的大部分財富。他那本書的書名源自一個更古老的典故：有人參觀曼哈頓金融區，停下來欣賞碼頭那些漂亮的帆船，然後問了那個問題。那些帆船的主人是在幾個街區之外的證券交易所工作的經紀商。雖然證券投資予人致富的希望，而且投入資金和承擔風險的是客戶，但市場創造出來的財富似乎有很大一部分落入了參與市場運作的專業人士的口袋裡，而不是歸他們的客戶所有——情況嚴重到相當可疑。

當然，在史維德寫這本書時，華爾街是個小而排外的地方。當時佣金是固定的，多數美國人不信任市場，而且你必須相當有錢，經紀商才會考慮賺你的錢。今天的股市活動和財富榮景可追溯至一九八〇年代初，當時 401(k) 退休儲蓄計畫剛面世，雷根時代的多頭市場展開了，而嘉信理財之類的折扣經紀商真正開始起飛。自此之後，助人投資這一行比以前競爭多了。在交易所掛牌買賣的共同基金使你可以輕鬆投資於數百支股票，每年的費用遠低於投資額的一％，而且多數人不需要支付交易佣金。對那些希望財富增長和盡可能留住市場產生的收益的儲蓄者來說，這是很好的發展。但是，助人投資這一行是否變得沒有以前那麼有利可圖呢？

瀏覽《富比世》雜誌的美國富豪榜就能得到線索。在一九八二年，也就是該富豪榜面世那一年，最有錢的一百個美國人當中沒有一個是基金經理人或任何類型的經紀商。到了二〇二〇年，這個榜單上有二十三人是靠金融業發財的，包括十一個對沖基金經理、兩個共同基金公司的東主，以及兩個折扣經紀公司的創始人。同時得益於對沖基金生意和散戶交易熱潮的肯・格里芬名列其中。名列百大富豪的金融業人士，還有一些私募股權巨頭。弗拉基米爾．特內夫和查馬斯．帕里哈畢提亞這兩個億萬富翁，因為新投資人湧入市場（他們使GameStop股價一飛衝天）而獲利甚豐，但並未晉身百大富豪——或許再過幾年吧。

近四十年來擁有投資帳戶的美國人，自然也變得比較富有了。道瓊工業指數從一九八二年的一千點升至二〇二一年迷因股軋空時的三萬三千點，即使撇除通貨膨脹，升幅也很可觀。相對於經濟規模，市場上股票和債券的價值也大有增長，而證券交易量也是。根據二〇二〇年中的一項估計，平均而言，投資人持有一支股票的時間已經從一九五〇年代的八年縮減至不到半年。換句話說，股票換手頻率上升了十六倍。由於券商取消了佣金，加上買賣價差縮小，每一筆交易的成本降低了，但新一代的散戶投資人，包括那些推動GameStop軋空的人，可賺但沒賺到的錢可能與他們的祖父母幾乎一樣多。當然，新世代投入市場的人也大幅增加了。

「交易危害財富」

加州大學戴維斯分校管理研究所的布萊德．巴伯（Brad Barber）和柏克萊加州大學哈斯商學院的特倫斯・奧丁（Terrance Odean）針對散戶的投資報酬做過一項經典研究，論文標題為「交易危害財富」（*Trading Is Hazardous to Your Wealth*），檢視了一九九〇年代超過六萬六千個散戶證券帳戶的資料。[1] 他們發現，即使撇除佣金的影響，散戶做越多交易，相對於被動投資於股票的績效就越差。最活躍的五分之一投資人的年均淨報酬率，比市場年均報酬率低六個百分點。這是巨大的差異：如果一個人在二十五歲至六十五歲期間每年投入某個數額的資金，每年少賺六個百分點的結果是他在退休時累積的財富，會比只是投資於指數基金賺取市場報酬率的人少八〇%。

另有研究顯示，投資人查看自身證券帳戶的頻率足以顯著影響投資報酬率。哥倫比亞大學商學院的米凱拉・帕格爾（Michaela Pagel）提出了心理學方面的解釋：虧損對我們造成的困擾，遠比獲利帶來的欣喜強烈——這在行為財務學中是眾所周知的。由於股市在較長的時間裡比在較短的時間裡更有可能上漲，比較頻繁地查看證券帳戶會使我們較常看到損失，進而促使我們在不恰當的時候買賣證券。這種現象被稱為「短視的損失厭惡」（myopic loss aversion）。[2]

這是一種心理缺陷，長期以來使經紀商大發利市。基於智慧型手機的經紀商迎合在不斷查看手機中長大的新世代，助長了這種傾向，損害客戶以自肥。二〇二一年四月，擁有美國子公司的中國經紀商富途的一項研究顯示，Z世代平均每天打開交易應用程式八．二次，平均每年交易一百四十七次。[3]

頻繁交易者犧牲的收益去了哪裡？不是金錢的天堂。有些收益流向市場上具有超凡耐性的人，例如像巴菲特那樣的人。自一九六五年以來，巴菲特取得的投資報酬是市場報酬的一百二十倍。還有很多收益流向沒有耐性，但十分擅長從業餘人士身上賺取短線獲利的人。高頻交易者不關心上市公司的經營狀況或總體經濟動態，他們編寫電腦程式去尋找市場中稍微欠缺效率的情況，然後以人手不可能做到的速度頻繁進出市場，每次賺取少許利潤。

「這就像一個賭場，」資深放空者吉姆．查諾斯說。「那裡有非常多撲克牌職業選手，他們從那些沒有很多錢的業餘人士身上賺了非常多錢。」[4]

你玩得越多，越有可能賠錢。如前所述，以相對於帳戶裡的資金額衡量，羅賓漢客戶的交易量高達較穩重的嘉信理財客戶的四十倍。即使撇除這種巨大差異，我們仍有理由相信，站在羅賓漢典型客戶的另一邊對批發商來說更有利可圖，但也略微不利於長期成功。這是一個銅板的兩面。

不，你其實不是天生的投資人

問題遠非只是演算法這裡賺一點那裡賺一點。散戶投資人——是所有散戶，而非只是YOLO交易者——根本不擅長選股。迷因股軋空發生時，冷靜的選股電腦想必是興奮到電路發熱。

證券監理文件顯示，文藝復興科技（Renaissance Technologies）這家基金曾持有GameStop的股票，然後賣掉了。不要問它為什麼買入該股——這家神秘的公司應該不會告訴你，而且它其實很可能也不知道原因。它的員工多數是數學家或物理學家，他們編寫電腦程式去尋找市場中的異常情況，而GameStop的情況無疑顯得異常。該基金的創始人吉姆．西蒙斯（Jim Simons）本身是知名的數學家，之前沒有任何金融背景，是有史以來最成功的基金經理人。一九八八至二〇一八年期間，他的大獎章基金（Medallion Fund）年均毛報酬率高達驚人的六六%——這不是打錯字了。

那麼，這種高報酬是從哪些人的身上賺到的？在古格里．祖克曼（Gregory Zuckerman）引人入勝的《洞悉市場的人：量化交易之父吉姆．西蒙斯與文藝復興公司的故事》（*The Man Who Solved the Market: How Jim Simons Launched the Quant Revolution*）中，數學家亨利・勞弗（Henry Laufer）被問到這個問題（勞弗因為曾任職於文藝復興科技，現在已經是億萬富翁）。

勞弗說：「是許多牙醫。」他想說的是，根本沒有辦法從那些買進股票後持有許多年的人身上賺錢。為基金貢獻高報酬的是那些認為自己可以打敗大盤並且頻繁交易的人。在一九九〇年代，牙醫就是這種散戶投資人的代表；他們在受了慘痛教訓後認識到，他們雖然聰明，但無法聰明地投資和戰勝華爾街。

現在，羅賓漢的客戶及其模仿者是新的牙醫——他們最有可能充滿信心，但在投資操作中敗給專業人士，並在這過程中使經紀商之類的中間人發財。實際影響有多大則很難說，因為羅賓漢及其主要競爭對手都不揭露客戶的平均績效。

它們的客戶投資績效很可能特別差，許多原因當中的一個正是使迷因股軋空得以發生的這個現象：散戶投資人集體關注為數不多的同一組股票。巴伯和奧丁的一項新研究觀察羅賓漢客戶追捧特定股票的數千次「羊群事件」（herding events）。如果有基金反向操作，在羊群事件中賣出那些股票，之後再買回，它有六三%的時候可以賺到錢。[5]

千萬不要把這當作投資建議！通常如此並非總是如此，這正是安德魯・萊夫特受了慘痛教訓之後學到的。他對華爾街賭場那些人說「你們是撲克桌上的凱子」，結果慘遭猿族大軍輾壓。不過，一般投資人可以從中學到一個極好的教訓，那就是千萬不要嘗試藉由追隨羊群選到賺錢的股票。

數十年來研究散戶投資問題的拉里．施威德羅說：「所有學術研究都顯示，普通投資人買入的股票在他們買入後表現不如大盤，在他們賣出後表現優於大盤。」他寫過十九本關於個人理財的書，其中一本著眼於個人投資者常犯的七十七個錯誤。那本書出版於迷因股軋空發生前十年，而施威德羅打趣道，這本書如果在華爾街賭場呼風喚雨的時代再版，內容應該可以擴充至一百個錯誤。

與華府的美好關係

雖然GameStop狂熱引起政界很多關注，但散戶投資人向華爾街支付不必要的巨額費用（部分原因在於金融業者鼓勵他們頻繁交易）這件事，幾乎沒有人討論。別忘了，國會召開二〇二一年二月十八日那場聽證會，是因為券商限制交易引發強烈抗議。聽證會在券商限制交易三個星期之後舉行時，有關對沖基金為了自救而策劃此事的陰謀論已經被推翻了。但是，眾議院金融服務委員會的高階委員（委員會中來自少數黨的最資深成員）派翠克．麥亨利（Patrick McHenry）在發言中抱怨制度導致美國民眾很難投資在未來的熱門股票上。

「美國人比華府政界所認為的要成熟、有知識和有能力得多，」他說。「在我們創造出來的這個世界裡，買一張彩券比投資在下一家 Google 上容易。出現 GameStop 這種不健康的情況，一點也不奇怪吧？」[6]

一如在電影《北非諜影》（*Casablanca*）中，雷諾警長在收到瑞克賭場賄賂他的錢之前，聲稱對那裡仍有人賭博「非常震驚」，麥亨利也會對股市裡仍有人賭博表示「非常震驚」。在之前三個選舉周期中，麥亨利的競選團隊和他控制的「領袖政治行動委員會」從銀行、保險公司、證券和投資公司那裡拿到四百七十萬美元的獻金。他與華爾街維持著美好的關係，一如許多有資格規管金融業的政界人士。

回應政治中心（Center for Responsive Politics）的資料顯示，在二〇一九至二〇二〇年期間，華府政客與外部支出團體遙遙領先的最大捐獻者是金融、保險和房地產業，捐了一九．六九億美元，相當於能源、國防、農業、通訊與電子業，以及勞工組織的總和。金融保險和地產業這麼做並不是出於善心，而是為了確保它們受高度規管的業務適用的複雜規則和稅法能使業者繼續賺錢。[7]

金融業者也花大錢以確保它們果真違反法規時，能得到寬大的處理。華爾街喜歡的金融偵探蜜雪兒．萊德（Michelle Leder）二〇二一年七月搜尋領英（LinkedIn）資料，發現羅賓漢至少雇用了十幾個曾任職於SEC或FINRA的前監理人員。當中最重要的是前SEC委員丹．加拉格爾（Dan Gallagher），他在二〇二〇年五月成為羅賓漢的首席律師，這一年的薪酬為三千萬美元。八個月賺這麼多還真不錯。[8]

不過，華府政界對迷因股軋空的憤怒反應，並非只是為了幫助自己的老友或避免惹惱金主。在民意明確支持弱勢交易者的情況下，政客在GameStop聽證會上可以說出的最不受歡迎的話可能是：相對於調查為什麼一些經紀商的客戶不能借錢盡情買入GameStop的股票，或許國會還有更重要的事可以做。

在那場聽證會傳喚的六名證人中，至少有三人一定明白，公開的股市投機活動使華爾街大發利市。殺死這隻下金蛋的鵝不符合格里芬和特內夫的經濟利益，而即使是剛在軋空中損失了其投資人超過一半資金的普洛金，通常也可以從不顧後果的小散戶身上獲利。他的基金轉虧為盈，在聽證會召開的那個月大賺二二%。[9]

「有點像一場鬧劇」

結果是少數著名的老頑固戳破了「金融民主化」的童話，其一是喝很多酒和言語犀利的場內交易員阿特．卡辛（Art Cashin）。卡辛一九五九年高中畢業後就開始在交易所工作，在迷因股軋空發生時年近八十但仍未退休。CNBC 問他怎麼看這件事時，卡辛直言不諱。

他說：「這場散戶造反有點像一場鬧劇，是財經媒體太容易相信的一種假象。」[10] 巴菲特比卡辛大十歲，二〇二一年五月在被稱為「資本家的胡士托」的波克夏哈薩威股東年會上談到羅賓漢現象。

「如果你在許多人口袋裡第一次有錢時迎合那些賭博籌碼，而且你告訴他們，他們可以每天做三十、四十或五十次交易，而且你不會向他們收取任何佣金，但你將會把他們的委託單賣出去，或以其他方式賺錢……我希望我們不會有更多這種情況。」[11] 他更年長的生意夥伴、九十七歲的查理．蒙格說得更不客氣，直指券商免佣金的商業模式是「骯髒的賺錢方式」，並將它與彩券相提並論。

羅賓漢一名女發言人回應這些批評，將巴菲特和蒙格說成是財閥，而她的雇主則是致力創造公平競爭環境的一方：

「精英階層顯然從一個使許多家庭無法參與的股票市場中得益，數十年來藉由投資積累了巨大的財富，使有錢人與窮人之間出現了巨大的鴻溝。突然間，羅賓漢和其他線上交易平台為普通人打開了金融市場的大門，那些將致力維持現狀的保守派因此非常不安。」[12]

有錢人與窮人之間確實出現了「巨大的鴻溝」，而縮窄貧富差距的一個好辦法，就是鼓勵比較年輕和不是很有錢的人儲蓄和投資。聲稱這對巴菲特不利則是完全說錯了。巴菲特投資績效傑出是因為他能夠低買高賣，而這需要許多不是很有錢的人做相反的事。如果免佣金交易早數十年普及，巴菲特的長期投資報酬很可能將是股市大盤的一百五十或兩百倍。他對羅賓漢的看法當然不是出於自利考量。

現實中也有一些維護投資人權益的組織——例如芭芭拉．羅珀的前雇主美國消費者聯盟——推動制定規則以保護投資人免受他們的賭博本能傷害，它們也批評免費交易模式，但這些組織可用於政治遊說的資金比經紀商和造市商少得多。查德．明尼斯的政治行動委員會 WeLikeTheStock 代表華爾街賭場這個 Reddit 子版，他說他將由這個社群決定致力於哪些議題。他個人對同儕買入投機性很高的股票持開放態度，雖然他承認這對他們未必是好事。

「如果你能使那些人不再買彩券，他們很可能會過得好一些，但他們的處境與那些即將退休的人很不一樣。」

他說，也許有些人會在損失金錢、向華爾街交了學費之後學到教訓。機器人理財顧問業者 Betterment 有許多千禧世代的客戶，只容許客戶投資於指數基金，其創始人喬恩．史坦說，他年輕時做過代價高昂的投機交易，雖然他在哈佛讀本科時就被告知這麼做很愚蠢。

「我唸大學時就知道我不應該做這種事，後來我又一次學到這個教訓。」

如果史坦的常春藤名校教育不能保護他（他說他當年買了安隆的股票，並因此虧損），那麼多數年輕人只受過非常陽春的金融教育，要避免以每股四百五十美元的價格買入 GameStop 會更困難。問題並非只是他們損失了一小筆錢，更危險的是他們可能因為受挫，從此完全放棄投資。此外，因為複利的力量，年輕時損失一塊錢的代價會比中年時損失一塊錢高得多。股票財富的分配本來就已經非常不平均了——以年齡、種族和收入衡量都是這樣。

找到「下一家Google」何其困難

推動金融民主化以便一般民眾也可以嘗試尋找「下一家Google」，這句話很動聽，但對太多人來說，實踐的結果非常糟。你可能知道有人在一些創造巨大財富的神奇股票還寂寂無聞時，就已經買入其中一支。但是，個別事例不能反映多數投資人的投資報酬。找到不但上漲而且還打敗大盤的股票，比多數人所想的困難得多，無視短期漲跌堅持持有更是不容易。

保證不會找到下一家Google的一個方法，是買入現在的Google。羅賓漢的應用程式和致力誘人頻繁交易的所有社群媒體網站，都會在顯眼的位置列出當天大幅波動或交投異常活躍的股票。這並非只是為了提供資訊，而是還希望令散戶害怕錯過好機會，藉此引誘他們買賣熱門股票。巴伯和奧丁較新的那項研究顯示，羅賓漢投資人超過三分之一的買盤是買入位列當天最熱門十支股票的證券。

這並不是說買進你從親友那裡聽說或在華爾街賭場版上看到的不知名股票，勝算會高得多。事實上，要靠投資於個別證券賺錢是出奇地困難。許多人知道，追隨指標指數（譬如道瓊工業指數）投資，長期而言可以創造驚人的財富，而那些碰巧蓬勃發展了數十年的公司的股價圖也令人滿懷希望。他們因此以為自己根據小道消息投資於個別股票，長期而言也可以發大財。雖然證據確鑿，但金融投資業並不急於幫助投資人破除迷思，打消他們自信能夠大海撈針的想法。

亞利桑那州立大學金融學教授亨德里克·貝森賓德（Hendrik Bessembinder）研究了自一九二〇年代以來曾在美國的交易所掛牌買賣的兩萬六千支股票，當中大部分已經下市。在這些股票當中，在其掛牌的整段時間裡為股東賺到錢的股票不到一半。在這段時間裡，個別股票產生的報酬最常見的情況是歸零，而僅僅八十六支股票（僅為總數的千分之三）就占了整個股市創造的投資報酬的一半。[13]

不過，這兩件事是可以同時發生的：多數股票不能為投資人賺錢，但股市整體而言在好幾十年的時間裡可以為投資人賺很多錢。去賽馬場賭博與投資在股市的差別，是你不可能藉由下注在每一匹馬身上賺錢——莊家總是占有優勢。另一方面，買入包含股市所有的未來贏家和輸家的指數基金，卻是已證實長期而言可以增長財富。而且這種投資方式的成本低得多。

當然，指數基金為華爾街賺的錢要少得多。投資一萬美元在典型的股票指數基金上，每年的費用約為九美元，遠低於典型的主動式股票基金的六十三美元。[14] 基金研究公司晨星的報告指出，在二〇一九年，美國共同基金的平均成本十年來顯著降低，降幅為每年投資額的〇・四二%，主要是因為很多美國人買了指數基金。投資人因此每年省了約一千億美元。[15]

投資業內自然有些人對此非常不安。券商 Sanford C. Bernstein 的分析師二〇一六年寫了一份報告，其標題幾乎不像是真的：「通往奴役的寂靜道路：為什麼被動式投資比馬克思主義更糟糕」（*The Silent Road to Serfdom: Why Passive Investing Is Worse Than Marxism*）。[16]

該報告寫道：「只有被動式投資的所謂資本主義經濟，比中央計劃經濟或有市場導向主動式資本管理的經濟更糟糕。」

「極其慷慨地獎勵自己」

別太擔心華爾街。每當這一行有人被送去古拉格，就會有其他人填補他們留下的位置。最近的創新者是那些不再收取佣金，但設法使客戶更頻繁交易的經紀商。

經營散戶經紀業務的公司二〇二〇年業績出色，這是它們的主要服務名義上免費的第一個完整年度。客戶較為保守的嘉信理財收入接近一百二十億美元。非上市的富達公司收入估計約為兩百億美元。至於這一行很重要的羅賓漢，其收入較去年增加二四五%，達到近十億美元。

共同基金業也出人意表地賺錢。雖然指數基金很受歡迎，表現不佳的主動式投資經理人每年仍有數百億美元的收入，而投資人因為追逐基金界最新的超級明星或在動盪時期贖回股票基金，加重了自己的損失。根據晨星公司定期更新的「小心差距」（Mind the Gap）報告，這些時機上的錯誤使散戶投資人每年損失約一千億美元的報酬。

在此之外，還有一些華爾街賺錢機器使大眾間接付出代價。退休基金和大學捐贈基金的財務狀況影響無數美國人的生活，它們每年付數百億美元給對沖基金之類的另類資產管理業者。二〇〇七年，巴菲特表示願意與任何對沖基金經理打賭五十萬美元，賭普通的指數基金可以打敗對方選擇的頂級對沖基金。

他寫道：「然後我坐下來，滿心期待許多基金經理站出來捍衛他們那一行。畢竟這些經理人敦促其他人押注以十億美元計的資金在他們的能力上。他們為什麼要害怕自己拿出一點錢來和我對賭呢？」[17]

最終有個人接受挑戰。前資產管理業高層泰德·塞德斯（Ted Seides）選了五支基金，沒有透露它們的名字。因為並不需要真的投資在這些基金上，即使選了最不容易接受投資的基金也沒問題。結果非常一面倒：扣除費用之後，指數基金的報酬高達那些對沖基金的四倍。塞德斯因此提早認輸。巴菲特指出，這並不是因為對沖基金界沒有好頭腦，而是其經理人「極其慷慨地獎勵自己」，然後以「費解的胡言亂語」為自己辯解。而他們的績效獎金總是落袋為安，基金績效不佳時也不必吐回去。普洛金在那些好年頭賺了數億美元，除了用來購置他的海濱豪宅，還投資在黃蜂隊上，而即使他在迷因股軋空中損失了客戶一半的資金，也不必吐回他之前超豐厚的薪酬。

華爾街似乎總是能適應困難，在政界的祝福下找到新方法從大眾身上賺錢。因為一些令人不安的變革，資金少得多的個人投資者如今可以更便利地投資於老練的私人基金青睞的各種公司，只是他們不像基金，沒有自己的分析師團隊去剔除劣質公司。例如，二〇一二年的《新創企業啟動法》就顯著削弱了保護投資人的法規。它降低了銷售額低於十億美元的公司的財務報告要求，並使它們變得比以前容易籌資。它們如今可以「秘密地」申請首次公開發行（羅賓漢在迷因股軋空發生後數周就利用了該條款），而法案也增加了不必向美國證券交易委員會註冊就可以發行股票的公司類型。

與此同時，被稱為空白支票公司的 SPAC 流行，適逢千禧世代和Z世代投資人以及查馬斯．帕里哈畢提亞之類的影響者崛起，也使散戶能夠投資於比較不成熟的公司，繞過了華爾街的許多典型審查程序。

人們最初以為，Reddit 革命扭轉了華爾街的局面，改變了一切。但是，如果你只看誰從誰身上賺錢，那就很難說這場所謂革命改變了什麼。金融業通常有厚利可圖，大眾普遍對股市很有興趣時尤其如此。對華爾街來說，迷因股軋空不但沒有危及金融業者的生計，還是那種約十年才出現一次的大好發財機會。

不過，放空者這個交易者群體——華爾街賭場版上的謾罵對象——在這個事件中可能受了永久的打擊，而這對小人物根本不是好事。軋空如今可以在社群媒體上策劃，從事放空這種不大受歡迎的操作變得比以前危險多了。

「空頭在維持價格效率方面發揮極其重要的作用，」施威德羅解釋道。「如今他們知道自己可能成為集體攻擊的目標，因此我想未來會出現更多泡沫。然後誰會在泡沫中買入證券呢？就是散戶投資人。」

如果小弗雷德．史維德被時光機送到現在的華爾街，他將需要一些時間來掌握狀況，包括認識社群媒體、零佣金模式、SPAC、高頻交易者、迷因和智慧型手機等事物。但他很快就會明白，金融業的新老闆與舊老闆是一樣的。華爾街仍是那個拿走客戶太多金錢的地方，尤其是在客戶認為自己可以打敗莊家的時候。

但也有好消息：對個人投資者來說，科技與競爭已經使華爾街變得遠比過去糟糕的日子友善和有利可圖，前提是他們願意玩一種不同的、沒那麼刺激的遊戲。

---

1. Brad M. Barber and Terrance Odean, "Trading Is Hazardous to Your Wealth: The Common Stock Investment Performance of Individual Investors," *Journal of Finance* 55, no. 2, April 12, 2000, doi.org/10.1111/0022-1082.00226.
2. Michaela Pagel, "A News-utility Theory for Inattention and Delegation in Portfolio Choice," *Econometrica* 86, no. 2 (March 2018): 491–522.
3. "Futu: Generation Z to Dominate Investment Landscape for Foreseeable Future," PR Newswire, April 7, 2021.
4. 吉姆・查諾斯 2021 年 3 月 2 日電話受訪。
5. Brad M. Barber et al., "Attention Induced Trading and Returns: Evidence from Robinhood Users," *SSRN Electronic Journal*, July 27, 2021, https://papers.ssrn.com/sol3/papers.cfm?abstract_id=3715077.
6. David McCabe and Sophia June, "GameStop Hearing Centers Around Robinhood," *The New York Times*, February 18, 2021.
7. Lobbying Data Summary, Opensecrets.org, accessed April 2020, www.opensecrets.org/federal-lobbying.
8. Michelle Leder, "Can $30 Million Solve Robinhood's Legal Issues," *Bloomberg*, July 19, 2021.
9. Svea Herbst-Bayliss, "Melvin Capital Gained 21.7% Net of Fees in February—Source," Reuters, March 3, 2021.
10. Quoted by CNBC host Carl Quintanilla (@carlquintanilla), "CASHIN: ".. everything we read confirms what we said from the very beginning. The 'retail rebellion' was a bit of a farce and an illusion that the financial media bought into much too readily," Twitter, February 8, 2021, 8:31 a.m., twitter.com/carlquintanilla/status/1358770450025881601.
11. Maggie Fitzgerald, "Warren Buffett Says Robinhood Is Catering to the Gambling Instincts of Investors," CNBC, May 2, 2021.
12. Jacqueline Ortiz-Ramsay, "The Old Guard of Investing Is at It Again," Robinhood blog post, May 3, 2021, https://robinhood.engineering/the-old-guard-of-investing-is-at-it-again-a8b870fbfd49.

13. Hendrik Bessembinder, "Wealth Creation in the U.S. Public Stock Markets 1926 to 2019," *SSRN Electronic Journal*, February 13, 2020, https://papers.ssrn.com/sol3/papers.cfm?abstract_id=3537838.
14. Investment Company Institute, "60th Edition Investment Company Institute Fact Book," 2020, www.ici.org/system/files/attachments/pdf/2020_factbook.pdf.
15. "U.S. Fund Fee Study," Morningstar, 2019, www.morningstar.com/lp/annual-us-fund-fee-study.
16. Alliance Bernstein, "Active-Passive Debate: The Public Policy Angle," blog post, September 8, 2016, www.alliancebernstein.com/library/active-passive-debate-the-public-policy-angle.htm.
17. Berkshire Hathaway letter to shareholders, February 25, 2017, www.berkshirehathaway.com/letters/2016ltr.pdf.

加送一章，原力與你同在

也許你覺得我對華爾街的看法太偏激，又或者我並未給予那些年輕的 Reddit 造反者應有的肯定，但你還是看到了這裡。也許我在書中嘗試釐清事情的大背景時，你因為興趣不大而難以集中精神，而你仍看到這裡，只是因為 GameStop 軋空是個不可思議的故事。嗯，至少我們都可以同意這一點。

無論你同情哪一方，請耐心看完這最後的一章，因為這是本書最實用的部分。也許你會覺得，強調「你只活一次」的 YOLO 交易者、對沖基金經理、證券經紀商和呼風喚雨的影響者，他們的故事與你自己的儲蓄投資方式沒什麼關係，但那些幫助你投資理財的人和公司也是那個巨大的賺錢機器的一部分。

二十年前，我離開利潤豐厚的金融界，轉為從事薪酬較低的財經寫作工作，原因之一是我認為我可以幫助人們駕馭常有鯊魚出沒的金融水域。不過，老實說，我這麼做主要是因為財經寫作非常有趣。

一如體育記者往往因為他們的運動生涯在小聯盟就已觸頂而轉投運動寫作這一行，財經作家選擇這個職業，往往是因為這是僅次於上場比賽的最好選擇，而且受傷的機會低得多。金融市場是涉及無數人的一種無休止的鬥智競賽。投資人不是在爭奪冠軍獎盃或金牌，而是以金額不斷更新的帳簿記錄自己的表現。在某些方面，金融遊戲甚至比運動比賽更刺激，因為崩盤之類的意外事件可能擾亂排行榜，而普通人也可能爆冷擊敗專業人士。大疫年二〇二〇年開始時，凱斯・吉爾和賈柏瑞・普洛金分別像是不知名的周末高爾夫球手和老虎伍茲，但最後穿上綠夾克的卻是吉爾。

為了成為一名財經作家，當年我鼓起勇氣，辭去我在某大型投資銀行的股票分析師工作，當時我上司問我，公司內部是否有我想做的其他工作。我開始講話，但很快就決定不再說下去。我曾夢想在該投行的自營交易部工作，拿它的巨額資金審慎下注，有點像操作內部的對沖基金。但我深知我的氣質很可能不適合做那種工作——很少人適合。如今在《華爾街日報》，我的團隊每年都辦投資競賽，我只要在競賽中領先就很滿足了——我選擇的標的總是表現平庸。

因此，你不必嘗試說服我，告訴我積極參與金融市場很好玩。我知道那是非常刺激誘人的。但是，在金融市場積極買賣往往是浪費時間和金錢。各位讀者當中，約有一半人的智力高於平均水準（嗯，因為你們會買這本書，而且看到了這裡，代表你們品味很好，所以就假設有七〇％吧）。但你們當中有八〇％的人認為自己的智力高於平均水準。你們對自己的長相、誠信和投資能力的評估也是這樣——一個又一個實驗證實了這一點。即使是那些不久前因為自己開車犯錯而發生事故的人，也多數認為自己是優於平均水準的司機。

但根據我的定義，多數人是平均水準以下的投資人，而且據我所知，智力對投資沒有幫助——別忘了那些牙醫。「平均」就只是達到你買進後就忘掉的指數基金產生的被動報酬。如果你很有紀律，你每年的投資報酬率可能只是比市場報酬率低零點幾個百分點；如果你沒有紀律，則差距會是幾個百分點。無數投資組合所損失的潛在報酬，加起來每年有數千億美元，它們變成了金融業人士的薪酬和獎金。投資是要付出代價的，但那些使用基於智慧型手機的「免費」交易應用程式的積極交易者，只是買了太多華爾街商品的最新群體。

不過，這裡也有個好消息：拜多年來的技術進步和激烈競爭所賜，如今要獲取近乎全部的市場長期報酬是空前的容易，而且幾乎不需要什麼錢就可以開始做這件事。金融真的已經民主化了。你一定看過不少圖表顯示，一個世紀前投資一美元在股市，長期持有就會變成一筆可觀的財富。但那完全只是理論上的，因為當年沒有指數基金、佣金高得嚇人，甚至把股息再投資在股票上的費用也很高。以前投資人即使做對了，仍會被金融業者這樣那樣的收費拿走很多錢。現在不一樣了。

不過，進步是很有趣的一回事：現在青少年幾乎人手一支智慧型手機，可以利用它找到世上所有的知識，但他們並不比一九五〇年代的高中生更有可能告訴你《大憲章》是什麼。我們一年四季都可以買到各種新鮮蔬果，但我們的飲食卻不如我們的曾祖父母那麼健康。Instagram 和奇多（Cheetos）不需要費力宣傳，就會比維基百科和球芽甘藍更受歡迎。使用現在的交易應用程式買賣證券，比耐心地把儲蓄投資在乏味的指數基金上、聘請顧問，或把理財交給演算法處理有趣多了：這種程式使你能夠輕鬆買入你的同儕在網路上談論的股票，會灑下彩紙祝賀你交易賺錢，使你享受到快速得分的多巴胺快感。

每當關於普通投資人嚴重虧損的驚人數據出現時，金融業就會強調投資人教育很重要。恕我不同意。一些研究著眼於不同職業者的投資報酬，發現學校教師取得的個人報酬比從事金融工作的人更好。為什麼呢？因為後者往往相當自負，以為自己在投資方面占有優勢。

除了了解不斷變化的稅法和退休規則，你必須知道的主要就是：專業人士領取高薪負責選擇投資標的，使用的電腦比你好得多，但他們也很難打敗大盤。迄今為止，個人理財最好的方式，就是把錢投資在簡單和低費用的金融商品上，然後盡可能少去想它——這是以前的人無法採用的一種奢侈方式。

不幸的是，我們的大腦在漫長的歲月裡演化出來的能力，適合我們在真實的叢林——而不是金融叢林——裡積極行動和保護自己。在像二〇二〇和二〇二一年那樣的多頭市場中，勸導投資人謹慎而行是特別困難的，因為成功——或同儕的成功——使許多人確信主動式投資很容易。對近年最活躍但也最不喜歡華爾街的年輕投資人來說，向他們講解複利的道理很可能沒什麼用，還不如告訴他們如何真正教訓他們痛恨的壞人——不玩華爾街設定的遊戲。

我在本書中一再指出，大眾認為快速發財很容易的時候，是華爾街最美好的時光。不過，在GameStop軋空事件前後開立證券帳戶的人仍使我感到鼓舞。在美國，股票財富的分配非常不平均。股票占美國人財富的比例在二〇二一年四月創紀錄新高，但聯準會的消費者財務調查顯示，這種財富的分配極不平均。資產淨值最高的一％美國人擁有全部股票的三八％，包括退休儲蓄帳戶或退休基金持有的股票。底層的一半美國人僅擁有全部股票的七%，大部分是間接持有。[1]

這真令人遺憾。在幫助我們為退休養老、教育和醫療照護埋單方面，我們的政府和雇主所做的事越來越少。我們唯一的明智應對方式，就是存下當前收入的一部分，借助複利的力量，數十年間累積出可觀的儲蓄。做這件事最好的方法是與華爾街打交道，而這需要付出一些代價。但代價不必是巨大的。無論你是否相信，那群二十幾歲的新投資人對一些事情有正確的想法，勝過我這個年紀的多數人。以下是幾個例子。

專家被高估了

近年這群年輕新投資人的一個顯著特徵，就是不信任那些提供理財建議、西裝革履的嚴肅專業人士，而這很可能不是一個錯誤。但奇怪的是，許多人卻同時容易相信社群媒體上版友集體產生的投資構想，或矽谷富豪之類的影響者提供的投資建議。我們傾向關注經濟上成功的人，並且認為他們有敏銳的投資觸覺，儘管大量證據顯示，這種人也很難選出真正值得投資的個別股票。人類喜歡當追隨者，但這往往是有害的。

我在《華爾街日報》的團隊試著以一種輕鬆的方式說明這一點：我們追蹤金融界要

人，包括大衛・艾恩宏、比爾・艾克曼，以及，沒錯，賈柏瑞・普洛金和查馬斯・帕里哈畢提亞，在眾所矚目的索恩投資會議上提出的投資建議。我們的靈感來自柏頓・墨基爾的經典著作《漫步華爾街》，他在書中寫道：「一隻蒙著眼睛的猴子對著報紙的財經版擲飛鏢，藉此選出證券組成一個投資組合，表現不會輸給投資專家精心建構的投資組合。」[2]

我沒有花五千美元買門票去聽那些金融界明星分享他們的智慧結晶，而是走到第四十二街的莫德爾運動用品店，花九・九九美元買了一組飛鏢。因為不方便請猴子來擲飛鏢，我們這些從事新聞工作的人類必須代勞，輪流向《巴隆周刊》至今仍每周出版實物的美國股市完整列表擲飛鏢。結果如何？在接下來的十二個月裡，我們的投資組合以二十二個百分點的績效優勢大勝那些基金經理人。你看我們多厲害！[3]

我們的例子並非僥倖。顧問公司 CXO Advisory Group 做過一項深入得多的研究，著眼於二〇〇五至二〇一二年間六十八位受重視的投資專家的投資建議，他們包括 CNBC 節目《瘋狂錢潮》(*Mad Money*) 的主持人吉姆・克瑞莫、高盛投資策略師艾比・柯恩 (Abby Joseph Cohen)，以及各種投資通訊的作者。在這段時間裡，這個權威群體提出的六千五百八十二項投資建議只有四七%是對的，比擲硬幣還不如。[4]

由此看來，如果你都靠擲硬幣做投資決定，績效很可能也不會很差。花錢請人幫你擲硬幣則是另一回事。標普道瓊指數公司的一項研究著眼於股票基金經理人長達十五年的表現，結果顯示近九〇%的經理人未能打敗一支簡單的、低費用的指數基金。[5] 這不是因為他們無能：只要撇除基金管理的各種費用和成本，基金經理人這個群體的投資績效與整個市場相若，因為他們的投資組合全部加起來可以代表整個市場。至於投資技能，雖然我相信真的有這種東西，但如果只看幾年的表現，要在統計上區分技能與運氣是很困難的。晨星公司曾選出截至二〇一〇年的五位「十年最佳基金經理人」，他們沒有一個人可以在接下來的十年裡打敗大盤。

基金唯一確定的是它們的收費。指數基金先驅先鋒集團的已故創始人約翰．伯格曾以一個年薪三萬美元的三十歲儲蓄者為例，估算出共同基金的收費對投資結果的影響。這個人把薪資的一〇%存起來，每年加薪三%。假設股市每年上漲七%，這個人如果投資在典型的主動式基金上，而該基金在扣除費用和其他成本之前表現與大盤相同，她到七十歲時將存到五十六萬一千美元。而如果投資在股票指數基金上，她會存到九十二萬七千美元，也就是多三分之二。[6]

當然，要真的賺到這種理論上的報酬，你必須……

拚命堅持持有

最好的時光其實最不好，至少對儲蓄投資來說是這樣。也許是因為 COVID-19 大流行導致的空頭市場異常劇烈短促，也許是因為他們收到政府寄來的經濟刺激支票後很想盡快運用這些錢，又或者只是因為他們以前不曾遭受損失大筆儲蓄的創傷，Z 世代和千禧世代在二〇二〇年三月做了正確的事，利用股市短暫的「大減價」機會買進股票，然後「拚命堅持持有」。根據晨星公司對五十二萬個退休儲蓄帳戶的研究，年長而且據說比較有智慧的投資人比較少人這麼做。[7]

人們對空頭市場的最大誤解，是它們妨礙我們達成長期投資目標。空頭市場其實是那些華麗的長期報酬的入場費，是完全無法避免的。事實上，我們的投資績效受損，主要是因為在情況看來非常可怕時，我們往往未能及早投入市場——這是因為我們對財務損失的恐懼導致我們未能明智而行。行為財務學的一個重大發現，就是虧損對我們造成的困擾，遠比獲利帶來的欣喜強烈。

但華爾街賭場那群人展現了不同的行為：他們在市場狀況看來非常可怕時積極買進股票，尤其是一些受挫最深的股票，因此獲得很好的績效。雖然我不建議大家專門買入可能破產的公司，更不建議買入像赫茲租車那種已申請破產的公司，但在市況不好時充分且大膽地投資，對提高長期投資報酬極有幫助。

金融市場裡最賺錢的日子很容易錯過。摩根資產管理公司檢視截至二〇二〇年底的二十年，發現期間股市表現最好的七天中，有六天與期間股市表現最差的一些日子相距不到兩個星期，因此也就是出現在投資人最有可能已經套現了部分投資或最不可能投入新資金在股票上的時候。二〇二〇年美股表現第二差的交易日是三月十二日，但緊隨其後的交易日是這一年表現第二好的。

如果你在這二十年間一直全額投資在股票指數基金上，那麼到二〇二〇年底時，一萬美元會變成四二二三一美元。如果錯過期間股市表現最好的十天，你會只剩下一九四三七美元，也就是少了超過一半。如果錯過期間股市表現最好的二十天，你會只剩下一一四七四美元——比你把錢放在無風險的銀行儲蓄帳戶裡還要少。令人難以置信的是，如果錯過期間股市表現最好的三十天，你會虧損。不到千分之五的日子，成就了你投資於股市的全部報酬——如果你在這些日子裡留在市場裡的話。

這個例子並不寫實，但退休儲蓄較為可觀的年長投資人，確實容易因為過度審慎，使自己蒙受損失。例如，每月流入股票共同基金的資金，往往在多頭市場結束前不久達到頂峰（此時人們通常覺得投資於股票很安全），然後在股票變得便宜得多和股市正在回升時大幅減少。COVID-19瘟疫引發恐慌時，我們看到了同樣的趨勢，而且情況更誇張：二〇二〇年一月，也就是瘟疫引起憂慮之前的最後一個完整月份，一百六十七億美元流入共同基金；這一年三月和四月，就在市場開始飆升之際，共同基金流失了三千八百三十億美元。[8]

事後看來，許多人會希望自己像那些年輕投資人，果斷把握世紀大疫創造的低接機會。確保自己至少能把握一些低買高賣機會的方法之一，是釐清自己可以接受多大比例的資金投資在股票上，以及希望多大比例的資金投資在比較安全的資產上。然後在日曆上圈出一個日期，屆時無論新聞有多正面或可怕，都做一些買賣，以便資產配置比例回到你希望維持的水準。

這聽起來很複雜，但現在是二十一世紀，沒有什麼是無法有效地簡化處理的。投資人或許是時候……

歡迎機器人理財顧問

除非你在儲蓄投資方面極其自律和警惕，何不把投資理財事務交給能夠自動為你完成投資組合再平衡的電腦程式？理財機器人尤其適合比較年輕的投資人，他們通常還沒存下很多錢，而且喜歡與應用程式互動多過與人互動。機器人理財服務業者，例如 Wealthfront、SigFig、Marcus、Betterment、Schwab Intelligent Portfolios 和 Vanguard Digital Advisor，總共管理著約兩千五百億美元的資產，規模之小令人意外。理財機器人的效率至少不遜於人類，懂得幫客戶自動調整低費用指數基金投資組合至平衡狀態，並且承受小損失以助節稅。而且因為這種工作是由電腦完成，機器人理財服務收費便宜，僅為每天穿西裝去辦公室工作的人類所收費用的四分之一。

理財機器人令人興奮的程度不如交易應用程式，而且會刻意設置障礙以避免客戶過度交易，但是……

有點阻力是好事

很多生意是建立在衝動決定的基礎上，而它們多數沒有好名聲，分時度假和汽車銷售就是兩個例子。金融服務如果使我們較難轉換投資標的，或至少迫使我們多走一步，多考慮一下，可能對我們極有價值。我們很可能無法強迫基於手機應用程式的經紀商把它們的產品設計得沒那麼方便，但我們可以選擇那些會向我們解釋我們的行為後果和可能阻止我們作出錯誤決定的金融服務。例如，理財機器人業者 Betterment 會在你賣出所持基金之前，提醒你將必須繳多少資本利得稅。

雖然選擇由人類幫助我們理財必須支付較高的費用，但人類至少有一件重要的事做得比電腦好得多，那就是說服我們別做蠢事。這可能很快就為我們收回成本。當年弗雷德·史維德寫下了關於客戶遊艇的笑話，如今世界在某些方面已大有發展。經紀商出於自身利益，總是希望你頻繁交易和購買某些產品，與其仰賴他們的建議，不如找一個收取固定費用的受託人當顧問——至少你們的利益不會有衝突。

在過去的糟糕日子裡，很難找到人來為一名中產人士理財。現在拜自動化所賜，一個理財顧問可以處理的帳戶多了很多。有些理財顧問會服務一些資產不多但錢途看好的人，這種客戶被稱為 HENRY（High Earning, Not Rich Yet，高收入但尚未富有）。但我們多數人是收入不高且尚未富有，而這正是我們必須為理財非常操心的原因。長遠而言，理財成本確實很重要，而最便宜的選擇——便宜到數十年前的投資人根本難以想像——就是……

自己來

本書提醒讀者警惕免佣金交易和網路上免費投資建議之危險，這兩者主要是刺激年輕人成為過度活躍的趨勢追逐者。這並不意味著你使用同樣的工具，就一定要成為這樣的人。我曾算過我過去一年裡使用我家附近的健身房花了多少錢，結果是每小時一・〇三美元。如果所有顧客都像我這樣，這家健身房是不可能一直經營下去的。健身房的商業模式主要仰賴兩種人：一種是因為決心在新的一年努力健身而加入，但去了一兩次之後就再也沒去，另一種是支付大量費用接受個人指導的人。

我是經濟學上的「搭便車者」，而你也可以是。羅賓漢之類的折扣經紀商就像連鎖健身房Planet Fitness，希望大量客戶現身積極買賣，但客戶並非必須這麼做。你可以每年才做一次交易，甚至更少也可以。而且你可以不做任何研究。先鋒集團、iShares和嘉信理財等公司提供像股票那樣買賣的指數基金，現在每年只需要支付低至〇・〇三%的費用，就可以同時投資在數百以至數千支股票上。我經由我的折扣經紀商持有幾支這種基金，而在我存了一些錢或收到股息時，再買一點是（幾乎）免費的。

那些基金的績效是很難超越的，但也許你會想建構自己的多元化投資組合，買入並持有數十支股票。網路上有很多提供投資建議的好地方（要對猿族說聲抱歉的是，很可能不包括華爾街賭場）。例如，特斯拉是許多基金的基準指數中的最大成份股之一，你可能對此感到困擾（或高興），希望相應調整自己的投資組合。又或者你喜歡巴菲特，想要額外持有他的波克夏哈薩威公司——相對於該股在標準普爾五百指數中的權重而言。在零佣金的時代，只要你注意稅賦，不經常調整投資組合，這種操作可以免費完成。

你甚至可以獲得優於指數基金的績效。例如你持有艾克森美孚和家樂氏的股票，而它們的價格下跌了。你可以賣掉它們，利用因此承受的損失減輕自己的稅負，然後為免在稅賦上受懲罰，拿這些錢買入非常相似的股票，例如雪佛龍和通用磨坊。必要時重複這種操作。

覺得這還不夠刺激嗎？如果你傾向比較積極買賣，至少要為自己可能蒙受的損失設限。例如你可以僅動用一小部分儲蓄作買賣個別股票之用，在限制自我傷害之餘，也可以發揮自己的股票投資天才。此外，請避免使用保證金借款和衍生工具。如果我的建議導致你錯失未來的世紀交易良機，你大可責怪我，但請⋯⋯

了解勝算

孤注一擲迅速致富的故事（例如吉爾因為押重注在GameStop上而獲利千倍）令人興奮，但才華與運氣難以區分，而股市致富事例多數屬於後者。分散押注在數學上是大有道理的。

說起維克多・哈格漢尼（Victor Haghani），一些讀者可能有印象，我們來看一下他的一些傑出研究。[9] 他是金融界頭腦最好的人之一，在受了打擊學到教訓之後言行一致。哈格漢尼是長期資本管理公司的創始合夥人之一，這家對沖基金人才濟濟，擁有多位諾貝爾獎得主，以為可以利用幾乎完全一樣的證券之間的微小價差，一直免費獲利。它大量借錢操作，槓桿之高，事後看來堪稱瘋狂。它能借到那麼多錢，是因為它使借錢給它的銀行相信它承擔的風險微不足道。

但事實並非如此。羅傑・羅文斯坦（Roger Lowenstein）的《天才殞落》（*When Genius Failed*）精彩地講述了長期資本管理的故事：該基金一九九八年內爆，差點拖垮了全球金融系統。哈格漢尼現在是Elm Partners的投資長，該公司為有錢人管理指數基金組合，包括他從事高級金融業的許多朋友。這些人可以找到頂尖的對沖基金經理為他們服務。Elm 則收取低廉的費用，不借錢操作，利用演算法而不是常春藤名校畢業的明星經理人管理投資。它利用價值和動能機會，從追逐泡沫或在恐慌中賣出的投資人身上賺錢。

在一項研究中，哈格漢尼邀請一群研究生擲硬幣，贏取最多兩百五十美元。他一開始給了他們二十五美元，並讓他們占有很大的優勢：他給他們一個六〇%的時候贏錢、四〇%的時候賠錢的硬幣。每一次擲硬幣，他們都可以隨意押注，多少無拘。令人驚訝的是，這群理應聰明的人有三〇%最終輸掉了所有錢。他們犯了有時押注太多的錯誤。

考慮到他們所占的優勢，這結果令人難以置信。而且你不必極度魯莽，一次押上所有錢，也有可能輸清光——一次押上一半的錢就已經夠危險了。「你只活一次」已經成為熱愛冒險的新世代投資人的戰鬥口號，但正如哈格漢尼的實驗受試者認識到……

年輕時投資賠錢也很傷

我們多數人都聽過這種例子：有個人年輕時就開始儲蓄，持續存起部分薪資十年之久；另一個人比較年長時才開始儲蓄，每年存起相同金額的錢，堅持了二十年，最終累積到的儲蓄反而比較少。許多父母會講這故事給讀高中或大學的孩子聽，藉此教導他們節儉和複利的道理，但往往被孩子們當成耳邊風。浪費金錢在大量的薄荷摩卡拿鐵上，在經濟上與你二十二歲時因為不顧後果押注迷因股而賠錢沒什麼差別。

對 Reddit 革命比較正面的看法，是它在年輕人沒有很多錢可以損失、還可以東山再起的時候，為他們上了很好的一堂投資理財課。對一些人來說確實是這樣：他們後來成為比較穩健和成功的投資人，例如當年曾因為買了安隆的股票而賠錢的 Betterment 創始人喬恩．史坦。但許多人並非如此。投資受挫的心理傷害可能比金錢損失更嚴重。如果股票被視為脫離基本價值的投機標的，又或者你自己犯錯卻遷怒於經紀商或對沖基金，你就很可能對投資變得悲觀偏激，因為不再信任市場而未能好好儲蓄投資，結果是年輕時投資受挫造成非常嚴重的長遠後果。年輕投資人應該警惕的，其實是追求最大利潤的公司聲稱推動投資「民主化」的宣傳訊息，以及那些影響他們如何理財的有錢人。

回到本書引言中的電影類比：一些讀者拿起這本書時，只想看 GameStop 軋空的精彩故事，就像看《星際大戰二部曲：複製人全面進攻》那樣，但我不惜掃大家的興，在你們看戲時一再提醒大家，白卜庭議長是西斯大帝，所有的英雄行為都只是徒勞。不過，那只是我對我所描述的事件的極客式比喻。華爾街並不邪惡，也並非無所不能——它只是一些利潤豐厚和並非總是透明的生意的綜合體。如果你至少具備中產的財力，你就難免需要它的服務，但你並非一定要付出高昂的代價或被人剝削。

原力與你同在。

1. Federal Reserve Board 2019 Survey of Consumer Finances, accessed April 2021, www.federalreserve.gov/econres/scfindex.htm.
2. Burton G. Malkiel, A Random Walk Down Wall Street: A Time-Tested Strategy for Successful Investing (*New York: W. W. Norton, 2007*), 24.
3. Spencer Jakab, "Making Monkeys Out of the Sohn Investing Gurus," *The Wall Street Journal*, May 6, 2019.
4. CXO Advisory Group, "Guru Grades," retrieved June 2, 2021, www.cxoadvisory.com/gurus.
5. Murray Coleman, "SPIVA: 2020 Mid-year Active vs. Passive Scorecard, Index Fund Advisors," Index Fund Advisors blog post, October 7, 2020, www.ifa.com/articles/despite_brief_reprieve_2018_spiva_report_reveals_active_funds_fail_dent_indexing_lead_-_works.
6. John Bogle, "The Arithmetic of 'All-in' Investment Expenses," *Financial Analysts Journal* 70, no. 1 (2014): https://doi.org/10.2469/faj.v70.n1.1.
7. Larry Swedroe, "Older Investors Handled Last Year's Volatility Worst," *The Evidence-Based Investor*, April 9, 2021, www.evidenceinvestor.com/older-investors-handled-last-years-volatility-worst-morningstar.
8. Investment Company Institute database, accessed March 2021.
9. Victor Haghani and Richard Dewey, "Rational Decision-Making under Uncertainty: Observed Betting Patterns on a Biased Coin," *SSRN Electronic Journal*, October 19, 2016, http://dx.doi.org/10.2139/ssrn.2856963.

致謝

許多人說，寫書很像生孩子，而我現在更相信這一點，因為我已經歷了第二次「生孩子」的苦與樂。首先是我對上次寫書的困難失憶了——若非如此，我想世上的書和看書的人會少很多。這次寫書，一開始同樣是令人非常興奮，然後有多個月的時間，你會想為什麼要這樣折磨自己。最後，你筋疲力盡，但非常自豪，遇到誰都忍不住炫耀一番，無論對方是真的有興趣，還是只是出於禮貌敷衍你。

就像生孩子，你無法全靠自己出版一本書，但後者涉及的人多得多。首先，最重要的是感謝我的家人。有多個月的時間，他們很少看到我，因為我每天晚上、每個周末、每個假期都在工作，用 Zoom 大聲做了很多訪問，在家裡各處留下一堆又一堆的資料。但家人並非只是忍受我：我兒子 Jonah 在我知道什麼是鑽石手之前就觸發我的寫書靈感，並引導我認識 Reddit。Elliott 則在整個過程中不時問我一些聰明的問題，並說服我常出去散步，調劑單調的寫作工作。Danny 幫助我整理筆記，對我訪問「華爾街之狼」極有興趣，比我還要興奮。

我那才華橫溢的姐姐 Judy Feaster 寧可閱讀普魯斯特的原著，也不願讀我那些冗長的文字，她大大改善了我的初稿。我出色的妻子 Nicole 提出了重要的建議，並使我一直不缺咖啡。我母親 Veronica 則一如既往地支持我。

遊說出版社出版一本書通常不容易，但我的經紀人 Eric Lupfer 和 Portfolio 公司的決策者 Adrian Zackheim 和 Niki Papadopoulos 立即看到這本書的潛力，即使當時迷因股軋空仍未結束。當然，我那有智慧有才華的編輯 Noah Schwartzberg 和他的助手 Kimberly Meilun 在本書每一頁都留下了他們的印記。如果沒有 Noah 的指導，本書將大為遜色。本書的所有缺點完全是我的問題。

我在《華爾街日報》的同事一直予我啟發，那裡是我過去十年住家以外的家，而我希望未來許多年也將如此。啟發我的同事包括我的編輯 Charles Forelle、David Reilly 和 Matt Murray，我在 Heard on the Street 的團隊，以及許多才華洋溢的記者，他們對 GameStop 軋空事件的報導和評論無疑是最好的。他們多數人的名字出現在本書的註腳裡，他們包括 Julia Verlaine、Geoffrey Rogow、Gregory Zuckerman、Telis Demos、Jon Sindreu、Dan Gallagher、James Mackintosh、Christopher Mims、Juliet Chung、David Benoit、Gunjan Banerji、Peter Rudegeair、Akane Otani、Jason Zweig、Caitlin McCabe，以及 Rachel Louise Ensign。

寫到這裡，通常就要感謝作者的資料和消息來源，包括一些已知身分但選擇匿名的人。我馬上就會提到他們，但我也要感謝成千上萬個我可能永遠不會知道真實姓名的人，因為他們隱身於 Reddit 上的網名後面，例如 cd258519、Stonksflyingup 和 Techmonk123。他們持續提供即時評論，使我們知道華爾街賭場這個社群怎麼看迷因股軋空，以及凱斯．吉爾從默默無聞變成傳奇人物這件事。

至於那些我知道名字而且可以具名引述的人，我非常感謝 Jaime Rogozinski、Jim Chanos、Andrew Left、Peter Atwater、Jay Van Bavel、Peter Cecchini、Ihor Dusaniwsky、Jordan Belfort、Ben Hunt、Cait Lamberton、Seth Mahoney、Quinn and Finley Mulligan、Devin Ryan、Chad Minnis、Dan Egan、Larry Swedroe、Scott Nations、Howard Lindzon、Jon Stein、Keith Whyte、Barbara Roper、Margaret O'Mara、Sandra Chu，以及 Sean Birke。

最後，我想講一下一個如果晚六十年出生，可能成為「猿族」一員的人。我爸爸John Jakab在我十幾歲時就去世，他以難民的身分來到美國，當時除了身上的衣服，幾乎沒有任何其他東西。在他把我媽媽接過來以及我和我姐出生之前，父親就已經對股市著迷，很想靠買賣股票發財。從我至今仍保留的發黃的美林公司對帳單看來，我想他對華爾街頗有貢獻。我不知道如果他可以利用智慧型手機應用程式「免費」交易，他的投資績效會好一些還是差一些，但他一定樂於嘗試。

凱斯・吉爾（Keith Gill，又名 DeepFuckingValue、咆哮小貓）在迷因股狂熱的高峰期，身處他家的地下室。他認為 GameStop 的股票就像一支被扔掉但可以再抽幾口的雪茄，但他幫助激發的驚人買入潮使他的投資賺了接近一千倍。（Kayana Szymczak 拍攝）

Reddit 聯合創始人暨執行長蒂夫・霍夫曼（Steve Huffman），網名 spez，被傳喚到國會作證，說明華爾街賭場在迷因股軋空中的角色。他說，人們在 Reddit 上看到的投資建議「很可能是頂級的」，因為那些建議必須有成千上萬人接受，才有可能廣受注意。（Reddit 提供）

羅賓漢執行長弗拉基米爾・特內夫（Vladimir Tenev）經營著世界上最熱門的證券經紀公司時，半夜接到一通電話，被告知必須在三小時內拿出三十億美元，而他因為限制迷因股的交易而成為 YOLO 交易者的頭號公敵。（羅賓漢提供）

讚揚 AMC 影院執行長亞當・阿倫（Adam Aron）的眾多電影海報改圖之一，他成為華爾街賭場版上「猿族」的英雄，被親切地稱為「銀背」（成年的雄性大猩猩）。阿倫在迷因股狂熱中賣出價值數百萬美元的 AMC 股票，而 AMC 本身則賣出數十億美元的股票。

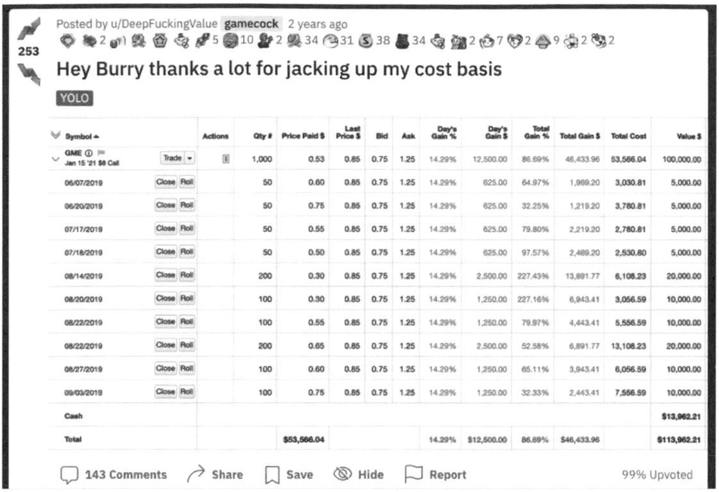

Posted by u/DeepFuckingValue gamecock 2 years ago

253

Hey Burry thanks a lot for jacking up my cost basis

YOLO

Symbol	Actions	Qty #	Price Paid $	Last Price $	Bid	Ask	Day's Gain %	Day's Gain $	Total Gain %	Total Gain $	Total Cost	Value $
GME Jan 15 '21 $8 Call Trade		1,000	0.53	0.85	0.75	1.25	14.29%	12,500.00	86.69%	46,433.96	53,566.04	100,000.00
06/07/2019 Close Roll		50	0.60	0.85	0.75	1.25	14.29%	625.00	64.97%	1,969.20	3,030.81	5,000.00
06/20/2019 Close Roll		50	0.75	0.85	0.75	1.25	14.29%	625.00	32.25%	1,219.20	3,780.81	5,000.00
07/17/2019 Close Roll		50	0.55	0.85	0.75	1.25	14.29%	625.00	79.80%	2,219.20	2,780.81	5,000.00
07/18/2019 Close Roll		50	0.50	0.85	0.75	1.25	14.29%	625.00	97.57%	2,469.20	2,530.80	5,000.00
08/14/2019 Close Roll		200	0.30	0.85	0.75	1.25	14.29%	2,500.00	227.43%	13,891.77	6,108.23	20,000.00
08/20/2019 Close Roll		100	0.30	0.85	0.75	1.25	14.29%	1,250.00	227.16%	6,943.41	3,056.59	10,000.00
08/22/2019 Close Roll		100	0.55	0.85	0.75	1.25	14.29%	1,250.00	79.97%	4,443.41	5,556.59	10,000.00
08/22/2019 Close Roll		200	0.65	0.85	0.75	1.25	14.29%	2,500.00	52.58%	6,891.77	13,108.23	20,000.00
08/27/2019 Close Roll		100	0.60	0.85	0.75	1.25	14.29%	1,250.00	65.11%	3,943.41	6,056.59	10,000.00
09/03/2019 Close Roll		100	0.75	0.85	0.75	1.25	14.29%	1,250.00	32.33%	2,443.41	7,556.59	10,000.00
Cash												$13,962.21
Total			$53,566.04				14.29%	$12,500.00	86.69%	$46,433.96		$113,962.21

143 Comments Share Save Hide Report 99% Upvoted

凱斯・吉爾二〇一九年九月在華爾街賭場發出的第一篇貼文。在他的原始投資價值倍增之後，版友敦促他了結獲利。

Posted by u/DeepFuckingValue gamecock 7 months ago

158k

GME YOLO update — Apr 16 2021 — final update

YOLO

Symbol	Actions	Last Price $	Change $	Change %	Qty #	Price Paid $	Day's Gain $	Total Gain $	Total Gain %	Value $
GME		154.69	-1.75	-1.12%	200,000	55.1774	-273,366.85	19,902,513.83	180.35%	30,938,000.00
Cash Total Transfer money										$3,535,248.01
Total						$11,035,486.17	-$273,366.85	$19,902,513.83	180.35%	$34,473,248.01

16.8k Comments Share Save Hide Report 95% Upvoted

凱斯・吉爾在華爾街賭場發出的最後一篇貼文。他在高峰期賺了一千倍的錢，數百萬人每天都查看他是否已經賣出。

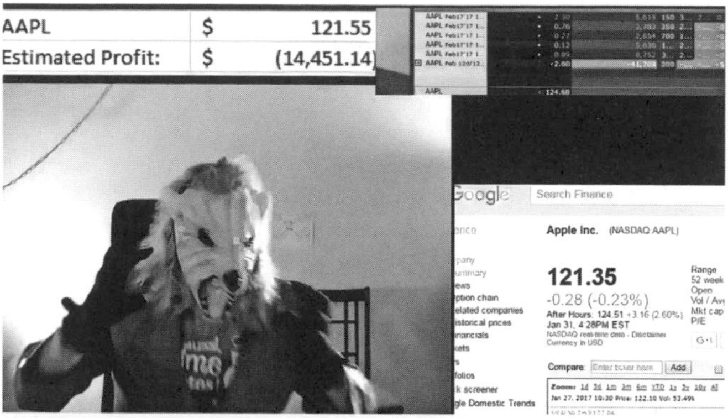

F.S. Comeau Apple earnings reaction real time

科莫（F. S. Comeau）是華爾街賭場版上最早的 YOLO 交易者之一。他聲稱他因為押注失敗而輸了他大部分的錢，然後把他所有的錢都押在衍生工具上，一旦蘋果公司二〇一七年業績令人失望，就可以發大財。科莫戴著狼頭面具直播了他對這次押注慘敗的反應，似乎精神崩潰了。（Michael Huang 提供）

麥可．貝瑞（Michael Burry）博士是《大賣空》的英雄之一，但這個古怪的價值投資人二〇一九年買入 GameStop 股票，幫助引發了一年半後的軋空，重創了一些放空者。貝瑞賺了一大筆之後賣掉持股，然後指迷因股狂熱「不自然、瘋狂，而且危險」。（Bloomberg via Getty Images）

二〇二一年一月二十九日，羅賓漢限制客戶買入迷因股的第二天，一架飛機拖著一條橫幅飛過羅賓漢位於門洛公園市的總部，上面寫著「吸我的蛋蛋吧，羅賓漢」（SUCK MY NUTS ROBINHOOD）。羅賓漢的客戶非常憤怒，但還是不斷有人登記成為這家基於應用程式的經紀商的客戶。（Nowadays Media 提供，推特上的 @KasparCMS）

二〇二〇年，賈柏瑞．普洛金（Gabriel Plotkin）站上事業巔峰，靠管理世上最熱門對沖基金之一的梅爾文資本管理，個人賺到近十億美元。但在成為華爾街賭場版上「墮落者」的攻擊目標之後，他的基金因為軋空狂潮受重創，數天內蒸發了超過一半的價值。

肯．格里芬（Ken Griffin）大學一年級就在哈佛大學的宿舍裡開始從事金融交易，自此之後似乎一直保持點石成金的本身。在 GameStop 軋空事件中，他的城堡公司以很低的成本取得普洛金受創的對沖基金的股份，而他的交易公司在這波狂潮中處理的散戶交易量創出新高紀錄。

海梅．洛高真斯基（Jaime Rogozinski）二〇一二年因為受不了其他投資論壇的保守風氣，創立了華爾街賭場這個 Reddit 子版。在該論壇即將成為「Reddit 革命」的中心之際，他與其他版主鬧翻了。這場所謂的革命震撼華爾街，但也帶給金融業者豐厚利潤。
（海梅．洛高真斯基提供）

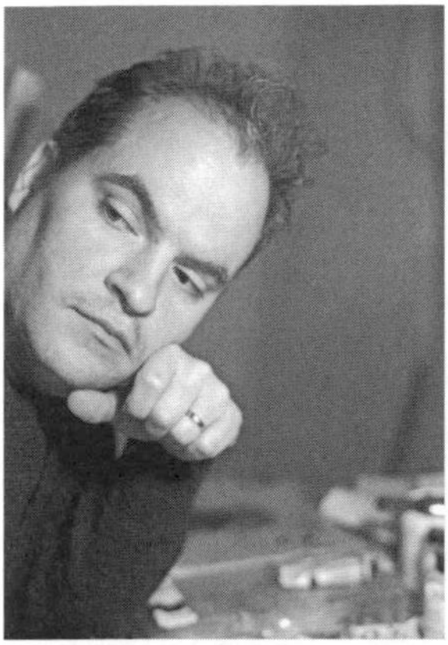

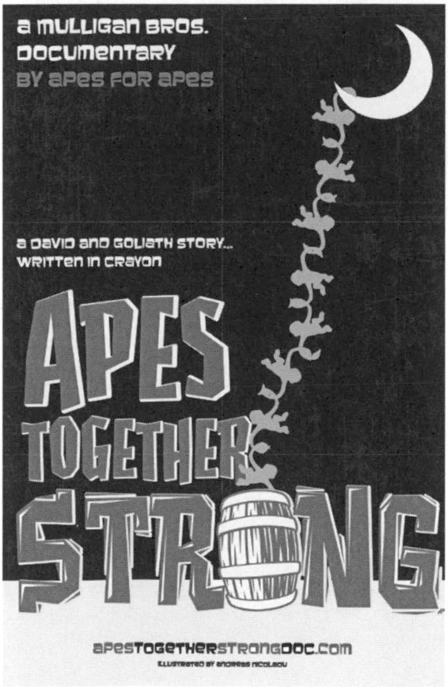

從事電影製作的雙胞胎墨里根兄弟昆恩和芬利（Quinn and Finley Mulligan）受社群媒體上散戶交易者對抗對沖基金的成就鼓舞，拍了關於這場運動的紀錄片《猿族團結力量大》（*Apes Together Strong*），片名也是華爾街賭場版友的一個口號。
（Apes Together Strong LLC 提供）

高傲的放空者安德魯・萊夫特（Andrew Left）在他傳奇的職業生涯中曾對數十家公司出手。然後他對華爾街賭場那些人說，他們押注在 GameStop 上，堪稱「撲克桌上的凱子」。這就像對著公牛揮舞紅旗。巨大的虧損和墮落者的騷擾促使他宣布從此不再發表放空報告。(Bloomberg via Getty Images)

國家圖書館出版品預行編目資料

不存在的金融革命：他們說這是鄉民的勝利,華爾街卻坐著數錢數到手軟/史賓塞.雅各(Spencer Jakab)著; 許瑞宋譯. -- 初版.
-- 臺北市：大塊文化出版股份有限公司, 2023.05
388面； 14.8×20公分. -- (from ; 147)
譯自：The revolution that wasn't : GameStop, Reddit, and the fleecing of small investors.
ISBN 978-626-7317-10-5(平裝)
1.CST: 投資 2.CST: 證券市場
563.5 112005642

LOCUS

LOCUS